Estudios de Derecho Judicial
148 - 2007

EL DESARROLLO DE LA LEY DE ORDENACIÓN DE LA EDIFICACIÓN. CÓDIGO TÉCNICO DE LA EDIFICACIÓN

DIRECTORES

José Antonio Seijas Quintana
Magistrado del Tribunal Supremo

Carlos Alvira Duplá
Presidente de la Unión de Arquitectos Peritos Forenses de España

CONSEJO GENERAL DEL PODER JUDICIAL
CENTRO DE DOCUMENTACIÓN JUDICIAL

ISSN: 1137-3520
ISBN: 978-84-96809-93-2
Depósito legal: M. 41.660 - 2008

Imprime: LERKO PRINT, S.A.
Paseo de la Castellana, 121. 28046 Madrid

ÍNDICE

EL CÓDIGO TÉCNICO DE LA EDIFICACIÓN (CTE), UN NUEVO MARCO PARA EL EJERCICIO DE LA PROFESIÓN DE ARQUITECTO

Obligaciones en el Código Técnico de los agentes intervinientes en la edificación (I)

Emilio Herrera Cardenete

Arquitecto. Agrupación de Peritos Judiciales y Forenses del Colegio Oficial de Arquitectos de Granada

EL CÓDIGO TÉCNICO DE LA EDIFICACIÓN (CTE), UN NUEVO MARCO PARA EL EJERCICIO DE LA PROFESIÓN DE ARQUITECTO

Obligaciones en el código de los agentes intervinientes en la edificación (I)

SUMARIO: I. El nuevo marco normativo de la edificación. II. Enfoque por prestaciones. III. Falta de transversabilidad entre las diferentes normativas. IV. Complejidad documental del CTE. V. Incremento de costes de la edificación.

La promulgación de la Ley 38/1999, de 5 de noviembre, de Ordenación de la Edificación supuso el final de una situación de falta de configuración legal y regulación del proceso edificatorio, hasta entonces básicamente ordenado a través del Código Civil, así como mediante un conjunto de normas diversas, frecuentemente faltas de la adecuada correspondencia, cuando no contradictorias en importantes aspectos y, en cualquier caso, presentando abundantes lagunas en el ámbito del complejo proceso constructivo.

Cuestión de tan evidente necesidad en un sector económico de tanta importancia como el de la edificación resultó, sin embargo, sumamente ardua y dificultosa, habiendo superado la veintena el número de borradores de Anteproyectos de Ley elaborados al efecto desde 1984, con muy diversas concepciones en cuanto a los objetivos contemplados en los mismos, habiéndose llegado incluso en 1995 a la aprobación de un Proyecto de

Ley en Consejo de Ministros, que no llegó a tramitarse debido a la convocatoria de elecciones generales anticipadas.

Al regular en sus aspectos esenciales el proceso edificatorio, la vigente LOE se fija un objetivo primordial, cual es el de una mayor calidad de la edificación, que responde a la más exigente demanda social de aquéllo que implica calidad de vida de los ciudadanos en lo referente al uso de la edificación.

Calidad pretendida para cuya consecución la LOE establece requisitos básicos que han de satisfacerse desde el proyecto, la construcción, el mantenimiento y la conservación de los edificios, *requisitos relativos a la funcionalidad, seguridad y habitabilidad*, cuya finalidad es garantizar la seguridad de las personas, el bienestar de la sociedad, la sostenibilidad de la edificación y la protección del medio ambiente.

El Código Técnico de la Edificación (CTE) es el marco normativo de desarrollo previsto por la LOE para establecer las *exigencias básicas de calidad de los edificios y sus instalaciones*, de tal forma que se garantice el cumplimiento de los requisitos básicos indicados anteriormente.

Al resultar imprescindible para la efectividad de la Ley, con carácter transitorio y hasta su aprobación, el CTE quedó constituido por el compendio de las normas básicas de la edificación y demás reglamentaciones técnicas de obligado cumplimiento vigentes.

Dicha aprobación se produjo por Real Decreto 314/2006, de 17 de marzo, conforme a lo previsto en la Disposición Final segunda de la LOE, que autorizaba al Gobierno para ello, otorgándole un plazo de dos años desde la entrada en vigor de aquélla en mayo de 2000. Así pues, sobrepasado ampliamente el plazo previsto, fueron necesarios casi seis años para la entrada en vigor del CTE, el 29 de marzo de 2006.

Vamos a considerar seguidamente algunas características del CTE, analizando las principales innovaciones que se derivan de su aplicación respecto de la situación precedente, así como ciertas disfunciones o contradicciones detectadas en el corto plazo propiciado por el régimen de aplicación del mismo.

I. El nuevo marco normativo de la edificación

El Código Técnico de la Edificación representa la mayor reforma normativa introducida en la edificación española, constituyendo para la misma un nuevo marco con el que se pretende superar las limitaciones de la normativa técnica anterior, regulada por el Real Decreto 1650/1977, de 10 de junio, que estableció las Normas Básicas de la Edificación, conjunto abierto de disposiciones, no coordinado en la forma de un código técnico similar a los existentes en países tecnológicamente avanzados y, transcurrido el tiempo, con un grado importante de obsolescencia, cuestión ésta que, de forma parcial, ha ido solventándose con la actualización periódica de algunas de estas normas, aunque sin cuidar aspectos de armonización y homologación con las disposiciones europeas sobre la materia.

Como marco normativo, el CTE establece para la construcción toda una serie de exigencias de calidad, tanto en el proyecto y la ejecución de las obras como en su conservación y mantenimiento, determinando los niveles mínimos que permiten garantizar el cumplimiento de requisitos.

Los requisitos básicos de la edificación contemplados en la LOE constituyen el eje de la regulación del CTE y comprenden los relativos a seguridad [de utilización, seguridad estructural y seguridad en caso de incendio] y los de habitabilidad [higiene, salud y protección del medio ambiente, protección contra el ruido y ahorro de energía y aislamiento térmico], quedando los de funcionalidad para su desarrollo a través de normativa específica. No obstante, está prevista la inclusión de los requisitos de accesibilidad en tanto que sean condiciones básicas mínimas de accesibilidad, según lo establecido en el art. 10 de la Ley 51/2003, de 2 de diciembre, de Igualdad de oportunidades, no discriminación y accesibilidad universal para las personas con discapacidad, requiriendo su aprobación por el Gobierno.

Enunciadas en la primera parte del CTE las exigencias básicas –que desarrollan requisitos básicos de la LOE–, junto con las disposiciones generales y las condiciones técnicas y administrativas que deben cumplir las obras de edificación, su segunda parte la componen los Documentos Básicos (DB).

Dichos Documentos Básicos (DB), de carácter reglamentario, dan respuesta a cada uno de los seis requisitos básicos de la LOE antes citados y contienen una serie de métodos y soluciones cuya adecuada utilización garantiza el cumplimiento de las exigencias básicas del CTE proporcionando, consecuentemente, certeza, seguridad jurídica y garantías efectivas a las intervenciones técnicas acordes con ellos.

El CTE podrá, además, completarse con las normativas dictadas por las Administraciones competentes.

Lo cierto es que, la implantación del CTE como marco normativo regulador de la actividad edificatoria y, particularmente, de la actividad profesional de los arquitectos y demás técnicos implicados en el proceso constructivo, ha supuesto un cambio radical, no sólo en cuanto a las condiciones de ordenación o regulación sino, muy especialmente, en lo que se refiere a los métodos y contenidos en los que se apoya la resolución técnica de los problemas cuya superación constituye el desarrollo del ejercicio profesional en este campo de la edificación y desde todas sus vertientes.

Un régimen de aplicación con plazos sustancialmente más amplios y escalonados que los establecidos, habría simplificado los múltiples y graves problemas que la implantación del CTE ha significado para los profesionales del sector (y nos referimos, si así pudiera expresarse, más a lo que se deriva de su cualidad de *técnico* que de su condición de *código*).

No cabe duda de que, a medio y largo plazo, la aplicación del CTE supondrá una importante mejora de la calidad de la edificación pero, hubiera sido posible, atendiendo a lo anterior, que dicha mejora hubiera comenzado a surtir efecto a corto plazo o, mejor, de forma inmediata.

II. Enfoque por prestaciones

Frente a la normativa técnica anterior, de carácter prescriptivo, el nuevo CTE ha adoptado un enfoque basado en objetivos o prestaciones, es decir, en las exigencias que han de satisfacer los edificios o sus instalaciones para garantizar el cumplimiento de los requisitos básicos previstos en la LOE.

Este sistema, común en el ámbito de la Unión Europea, es propugnado por las principales organizaciones y comités internacionales tocantes a estas materias, por lo que resulta imprescindible para mantener la oportuna armonización con las disposiciones europeas y para la eficaz colaboración en orden a la investigación e innovación tecnológica que, marcadas como objetivo de la Ley, incentivarán el uso de nuevas técnicas y el desarrollo tecnológico de la edificación, de lo que se desprende una mayor competitividad y la mejora de la calidad.

Al citado concepto de innovación le resulta indispensable una continua actualización normativa basada en la evolución de las técnicas constructivas y en la demanda social, debiendo mantener el CTE un alto grado de actualización, con versiones que habrán de renovarse periódicamente.

III. Falta de transversabilidad entre las diferentes normativas

La circunstancia de unificar en un sólo cuerpo normativo la totalidad de disposiciones referidas a la edificación, en orden a su calidad, asociada a estrategias de sostenibilidad y de protección medioambiental, perseguía como resultado la consecución de un código sistemático y armónico, coordinado entre sus distintas normativas específicas y con cierto grado de homogeneidad en el soporte interpretativo de sus diferentes aplicaciones, lo que supondría un cambio drástico respecto del marco normativo anterior.

En contradicción con lo anterior, el resultado ha sido un conjunto de normativas independientes, carente de una mínima coordinación y con falta de homogeneidad en sus aplicaciones que ha perdido la ocasión histórica de resolver la situación de *taifas* preexistente. Pero aún más, se han detectado graves contradicciones entre las fórmulas que, para conseguir sus objetivos, se propugnan en algunos de los diferentes Documentos Básicos. Valga como ejemplo la situación que se produce por la obligación a una ventilación permanente y forzada de las viviendas a efectos del cumplimiento de las exigencias de ventilación fijadas por el DB-HS, en oposición con las exigencias de ahorro energético DB-HE.

IV. Complejidad documental del CTE

La participación corporativa durante la elaboración del CTE de los agentes que intervienen como profesionales en el proceso edificatorio, conjuntamente con organismos y Administraciones, conformando un grupo de más de 800 expertos, no ha conseguido que las respectivas normas (documentos básicos) que lo integran armonicen sus contenidos para permitir una adecuada y poco dificultosa aplicación posterior de los mismos a la práctica cotidiana que implica la actuación profesional en el campo de la edificación.

Se han elaborado en algunos casos documentos que, sin perjuicio de un alto nivel en sus contenidos científico-técnicos, dotado a veces de cierta dosis de academicismo, se sitúan más cerca de la producción investigadora de un centro universitario que de las necesidades que, desde un punto de vista técnico y como marco de ordenamiento, exige la praxis edificatoria.

Todo ello produce un elevado grado de complejidad que, multiplicado por la extensión del CTE y agravado por la ya comentada falta de homogeneidad en el tratamiento de las diversas temáticas que constituyen el objeto de las normativas sectoriales, hace muy penosa su aplicación, dificultando sin duda un dominio profesional unido a la experiencia y al conocimiento de la *lex artis* de la construcción.

V. Incremento de costes de la edificación

La respuesta a la demanda de calidad que, sin duda, representa el CTE va inexorablemente ligada a un apreciable incremento de los costos de la edificación, cuya estimación carece aún de la necesaria constatación.

Las cifras que representan los porcentajes de subida difieren notoriamente según el medio en el que se reflejan. Los más optimistas –aparte de las cifras que se barajan en el Ministerio de la Vivienda (0,7-1%) que no comentamos– se refieren a una subida a situar entre un dos y un tres por ciento en el precio de venta de las viviendas, lo cual podría significar en muchos casos subidas superiores al cinco por ciento en el costo de construcción, pudiendo resultar incrementos dispares en función de la composición del valor de realización o venta de la vivienda.

En otro orden, es evidente que en la realidad de la edificación se dan factores que, influyendo de forma determinante en las características constructivas, pueden producir incrementos de costo importantes y dispares. Por ejemplo, la concreta situación geográfica de un edificio incide decisivamente en factores climáticos (ahorro de energía) y topográficos (seguridad estructural / cimientos) de los que podría derivarse un directo incremento de costos, siempre a la luz de las disposiciones del CTE.

Las viviendas protegidas serán, en este sentido, especialmente perjudicadas dado el inferior margen que resulta entre el coste de reposición y el de precio máximo de venta, estimándose incrementos del orden del once por ciento en el caso de Andalucía.

No querría que de esta ponencia, precisamente la primera, se trasluciera una profunda crítica al CTE. Sí, inevitablemente, un cierto desasosiego. Creo que el CTE ofrece una oportunidad de futuro, pero hasta llegar –¡y llegaremos!–, nos lo han puesto muy difícil, innecesariamente, a los profesionales del sector de la edificación.

Granada, 26 de abril de 2007

EL CÓDIGO TÉCNICO DE LA EDIFICACIÓN (CTE), UN NUEVO MARCO PARA EL EJERCICIO DE LA PROFESIÓN DE ARQUITECTO

Obligaciones en el Código Técnico de los agentes intervinientes en la edificación (II)

José Requena Paredes
Magistrado

EL CÓDIGO TÉCNICO DE LA EDIFICACIÓN (CTE), UN NUEVO MARCO PARA EL EJERCICIO DE LA PROFESIÓN DE ARQUITECTO

Obligaciones en el Código Técnico de los agentes intervinientes en la edificación (II)

I. INTRODUCCIÓN

El Código Técnico de la Edificación aprobado por RD 314/2006 de 17 de marzo (BOE 20-03-2006) representa, en palabras de la propia ley, el marco normativo que regula las exigencias que para garantizar la seguridad y habitabilidad han de cumplir los edificios y sus instalaciones comprendidos dentro del ámbito de aplicación de la Ley de Ordenación de la Edificación 38/1999 de cinco de noviembre. Se trata pues, de una Norma de desarrollo de carácter reglamentario que con cuatro años de retraso respecto a su previsión legal vino a dar cumplimiento al mandato establecido en la D. Adicional Segunda de esa ley, que mantuvo hasta entonces la vigencia de las Normas Básicas de la Edificación (NBE) establecidas hace 30 años y otras posteriores reguladoras de aspectos concretos en el proceso de edificación que, con excepción de la NBE-CA-88 sobre condiciones acústicas, pasan a ser sustituidas por los ahora llamados Diez Documentos Básicos cuyo contenido y observación constituye la materia nuclear y propiamente técnica del Código.

Tres de estas Normas o Documentos Básicos, las relativas a la Seguridad contra Incendios, la de Ahorro de Energía y Seguridad de Utilización se aplican con carácter obligatorio a todas las obras cuya licencia administrativa se solicitó a partir del 29 de septiembre de 2006 y el resto de las Normas Básicas, una vez superado el plazo de un año de "*vacatio legis*" o de aplicación voluntaria, son de obligada observación a todas las obras con licencia solicitada a partir del 29 de marzo último o habiéndose instado antes no se comience dentro de los tres meses siguientes a su concesión.

Sobre esta base temporal el CTE se aplica a todas las obras en edificación, públicas o privadas de nueva construcción, a salvo las de escasa entidad técnica y constructiva y de una sola planta que no tengan carácter residencial o público y no afecten a la seguridad de las personas, y a aquéllas que con la excepciones previstas en el art. 2 del RD, sean de ampliación, reforma y rehabilitación de edificios existentes, lo que respecto a aquéllas catalogadas o de valor patrimonial histórico puede generar graves dificultades de cumplimiento. Finalmente los meros cambios en el uso característico del edificio, aunque no lleven aparejadas obras, exige un previo estudio de seguridad y valoración de riesgos conforme a las exigencias del CTE, del que quedan fuera, y están aún pendientes de desarrollo los Documentos Básicos de Protección contra el Ruido, condicionado en su reglamentación por la propia Ley 3/2003 de 17 de noviembre y la relativa a accesibilidad en especial para personas con discapacidad o movilidad reducida.

En definitiva, el CTE supone un salto cualitativo, propio de los avances de la ciencia y del conocimiento en siglo XXI, que viene a sustituir o actualizar Normas técnicas, criterios y materiales edificativos obsoletos, en aras a una mayor calidad de todos los edificios en general, que pasa a constituir una exigencia mínima o básica que los dote de mayor seguridad estructural y salubridad en sus aspectos de funcionalidad y habitabilidad al tiempo que las armonice con un equilibrio y protección medioambiental y económico conformes a planes estratégicos de ahorro y eficiencia energéticas, en atención, además, a compromisos internacionales en la materia como el Protocolo de Kioto, al tiempo que se homologa con los países más desarrollados y fomenta la innovación y desarrollo tecnológico tanto en técnicas y procedimientos como en los materiales de construcción. La aplicación del CTE, ha de suponer edificios estructuralmente más seguros para tranquilidad de todos y alivio de las aseguradoras, más protegidas frente a riesgos de incendios y más previsoras en salvaguarda de la seguridad de sus usuarios y en la eliminación de los riesgos más frecuentes, como caídas por resbalamiento o iluminación deficiente, incluso atropellos en las zonas de circulación y estacionamiento de vehículos. También más saludables, prestando especial dedicación a evitar problemas y patologías frecuentes como humedades; mejor ventiladas desde un control sobre la calidad del aire interior; recogida de residuos, salidas de humos, mejor aislados persiguiendo una atenuación tanto térmica como acústica y, finalmente, más sostenibles y eficientes energéticamente, que consigan reducir el consumo, apliquen energías renovables y reduzca las emisiones nocivas, especialmente las de dióxido de carbono.

Para ello el texto prevé límites a la demanda de energía en función de las características de cada edificio; impone porcentajes de energías limpias y nuevas técnicas en instalaciones térmicas y de iluminación. Así, además de garantizar el Código determinados límites de cerramientos (fachadas, cubiertas, vidrios), parte del agua caliente de los edificios deberá provenir de energía solar directa, y un porcentaje de la energía eléctrica se debe obtener por paneles solares, distinguiendo entre las distintas zonas climáticas que establece el Código, correspondiendo a cada una conseguir un porcentaje obligatorio en energías limpias, por ejemplo, en Madrid hasta el 70% de agua caliente debe ser de origen solar térmico y de un 30% en el Norte del País, y objetivos similares han de obtenerse en kilovatios de luz solar captada a través de instalaciones fotovoltaicas en grandes superficies y edificios prestacionales. Tales aplicaciones pretenden reducir hasta un 50% las emisiones de CO2 a la atmósfera y un ahorro del 30% ó 40% del gasto energético.

El RD 47/2007 de 19 de enero (BOE 31 de enero), por el que se aprueba el Procedimiento Básico para la Certificación de Eficiencia Energética de edificios de nueva construcción o rehabilitación de grandes inmuebles, de inminente entrada en vigor, viene a completar estos objetivos, incluyendo información objetiva sobre las características energéticas de los mismos.

Se está ante las perspectivas de un avance importante en la configuración arquitectónica y funcional de los edificios y de las viviendas en general cuyas exigencias de calidad, funcionalidad, y habitabilidad han de superar significativamente el concepto de vivienda digna y adecuada que nuestra Constitución (art. 47) nos reconoce.

Para el logro de esos objetivos las aprobación del Código Técnico vino acompañada con la promulgación, el mismo día, del RD 315/2006 de 17 de marzo por el que se crea el Consejo para la Sostenibilidad, Innovación y Calidad de la Edificación. Este Consejo que se distribuye en tres comisiones de trabajo tiene como funciones preferentes, además de impulsar el desarrollo y actualización permanente del CTE, en atención a la evolución de las técnicas y a las necesidades de la sociedad, elaborar programas y hacer recomendaciones sobre las estrategias políticas y la adopción de medidas pertinentes en materia de sostenibilidad, innovación y calidad.

II. Incidencia del CTE en los hábitos constructivos

La Exposición de Motivos del RD 314/2006 resalta que el CTE es un código basado en prestaciones u objetivos. Rompe así con una línea normativa tradicional tanto en el nuestro como en la mayoría de los países que venían guiándose por protocolos y procedimientos empíricamente aceptados, en el que la nueva reglamentación basada en prestaciones entraña un enfoque más moderno y ajustado a los modelos de los países más avanzados (Suecia, Japón, Estados Unidos o Reino Unido) y favorecedores de los cambios, innovaciones y desarrollo técnico, ya que el proceso constructivo se orienta al logro de unas prestaciones o conjunto de características cualitativas y cuantitativas del edificio que han de determinar su actitud para responder a las diferentes funciones para el que ha sido proyectado y diseñado pero, lógicamente, sin hacer abdicación de las exigencias mínimas que impone la Normativa de Documentos Básicos del Código, cuya observación se puede ver facilitada por los llamados Documentos Reconocidos que, sin carácter reglamentario y por tanto no de obligado cumplimiento, han de contar, sin embargo, con la aceptación del Ministerio de la Vivienda que crea para su difusión un Registro Público de los mismos, adscrito a la Dirección General de Arquitectura, y que consisten en especificaciones, guías técnicas o códigos de buena práctica constructiva que contemplan, bajo el control de las respectivas comisiones ministeriales, procedimientos de diseño, cálculo, ejecución, mantenimiento y conservación de productos, elementos y sistemas constructivos o métodos de evaluación y de soluciones constructivas, programas informáticos, estadísticas y comentarios o sugerencias sobre la aplicación del propio Código, cuyo carácter novedoso en muchos aspectos exige un esfuerzo por parte de todos los implicados en el proceso de la edificación.

Singular significación merece, al respecto y fuera del propio ámbito estricto de la construcción, la exigencia normativa sobre el control de calidad, cuyos gastos se han de contemplar de forma expresa en el presupuesto de obra y la documentación, a disposición de los propietarios usuarios (libro del edificio), que ha de contener necesariamente el proyecto y la documentación exigida durante toda la ejecución de la obra.

Por lo demás, dentro del propio proceso edificativo, las novedades concretas son innumerables en cada una de las áreas y prestaciones llamadas a conseguir con la obra, tanto en su estructura, cimentación, contención y estudio del terreno; cubiertas, instalaciones, capacidad de aislamiento térmico y acústico, en función del clima, orientación y frecuencia o intensidad de los fenómenos atmosféricos: lluvia, nieve, viento, a los riesgos sísmicos; capacidad para que el propio edificio autogenere parte de la energía a consumir, y amplio rigor en todos los aspectos condicionantes de la seguridad en la utilización de los edificios frente a riesgos de impacto, de atrapamiento, de caídas, de aprisionamiento, incendios, mecanismos de ventilación mecánica interior; aplicación de criterios de eficacia luminosa mínima, etc.

Todas estas exigencias por poner un botón de muestra, exigen para alcanzar estos mínimos un importante esfuerzo tanto para los arquitectos proyectistas, como para los técnicos administrativos que las autoricen y para los Colegios Profesionales que supervisen la idoneidad de los mismos.

A su vez estos nuevos hábitos y requisitos incidirán en las prácticas de los promotores inmobiliarios de menor capacidad competitiva habituados a centrar sus objetivos en la mayor rentabilidad al menor coste, supondrá un encarecimiento de la obra, un incentivo, aún mayor, para la subcontratación, una etapa floreciente para ciertos sectores de la industria auxiliar e instaladores, y de ámbitos marginados hasta ahora, como las empresas energéticas; maderera, a costa de otras que recelan del protagonismo mantenido hasta ahora como los ceramistas y las siderúrgicas, sin olvidar que el CTE involucra, también, a los propios usuarios y comunidades de propietarios como responsables de la conservación y mantenimiento del edificio, que han de contar con técnicos específicos, al exigírseles una participación activa para el correcto funcionamiento de lo construido.

III. FUNCIONES-DEBERES DE LOS DISTINTOS AGENTES DE LA EDIFICACIÓN

La correcta aplicación del CTE y por tanto de su éxito, recae en todos los agentes que participan en el proceso de edificación. El texto apenas altera, pero si completa y aumenta los niveles de atribución y competencias especialmente de los agentes técnicos: arquitectos, ingenieros, aparejadores, peritos industriales, regular las funciones concretas asumidas dentro de la obra. En menor medida lo hace con los Colegios Profesionales, y con los responsables de las distintas Administraciones que puedan intervenir en la aprobación y autorización de proyectos y obras. Respecto a otros participes indirectos, como pueden ser los suministradores de materiales, productos y equipos que hayan de incorporarse con carácter permanente al edificio las referencias son continuas, al igual que a los gabinetes, laboratorios y entidades de control en los Documentos Básicos pero cuidándose, en todos los casos, de no hacer específicas atribuciones de responsabilidad que deja en manos de la LOE.

Con ello el Código Técnico no limita su contenido a determinar las exigencias de los distintos Documentos Básicos, en orden a la calidad que impone en el proceso constructivo, sino que entra a regular parte de la actividad a desempeñar en el proceso. Se define el contenido que ha de ofrecer el proyecto; la preceptiva documentación durante la obra, y a la finalización de la misma; el control en la recepción de materiales y sobre todo a establecer o imponer un nivel de calidad en el resultado que no alcanzarse revelará la existencia de infracciones o negligencias determinantes de una responsabilidad, que en algunos campos de actuación (por ejemplo en materia de seguridad en su utilización o previsión de vida del edificio) encuentra difícil alojamiento en los ámbitos y grados de responsabilidad que quedaron determinados en la LOE, que por un lado, se basaban en tramos o plazos temporales de garantía en atención al vicio afectante y por otro los reduce, en todos los casos y exclusivamente, a los daños materiales.

1. El Proyecto. Incidencias del CTE

Tanto los arquitectos como los ingenieros, en su respectivas áreas de actuación como redactores del proyecto y, en su caso, directores de obra, son los profesionales que en primer lugar y con mayor intensidad se ven vinculados o afectados por la aplicación de la nueva Normativa.

La labor como proyectista, implica la observación de los pasos, trámites y documentación que marca el Código. Su elaboración puede tropezar, de entrada, con las dificultades y consecuencias ya apuntadas, de no estar ante una Normativa descriptiva y cerrada. El CTE establece y exige objetivos básicos, pero sin imponer soluciones preestablecidas. Esto es, le dota de plena libertad en el proyecto y diseño de lo que se ha de construir pero a costa de un plus de compromiso en justificación de la idoneidad de aquellas soluciones e ideas innovadoras, cuya aptitud habrá de fiscalizarse, con cierta carga de inseguridad jurídica y profesional, al tiempo del control propio del visado, y sobre todo de la licencia para el inicio de la obra como incluso posteriormente en el juicio de valoración judicial y pericial, como posible determinante causa del daño que posteriormente pueda producirse.

En CTE se limita en su art. 5 a exigir que el proyecto, la ejecución de la obra y la conservación y mantenimiento del edificio ha de cumplir los requisitos que el Código establece.

Si el proyecto y las obras se aparta total o parcialmente de los Documentos Básicos al optar por soluciones alternativas, lo será bajo la responsabilidad de su autor y previa conformidad del promotor.

Las condiciones y contenido que el CTE exige para el proyecto (art. 6) supone describir el edificio y definir las obras de ejecución del mismo con el detalle suficiente para que puedan interpretarse inequívocamente durante su ejecución, y determinar con la necesaria concreción sus características para poder comprobar que las soluciones propuestas cumplen las exigencias básicas del Código y demás normativas aplicables.

Dicha definición se extiende a las características técnicas mínimas que deben reunir los productos, equipos y sistemas que se incorporen de forma permanente en el edificio, así como su condiciones de suministro, las garantías de calidad y los controles de recepción que deben llevarse a cabo.

También comprenderá las características técnicas de cada unidad de obra, con indicación de las condiciones para su ejecución y las verificaciones y controles a realizar para comprobar su conformidad con lo indicado en el proyecto. Habrá de precisar también las medidas a adoptar durante la ejecución de las obras y, posteriormente, en el uso y mantenimiento del edificio, asegurando la compatibilidad entre los diferentes productos, elementos y sistemas constructivos empleados.

El proyecto puede desarrollarse en dos fases. Como "*proyecto básico*" que será suficiente para solicitar la licencia de obras, que definirá las características generales de la obra y sus prestaciones mediante la adopción y justificación de soluciones concretas. Deberá estar formado, como mínimo, por los documentos específicos que marca el Código de entre los relacionados en el Anexo I de la parte I del Código. Este proyecto será insuficiente, sin embargo, para iniciar la construcción del edificio.

Como "*proyecto de ejecución*", que desarrollará el básico y definirá la obra en su totalidad, sin que puedan rebajarse las prestaciones declaradas en aquél ni alterarse los usos y condiciones de la licencia o autorización administrativa, incluirá los proyectos parciales y documentos técnicos que deban desarrollarlo. El Anexo I antes citado relaciona la documentación mínima que debe poseer el proyecto de ejecución para la concesión de licencia.

2. *Otros contenidos del proyecto. Su documentación. Exigencias de los Documentos Básicos*

Entre los datos y documentación a contener en el proyecto, condicionados a su vez por los que cada Administración competente pueda exigir, el proyectista ha de detallar las prestaciones que se esperan alcanzar. Si estas superan el umbral del CTE habrán de ser acordadas con el promotor y explicadas en la memoria en justificación de su idoneidad.

A los contenidos habituales de todo proyecto se incorpora, ahora, los exigidos por el Código Técnico y los que en cada ámbito de actuación preceptúan los Documentos Básicos. En materia de seguridad estructural el Documento se remite a lo establecido en el Anexo I del Código. La memoria tendrá necesariamente que describir las características de la construcción y el uso previsto que condicione las exigencias de seguridad, así como las bases de cálculo en lo que atañe a la capacidad portante como a la aptitud del servicio previsto.

El período de servicio estimado o se extiende a 50 años, salvo mención distinta, lo que junto a la geometría global constituyen, a su vez, menciones imprescindibles en el proyecto básico.

Los cálculos realizados por ordenador identificarán el programa informático utilizado con las explicaciones suficientes para su verificación.

Su idoneidad se comprueba a través de análisis estructurales que han de tomar como base de verificación lo que el DB-SE llama estados límites, en que se sitúen aquellas estructuras que superados estos permiten considerar que el edificio no cumple algunos de los requisitos estructurales para las que han sido concebidas. Si se alcanza estados límites últimos, cabe hablar de riesgo para las personas por colapso total o parcial del mismo equiparable, como luego veremos, al concepto jurisprudencial de ruina física.

Junto a estos, los llamados estados límites de servicio que superados afectan al confort y al bienestar de los usuarios o de terceras personas, así como al correcto funcionamiento del edificio o a su apariencia, vienen a coincidir con el concepto de ruina funcional acuñado por la Jurisprudencia.

Según los datos que ofrece la Asociación de Organismos de Control Técnico Independiente, los fallos más habituales que se producen en el proceso de construcción de edificios son achacables, entre un 40-50% de los casos, a defectos del proyecto; el 25-35% a la ejecución de obra; el 15% a los materiales y entre el 5 y el 10% a deficiente mantenimiento y uso de los edificios terminados. Ello explica la especial atención que el Código Técnico presta a la fase de proyecto y cabe señalar, que no en menor medida a los otros dos factores de riesgo, que entraña la fase de ejecución y los de control de calidad de los materiales.

A su vez, las mismas fuentes revelan que en el supuesto de daños estructurales el 50% de los casos suelen estar directamente relacionado con el terreno y la falta de adecuado análisis y estudio geotécnico previo.

A esta materia presta, singular atención, el DB-SE-C, relativo a la cimentación, que prácticamente los hace obligatorios. Este documento aborda dentro de su ámbito de aplicación y de la propia seguridad estructural todo lo relativo a la capacidad portante y aptitud de servicio así como los elementos de cimentación y contención de toda clase de edificios con relación al terreno en que se asientan.

Este Documento define el Estudio Geotécnico como el compendio de información cuantificada de las características del terreno en relación con el tipo de edificio y entorno en que se ubica, que es necesario para proceder al análisis y dimensionado de los cimientos de la obra, añadiendo el apartado 3.1.5 del Documento "*dado que las conclusiones del estudio geotécnico pueden afectar el proyecto en cuanto a la concepción estructural del edificio, tipo y cota de los cimientos, se deben acometer en la fase inicial del proyecto y en cualquier caso antes que la estructura esté totalmente dimensionada".*

El apartado 6 del Documento establece una amplia reglamentación en materia de muros y otros elementos de contención cuya falta de adecuado cálculo puede ser también motivo de importantes patologías y vicios estructurales graves, por empujes y desplazamientos del suelo. El apartado 7 aborda todo lo relativo al acondicionamiento del terreno en el que se incluyen todas las operaciones de excavaciones o relleno controlado que es necesario llevar a cabo para acomodar la topografía del terreno a la requerida en el proyecto, así como el control del agua freática para evitar interferencias cuya omisión, en no pocas ocasiones, también ha sido germen de irritantes patologías, filtraciones y humedades que pueden llevar a comprometer la estabilidad estructural.

Dentro de las tareas de acondicionamiento del terreno, el Documento Básico, apartado 7.2 exige también la realización de un estudio específico detallado del terreno. De existir obras y edificaciones próximas habrá de prevenir y evitar los daños a inmuebles colindantes que también constituyen frecuentemente causa de responsabilidad civil para contratistas y técnicos, aunque lo sea al margen de lo previsto en la LOE que expresamente la excluye de su ámbito (art. 1.9.2 b) pero que encuentran alojamiento, sin dificultad, en los arts. 1902 y ss. del CC.

Para la etapa de excavación del terreno el DB-SE-C exige en el apartado 7.2.1, determinadas consideraciones y valoraciones que ha de reflejar el Proyecto de edificación.

El Anexo I del Código Técnico, finalmente, y los señalamos de manera más resumida, exige la inclusión como novedades más significativas, de los aspectos relativos al sistema envolvente del edificio, incluyendo los cálculos necesarios para fijar la demanda energética máxima prevista del edificio tanto en periodos de verano como de invierno, así como su eficiencia en función del rendimiento previsto en las instalaciones proyectadas.

En materia de acondicionamiento de instalaciones, incluirá las prestaciones y objetivos así como la base de cálculo necesaria en orden entre otros aspectos, a la protección contra incendios, anti-intrusión, pararrayos, electricidad, alumbrado, ascensores, transporte, fontanería, evacuación de residuos líquidos y sólidos, ventilación, ahorro de energía previsto estimado, etc. Constituyen documentos Anexos a la memoria y al propio proyecto entre otros, los relativos a la información geotécnica, cálculo de estructura, estudio de impacto ambiental, plan de control de calidad, estudios de seguridad y, en su caso, de salud.

3. El control del proyecto

Frente a la exhaustividad y rigor de contenido que el CTE impone al proyecto, llama la atención la escasa preocupación que muestra el Texto en orden a su control externo. El Código parece optar así, bajo la responsabilidad del proyectista y del promotor, en su caso, en cuanto a las soluciones alternativas que acepte, por el auto-control impuesto por el propio Código que se remite en el art. 6.2.2 a las distintas verificaciones y control de los procedimientos exigidos en el cumplimiento de las exigencias básicas.

A la dificultad ya apuntada que supone la fiscalización de procedimientos alternativos innovadores al margen de los diferentes Documentos Básicos, el texto legal guarda silencio respecto a los visados preceptivos (a los que simplemente alude la LOE en el art. 10.2.b, y cuya aprobación, sin detectar posibles errores, no parece que, que pueda alterar el criterio exoneratorio de toda responsabilidad que ha venido aplicándose en la práctica y reformado por la Sala 1.ª del Tribunal Supremo en su Sentencia de 8 de noviembre de 2002, al entender que el Colegio profesional al limitarse a visar proyectos sobre la base de lo consignado en los mismos, sin facultades de control en el proceso edificativo, quede fuera del ámbito de la responsabilidad del art. 1.591 del CC.

Esto es, el visado colegial sigue relegado a la función reglamentariamente prevista por los Estatutos Generales de cada Colegio, y entre otras a la comprobación de la identidad y habilitación del autor, al cumplimiento de las formalidades normativas y colegiales aplicables al proyecto concreto y a la integridad documental exigida al mismo.

Respecto al control último de la Administración Pública sea al Proyecto, a la ejecución e incluso de la finalización de obra, el cambio, casi radical de la normativa que afecta a la edificación, exigirá el esfuerzo de adaptación y conocimiento por parte de los Técnicos de cada Administración a quienes corresponda informar de las licencias, supervisar los proyectos y llevar a cabo el seguimiento de las obras, cuya instrucciones son vinculantes para la ejecución (art. 5 y 12.1. LOE).

4. La ejecución de la obra. Innovaciones del CTE

El código, presta especial importancia a la fase de ejecución de la obra, como medio de garantizar la calidad del producto constructivo y el alcance de los objetivos y prestaciones diseñadas e impone de nuevo un sistema de exhaustivo auto control y verificación con la exigencia de que se confeccione durante su realización una completa documentación que sea reflejo durante y a la finalización del proceso de todas las incidencias, cambios de proyecto, controles y verificaciones realizados y de los materiales y equipamientos instalados, acreditativos de su homologación, origen y certificado de calidad, lo que significará la asunción de mayores y distintas funciones para el director de obra y, sobre todo, para el director de la ejecución de la obra, especialmente para arquitectos técnicos y aparejadores que también habrán de asumir y adaptarse al desarrollo de las nuevas exigencias técnicas y soluciones constructivas, incluidas las alternativas a que antes se hacía referencia, bien por estar previstas en el proyecto, bien por cambios en el mismo que habrán de estar necesariamente autorizadas por el director de obra, previa conformidad del promotor.

El art. 7.1 del RD 314/06, establece el principio general de que las obras de ejecución del edificio se llevarán a cabo con sujeción al proyecto y a sus posibles modificaciones, a la legislación aplicable, a las normas de buena practica constructiva y a la instrucciones de uno y otro director.

A ambos directores compete, dice el Código, en el ámbito de los respectivas competencias el suscribir las actas de replanteo y de comienzo de obra, el aprobar uno y elaborar otro las certificaciones parciales de obra y emitir con distinto contenido (vid art. 3 Anexo II) la certificación final. Sin embargo la aplicación de los art. 12 y 13 de la LOE, y los distintos significados y atribuciones de competencias que establece el art. 7.2. del RD, permite establecer distinciones individualizadas en este ámbito funcional que, no obstante, la práctica concreta puede difuminar en orden a la posible responsabilidad derivada.

A) El director de obra

Que forma parte de la Dirección facultativa y cuya cualificación profesional esta en función de obra a realizar (art. 2 de la LOE) asume la misión y responsabilidad de dirigir conforme al proyecto el desarrollo de la obra en los aspectos técnicos, estéticos, urbanísticos, y medio ambientales así como la coordinación con los demás técnicos que puedan bajo su supervisión dirigir unidades o proyectos parciales de la ejecución.

La LOE, le asigna además, las funciones de:

— Verificar el replanteo y la adecuación de la cimentación y de estructura proyectadas a las características que o técnicas del terreno.

— Resolver las contingencias que se produzcan en la obra y consignar en el Libro de Órdenes y Asistencias las instrucciones precisas para la correcta interpretación del proyecto.

— Elaborar, a requerimiento del promotor o con su conformidad, eventuales modificaciones del proyecto, que vengan exigidas por la marcha de la obra siempre que las mismas se adapten a las disposiciones normativas contempladas y observadas en la redacción del proyecto.

— Elaborar y suscribir la documentación de la obra ejecutada para entregarla al promotor, con los visados que en su casos fuera preceptivos.

Junto a ésta, entendemos, al no atribuirlas expresamente el CTE al director de ejecución de obra, que ha de asumir:

• La realización o encargo de las pruebas, ensayos y verificaciones de algunos productos que para el cumplimiento de las exigencias básicas del CTE, puedan considerarse necesarias o estén previstas en los Documentos Básicos o en el proyecto.

• El control de la obra terminada también mediante las comprobaciones y pruebas, a llevar a cabo conjuntamente con el director de ejecución de la obra, y no estén previstas en el proyecto o exija la normativa aplicable.

B) El director de ejecución de obra

Con la cualificación profesional exigida por la LOE (art. 13) según la obra de que se trate, este agente forma parte también de la dirección facultativa y le corresponde además del control inmediato de la ejecución de la obra de acuerdo con el proyecto y las instrucciones del director de obras, y las propias reglamentariamente específicas, las de verificar la recepción en obra de los productos de construcción ordenando la realización de las pruebas y ensayos que sean convenientes.

Esta obligación-función, que toma especial significado para el código técnico en su apuesta por el minucioso control en la calidad de los materiales, equipos y productos suministrados a incorporar al edificio, tiene por objeto el comprobar "*in situ*" que las características técnicas de los mismos satisfacen las exigencias del Código. Este control supone:

1. La completa recopilación de todos los documentos relativos a los productos suministrados, que recibidos por el constructor ha de entregar al director de ejecución de la obra. Los documentos serán todos los exigidos por la Normativa del producto y, al menos, las relativas al origen, albarán y etiquetado; certificados de garantía del fabricante (cumplimentado por persona física) y los documentos de conformidad administrativa que sean exigibles incluido el marcado C.E. respecto a los productos incluidos en las Directivas Comunitarias.

2. El control de recepción mediante distintivos de calidad y evaluación de idoneidad técnica que aseguren las características técnicas y el reconocimiento oficial mediante marcas, sellos, certificaciones y otros distintivos voluntarios que faciliten su aplicación al CTE y que podrán ser reconocidos, como tales, por la Administración.

3. Las evaluaciones técnicas de idoneidad del producto, instrucciones de uso y mantenimiento.

Se consideran conformes al CTE los que hayan demostrado que cumplen las exigencias de éste y así haya sido reconocido por entidades autorizadas por la Administración en los términos previstos en el art. 5.5 y 6 del RD.

La suficiencia de toda esta documentación habrá de determinar la aceptación del producto, a criterio del director de ejecución de la obra.

4. Respecto al control de ejecución de la obra, el código establece e impone a este agente todo un elenco de funciones, controles y supervisiones tendentes a comprobar la calidad de

cada unidad de obra, la compatibilidad de todos los elementos y su correcta puesta en obra y la exigencia de extremar el control de idoneidad con las verificaciones necesarias respecto a los sistemas, equipos y productos de construcción que se presenta innovadores. Y, como ya se dijo, le corresponde, junto al director de obra, el control de la edificación terminada, comprobando su correcta ejecución y funcionalidad.

5. *La terminación y recepción de la obra*

Al guardar el Código silencio en este apartado habrá de estarse a lo previsto en el art. 6 de LOE.

Supone la entrega, una vez concluida la obra, por el constructor al promotor y su aceptación por éste dentro de los 30 días siguientes, documentándose en un acta que comprenderá la identidad de los otorgantes, el certificado final, el coste total que ha supuesto la ejecución material y las posibles reservas que haga valer el promotor y el plazo para subsanar los puntos de disconformidad, así como las garantías que en su caso se exijan al constructor.

A partir de la fecha de este Acto de Recepción la LOE sitúa el inicio del computo de los plazos de responsabilidad y garantías previstas por defectos constructivos en el art. 17.

Frente a esta forma de recepción expresa, la LOE contempla la tácita si, transcurridos 30 días del requerimiento para el otorgamiento del acta, el promotor no lo hiciera ni hubiera puesto por escrito razones de su rechazo o reserva a la misma. El rechazo expreso deberá pues ser motivado y por escrito fijando nuevo plazo para efectuar la recepción.

6. *La documentación de la ejecución de la obra*

Como se ha venido apuntando en las páginas anteriores, durante la ejecución de la obra se irá elaborando la documentación exigida tanto por el CTE como por la LOE. Sin perjuicio de lo que establezcan las Administraciones Públicas competentes, el Anexo 2 señala, a título indicativo, el contenido de la documentación de seguimiento, de carácter obligatorio, consistente en:

— Libro de Órdenes y Asistencias conforme al D 461/1971 de 11 de marzo.

— Libro de Incidencias en materia de seguridad y salud conforme al RD 1627/1997, de 24 de octubre.

— Proyecto, Anexos y modificaciones autorizadas, por el D de obra.

— La documentación relativa a los controles verificados sobre recepción de productos, ensayos de calidad y demás partidas de obra.

— Licencia de obra, de apertura del centro de trabajo y, en su caso, otras autorizaciones administrativas.

— Certificado Final de Obra (D 462/1971), suscrito por los respectivos directores y visado por los Colegios correspondientes, que incluirá como Anexos: la descripción de las modificaciones al proyecto hechas durante la obra, con la conformidad del promotor, haciendo constar su compatibilidad con el contenido de la licencia; y la relación de los controles realizados durante la obra.

Los respectivos Colegios Profesionales a que pertenezcan el Director de Obra y del Director de Ejecución de la obra serán depositarios, a instancia de estos, de toda la obra del seguimiento de Ejecución y asegurarán su conservación y emitirá certificaciones de su contenido. El plazo mínimo que no se establece, deberá ser al menos de veinte años.

7. *El libro del edificio: su uso y conservación*

Toda la documentación de la obra formará parte del llamado libro del edificio que será entregado al usuario final y debe transmitirse con el edificio o vivienda. En él se incluirá toda la documentación que exija los D. Básicos y expresamente todo lo relativo a los materiales, equipos y productos utilizados en la obra y las instrucciones de uso y mantenimiento del edifico y de sus instalaciones.

El buen estado de conversación que constituye obligación legal para los usuarios (art. 16 LOE), implica seguir el art. 8 del CTE:

— Llevar a cabo un plan de mantenimiento bajo el control y ejecución de un técnico competente.

— Realizar las inspecciones reglamentarias y conservar la documentación pertinente.

— Documentar a lo largo de la vida útil del edificio las reparaciones, reformas o rehabilitaciones efectuadas consignándolas en el libro del edificio.

IV. LA INCIDENCIA DEL CTE EN LOS PLAZOS DE GARANTÍAS DE LA LEY DE ORDENACIÓN POR VICIOS CONSTRUCTIVOS

Llegados a este punto, la primera reflexión que ha de resultar hasta obvia, es la de aventurar que las edificaciones proyectadas y ejecutadas dentro del ámbito de vigencia del C.T.Edificación, han de reducir de manera considerable los supuestos de responsabilidad civil por defectos constructivos, al menos, en lo que podríamos considerar de alta y media intensidad.

No conseguirlo representaría el fracaso de un Código que, no sólo apuesta decididamente por edificaciones de más calidad y seguridad constructiva, sino que pone los medios para alcanzarlo exigiendo rigurosos mecanismos de control en todas las esferas y etapas del proceso de edificación.

La falta de calidad o los defectos de construcción que se detecten supone según los expertos un coste medio anual de doce mil millones de euros, equivalentes a lo que supondría edificar 80.000 viviendas.

La importante reducción de las plazos de garantía y de responsabilidad que ya supuso la LOE prácticamente para todas las edificaciones iniciadas en el presente siglo, debe ir acompañada del esfuerzo de todos los agentes implicados en el proceso constructivo por conseguir los objetivos que la ley impone.

La otra reflexión que también se antoja elemental es que acaecido el daño o defecto constructivo, el código técnico representa también una útil herramienta en cuanto a la determinación de las responsabilidades individuales o plurales de los agentes intervinientes a los que sea imputable. El amplísimo rastro documental que deja la obra en manos de los usuarios finales, y en los respectivos colegios facilitará a abogados, jueces y singularmente a los peritos forenses, el detectar con mayor conocimiento de causa el error cometido, el motivo de la concreta patología y en definitiva los presupuestos de una responsabilidad civil en este ámbito del Derecho que se adivina más difícil de eludir, y precursora de una definida tendencia jurisprudencial a la objetivación como obligación del resultado, cuyo no logro puede implicar por sí sola la presunción de culpa (vid. STS 17-julio-2006) y la de 12-7-2006 del que se extracta el siguiente fundamento:

> *«La responsabilidad dicendi, aunque inspirada en un sistema de valoración de componentes e imputabilidad, se encuentra en buena medida objetivada, lo que se manifiesta en que el contratista es responsable si la ruina ha obedecido a un efecto de construcción y el técnico lo es si ha tenido su origen en la especial naturaleza del suelo o de la dirección de obra... y por otra parte, esta responsabilidad "ex lege" lleva aparejada la presunción "iuris tantum" de que si la obra ejecutada padece ruina, esta es debida a las personas*

que en ella intervinieron, de manera que la actora sólo ha de probar la existencia de ruina (STS 28-10-1988 y 8-11-2002). Presunción de culpa que no implica que haya necesariamente que individualizar (STS 17-7-2006).»

El concepto de ruina física y potencial construido por la Doctrina legal en interpretación extensiva del viejo art. 1.591 del CC, equivalente respectivamente a derrumbamiento total y a peligro de derrumbamiento por deterioro progresivo (STS 22-6-2006, entre otras muchas) se completa ahora por los Documentos Básicos de Seguridad Estructural DB-SE y de cimentación con la comprobación y diagnósticos a través de los llamados estados límites que en materia estructural se define en el art. 321 del DB-SE, como aquéllos que de ser superados constituyen un riesgo para las personas, ya sea porque producen una puesta fuera de servicio del edificio o el colapso total o parcial del mismo.

Como estados límite últimos deben considerarse los debidos a:

— pérdida de equilibrio del edificio, o de una parte estructuralmente independiente, considerado como un cuerpo rígido;

— fallo por deformación excesiva, transformación de la estructura o de parte de ella en un mecanismo, rotura de sus elementos estructurales (incluidos los apoyos y la cimentación) o de sus uniones, o inestabilidad de elementos estructurales incluyendo los originados por efectos dependientes del tiempo (corrosión, fatiga).

También constituyen estados límites últimos, dada la adición que supone la Norma 2.2.1.2 del DB-SE-C en materia de vicios procedentes del suelo, de su cimentación o de patologías, por deslizamiento, corrientes subterráneas, nivel freático, falta de compactanción, etc., los debidos a:

— pérdida de la capacidad portante del terreno de apoyo de la cimentación por hundimiento, deslizamiento o vuelco;

— pérdida de la estabilidad global del terreno en el entorno próximo a la cimentación;

— pérdida de la capacidad resistente de la cimentación por fallo estructural;

— fallos originados por efectos que dependen del tiempo (durabilidad del material de la cimentación, fatiga del terreno sometido a cargas variables repetidas).

Las previsiones del Código Técnico garantizando una duración mínima de 50 años salvo indicación contraria el edificio, no se corresponde con el plazo decenal de garantía, si bien es de entender que este último es plazo suficiente para que la patología se manifieste.

Así parece razonable entender que caen dentro de la misma garantía decenal todos los vicios contrarios a la seguridad estructural que define el art. 3.b.1, e incluso según la entidad del art. 3.b.3 de la LOE, y 12.1.a) que lo transcribe, aquellas patologías que el DB-SE definen como estados límites de servicio (art. 3.2.2) que afectan al confort y al bienestar de los usuarios o de terceras personas, al correcto funcionamiento del edificio o a la apariencia de la construcción.

Los estados límite de servicio pueden ser reversibles e irreversibles. La reversibilidad se refiere a las consecuencias que excedan los límites especificados como admisibles, una vez desaparecidas las acciones que las han producido. Como estados límite de servicio deben considerarse los relativos a:

— las deformaciones (flechas, asientos o desplomes) que afecten a la apariencia de la obra, al confort de los usuarios, o al funcionamiento de equipos e instalaciones;

— las vibraciones que causen una falta de confort de las personas, o que afecten a la funcionalidad de la obra;

— los daños o el deterioro que pueden afectar desfavorable o negativamente a la apariencia, a la durabilidad o a la funcionalidad de la obra.

Y también (DB-SE-C 2.2.1.3) los movimientos excesivos de la cimentación que puedan inducir esfuerzos y deformaciones anormales en el resto de la estructura que se apoya en ellos, y que aunque no lleguen a romperla afecten a la apariencia de la obra, al confort de los usuarios, o al funcionamiento de equipos e instalaciones.

Hasta ahí parece que el legislador quiere llegar en la aplicación del concepto de ruina potencial asimilada a la física o calificada incluso de funcional por alguna jurisprudencia que mantiene la garantía clásica de 10 años, a costa de excluir otros muchos supuestos derivados de vicios y defectos constructivos, pues si cuanto se acaba de expresar es conforme con la definición que de ellos hace la STS 19-10-2006 refiriéndose a *todos aquellos vicios que impiden, y con ello también dificulten, el disfrute, la normal utilización y habitabilidad, por presentar un riesgo potencial de llegar a hacer inútil la edificación, incrementándose con el transcurso del tiempo si no se adoptan oportunamente las medidas correctas y efectivas necesarias, y debe considerarse que a los compradores de las viviendas también les asiste el derecho de su uso con la tranquilidad que aporta una construcción correcta y no están obligados a soportar las inquietudes y desasosiegos que proporcionan estados edificativos imperfectos (STS de 18 de diciembre de 1999).*

Sin embargo, el concepto de ruina funcional acuñado por la jurisprudencia en protección básicamente de los adquirientes y usuarios de viviendas difiere, desde luego, y fuera de estos supuestos que se acaban de exponer del que vino a recoger en su día la L.O. Edificación y singularmente ahora el Código a través de sus Documentos Básicos, que no obstante, por su carácter administrativo y reglamentario, cabe entender que abren la puerta a una interpretación restringida de determinados vicios funcionalmente ruinosos que quedan sujetos al plazo de garantía intermedia de tres años, y pueden llegar a vaciar de contenido otra no menos amplia Doctrina legal que como la STS 20-12-2006 entiende por tal *todo detrimento o menoscabo grave que experimente una edificación, y que, sin afectar a su solidez, exceda de la medida de las imperfecciones corrientes, configurándose como una violación de la "lex artis" o del contrato*. Y en una posición intermedia la que entiende por tal "*aquellos supuestos en los que los defectos constructivos inciden en la idoneidad de la cosa para su normal destino, y por consiguiente afecta al valor práctico de la utilidad, como exigencia, junto a la seguridad, de una adecuada construcción. Se aprecia la ruina funcional cuando los defectos tienen una envergadura o gravedad que exceden de las imperfecciones corrientes haciendo inútil o impropia la cosa para su finalidad*" (STS 22-6-2006).

La LOE pues, parece reducir la consideración de ruina funcional a los estados del edificio que comporten su sostenibilidad y solidez y fuera de estos supuestos, reconoce una garantía intermedia para los vicios manifestados dentro de los tres años siguientes a la conclusión de la obra que afecten (art. 17.1.b) a la habitabilidad y en concreto:

— higiene, salud y protección del medio ambiente, de tal forma que se alcancen condiciones aceptables de salubridad y estanqueidad en el ambiente interior del edificio y que éste no deteriore el medio ambiente en su entorno inmediato, garantizando una adecuada gestión de toda clase de residuos;

— protección contra el ruido, de tal forma que el ruido percibido no ponga en peligro la salud de las personas y les permita realizar satisfactoriamente sus actividades;

— ahorro de energía y aislamiento térmico, de tal forma que se consiga un uso racional de la energía necesaria para la adecuada utilización del edificio;

— otros aspectos funcionales de los elementos constructivos o de las instalaciones que permitan un uso satisfactorio del edificio.

Norma de cierre esta última, redactada en términos suficientemente amplios como para cobijar dentro de la garantía trienal como defectos constructivos todos o algunos de los que impidan alcanzar los objetivos de funcionalidad que la LOE (art. 3.1.c) considera objetivos básicos. Esto es, los que no permitan:

— utilización del edificio de manera que la disposición y las dimensiones de los espacios y la dotación de instalaciones faciliten la ordenada realización de las funciones previstas en el edificio;

— accesibilidad, de tal forma que se permita a las personas con movilidad y comunicación reducidas el acceso y la circulación por el edificio en los términos previstos en su normativa específica;

— acceso a los servicios de telecomunicación, audiovisuales y de información de acuerdo con lo establecido en su normativa específica;

— facilitación para el acceso de los servicios postales, mediante la dotación de las instalaciones apropiadas para la entrega de los envíos postales, según lo dispuesto en su normativa específica. (Este último apartado ha sido introducido por la Ley 24/2001, de 27 de diciembre).

Así pues, patologías tan frecuentes como las de humedades de confusa y tórpida aparición y germen de irritantes molestias incluso para la salubridad que tradicionalmente se ha considerado constitutiva de ruina funcional, pasarían a regirse dentro de este plazo de garantía inferior.

Finalmente, el último grado de garantía referido a la subsanación de meros defectos de terminación y acabado (1 año) que la ley atribuye como obligación y responsabilidad esencial del constructor plantean los problemas, pendientes también, de resolución por la Doctrina Jurisprudencial de considerar si las responsabilidades derivadas de los mismos pueden extenderse de manera solidaria, y no vemos en ello especiales dificultades, a otros técnicos, fundamentalmente al director de la ejecución de la obra.

El mismo interrogante se plantea en relación a los vicios o daños causados en el edificio por deficiencias de los productos de construcción adquiridos o aceptados por el constructor (art. 16.6 in fine LOE), ya que la responsabilidad y la comprobación de idoneidad recae en el CTE, como vimos, en el director de la ejecución de la obra.

V. La doctrina jurisprudencial sobre la responsabilidad de los diferentes agentes en el proceso de edificación. Incidencia del CTE

El Código Técnico, como algún autor ha apuntado, pasa de puntillas y trata de eludir toda referencia explícita en orden a la responsabilidad de los distintos agentes, si bien, la minuciosa regulación que hace respecto a las obligaciones del proyectista, el director de obra y director de la ejecución de la obra, y en bastante menor medida en las figuras del promotor, suministrador, contratista y subcontratista hace que el CTE represente una muy útil herramienta de trabajo en orden a la determinación de las responsabilidades, que en buena medida viene a recoger, implícitamente, criterios objetivos de imputación y catálogos de deberes que dan ahora carta de naturaleza reglamentaria a criterios de actuación adecuada a la diligencia exigible en orden a la previsibilidad y evitabilidad del daño del que surge una responsabilidad civil, que en términos generales, en mi parecer, no debe suponer un cambio destacable en la abundante Doctrina Jurisprudencial recaída en la materia, en orden a la atribución de responsabilidad, sea individualizada o compartida desde supuestos de solidaridad propia o impropia, que tanto la LOE como ahora el C. Técnico han venido a reforzar.

El promotor sigue situado en la propia ley y en la Doctrina como garante prioritario y último frente a los terceros destinatarios y adquirentes de la obra, cuando éste en palabras de la STS 16-12-2004 *se realice en su beneficio y se encamine a la venta a terceros, y que haya elegido y contratado al constructor y a los técnicos. En palabras de la STS de 19 de noviembre de 1997 promotor es quien organizó como empresario la construcción, estableció el programa de realización y contrató a los encargados de realizar su plan; y como sujeto o agente de la edificación, ordena, programa y busca los medios financieros para llevarla a cabo por su cuenta o de terceros (STS 21 de octubre de 1998).*

En todos estos supuestos el promotor compatibiliza frente a los usuarios destinatarios finales su legitimación para soportar las acciones propias del art. 1.591 del CC, las de la LOE, en la misma medida que todos los demás intervinientes, como también la contractual del art. 1.101 del CC por incumplimiento e idoneidad de lo edificado y entregado mediante su venta a terceros adquirentes que le incumbe en exclusiva. Así se ha reconocido de forma invariable por la doctrina legal (STS de 19 de mayo de 1998 ó 27 de enero de 1999) que desde esta doble posición sitúa al promotor de un edificio con vicios ruinógenos en garante y responsable principal frente a los propietarios adquirentes de todo tipo de deficiencias constructivas solidariamente con los demás agentes intervinientes (STS 9-3-1998, 19-12-1989, 8-10-1990, 1-10-1991, 8-6-1992, 29-9-1993, 25-10-1994, 20-6-1995, 3-5-1996, 23-12-1999 y 28-5-2001). Esto es, la responsabilidad de la promotora recurrente opera dentro del ámbito del art. 1.591 y 1.101 y ss. del CC (o de los arts. 17.1 y 9 de la LOE) en casos de defectos y patologías sufridos en la obra construida y transmitida en su beneficio con elección de los técnicos y constructores que intervienen en la misma (STS

13-10-1999) y aún cuando en última instancia sólo sea imputable a otros técnicos por ellos contratados culpa "*in eligendo*" (STS 10-11-1999), contra los que tendrá las acciones de repetición que dentro de las edificaciones sujetas a la LOE le concede el art. 18.2 LOE dentro del plazo común de los 2 años.

El arquitecto en el ámbito de sus funciones más usuales en la que normalmente viene a asumir tanto la elaboración del proyecto como, generalmente, la dirección superior de la obra, la jurisprudencia ha venido recopilando un importante elenco de obligaciones, exigencias y responsabilidades.

Resumen de muchas de ellas efectúa la STS 14-diciembre-2006 señalando que esta responsabilidad *se centra en la especialidad de sus conocimientos y la garantía técnica y profesional que implica su intervención en la obra (STS de 27 de junio 1994); en la fase de ejecución de la obra le corresponde la dirección de las operaciones y trabajos, garantizando la realización, ajustada al proyecto según la "lex artis" (STS de 28 de enero de 1994); "al no tratarse de simples imperfecciones, sino de vicios que afectan a los elementos esenciales de la construcción, de los mismos no se puede exonerar al arquitecto en su condición de responsable creador del edificio" (STS de 13 de octubre de 1994); "al arquitecto le afecta responsabilidad en cuanto le corresponde la ideación de la obra, su planificación y superior inspección, que hace exigente una diligencia despledgada con todo el rigor técnico, por la especialidad de sus conocimientos" (STS de 15 de mayo de 1995); "corresponde al arquitecto, encargado de la obra por imperativo legal, la superior dirección de la misma y el deber de vigilar su ejecución de acuerdo con lo proyectado (...), no bastando con hacer constar las irregularidades que aprecie, sino que debe comprobar su rectificación o subsanación antes de emitir la certificación final aprobatoria" (STS de 19 de noviembre de 1996); "responde de los vicios de la dirección, es decir, cuando no se vigila que lo construido sea traducción fáctica de lo proyectado (...), y los defectos del caso son objetivos, obedecen a una falta de control sobre la obra, y su origen se debe a una negligencia en la labor profesional" (STS de 18 de octubre de 1996); "en su función de director de la obra le incumbe inspeccionar y controlar si la ejecución de la misma se ajusta o no al proyecto por él confeccionado y, caso contrario, dar las órdenes correctoras de la labor constructiva" (STS de 24 de febrero de 1997); "responde por culpa "in vigilando" de las deficiencias fácilmente perceptibles" (STS de 29 de diciembre de 1998); "le incumbe la general y total dirección de la obra y la supervisión de cuanta actividad se desarrolle en la misma".*

El nivel de exigencia que se le impone sobrepasa incluso ese elenco de atribuciones. Así en materia del libro de órdenes y de certificación final, cuyo contenido habitual se mantiene por el CTE, el director de la obra "certificará que la edificación ha sido realizada bajo su dirección, de conformidad con el proyecto objeto de licencia y la documentación técnica que la completa, hallándose dispuesta para su adecuada utilización con arreglo a las instrucciones de uso y mantenimiento" (Anexo II, 3.2). Tal planteamiento implica en la doctrina legal una casi automática y objetiva asunción de responsabilidad frente a defectos y vicios que excedan de las imperfecciones corrientes y asumible en el acabado de la obra, que no se exoneran por el simple hecho de la llevanza del libro de órdenes, ni tampoco por su debida cumplimentación dejando constancia de las órdenes cursadas. Todo lo contrario, la más moderna jurisprudencia exige un plus más, y así se señala, entre otras, en la STS 24-7-2006, que *al cursar las órdenes, conocía el riesgo de que la obra se ejecutara defectuosamente y si facilitó instrucciones concretas, después no comprobó su cumplimiento, como se evidencia con la existencia y reconocimiento por su parte de los defectos y la suscripción, sin restricción alguna, del certificado final de la obra donde se establece que han sido ejecutadas conforme al proyecto, lo que no ocurrió en atención a que éste no preveía los vicios, de suerte que no basta con reflejar las irregularidades que aprecie, sino que ha de comprobar su rectificación o subsanación antes de emitir la certificación final aprobatoria de la obra, único medio de garantizar que los dueños o poste-*

riores adquirentes no resulten sorprendidos o defraudados en sus derechos contractuales.

Es más, su nivel de responsabilidad es tal para la jurisprudencia que cualquier cambio del proyecto o del diseño ordenado por el promotor, aunque fuera contra la expresa oposición de la dirección facultativa, dice la STS 1 de febrero-2002, determina su responsabilidad como director de obra, ya que en este caso el arquitecto debió imponer su autoridad, suspender la obra, si es que la consideraba incorrecta, pero no simplemente declinar su responsabilidad, sin apartarse de la misma.

En materia de vicio de suelo, por omisión de estudios geotécnicos, falta de previsión de las características del terreno, del subsuelo, de los niveles freáticos, etc., la responsabilidad del arquitecto parece ineludible en el sentir jurisprudencial. Así lo expresa el T. Supremo en Sentencia de 6 de mayo de 2004, reiterando las de 10 de noviembre de 1999 y 15 de julio de 2000, al declarar que *la responsabilidad autónoma con respecto a la dirección del autor del proyecto procede cuando en su elaboración no se tienen en cuenta las características adversas del terreno y la falta de previsión de la cimentación adecuada, por omisión de los estudios geológicos necesarios, reclamándolos si procedía de técnicos u organismos competentes para su incorporación al proyecto como documentación complementaria.*

Responsabilidad generalmente única, individualizada y exclusiva del Arquitecto Proyectista e incluso director de obra, como en términos generales ha sentenciado nuestro T. Supremo, a salvo excepciones, entre otras muchas la STS 5-marzo-2001, 3-octubre ó 31-diciembre-2002, llegando el T. Supremo a expresar en la de 15-marzo-2001 que *detectado tardíamente el vicio del suelo, en realidad del proyecto, el deber del Arquitecto no es tomar medidas para evitarlo, sino no llevar a cabo la edificación si el vicio no es subsanable.*

Finalmente, en cuanto a daños por defectuosa ejecución, salvo los pequeños defectos y acabados, es también criterio de la Doctrina legal no excluir por sí la responsabilidad del arquitecto director (por todas STS 26-5-2005) por entender que la existencia de una irregular ejecución ya revela *que no concurrió el necesario control técnico a cargo del Arquitecto, tanto para que la obra se ajustase al proyecto, como para que su realización resultase la más correcta posible con arreglo a las normas de la buena construcción, dando las órdenes e instrucciones precisas para solventar los problemas y dificultades que fueran surgiendo en lo referente a los vicios perfectamente detectables, y las funciones de superior dirección que corresponden a los Arquitectos son convergentes con las de los otros técnicos en el ejercicio de las actividades que les corresponden (sentencias de 15-4-1991), pues la responsabilidad de aquéllos es última por el deber que les asiste de comprobar que se trata de obra correcta antes de emitir el certificado final aprobatorio de la construcción.*

Las exigencias que recomienda, más que impone, el CTE delegando a su criterio, e incluso fuera de las prescripciones del proyecto la realización de la verificación, ensayos y pruebas sobre las distintas unidades ejecutadas que estime convenientes abren, además, una vía de potencial responsabilidad achacable a la dirección de la obra que se proyectará fácilmente hacia los demás intervinientes principales, constructor y director de la ejecución, de igual manera que, en relación a la elección o utilización de materiales inidóneos, tampoco el T. Supremo ha mantenido en términos absolutos toda ajeneidad o exoneración de la Responsabilidad del Arquitecto (STS 14-7-1981, 19-12-1989, 28-10-1991, 5-3-1998 y 5-4-2001). Las atribuciones que el Código contempla en esta materia respecto a las Previsiones del Proyecto y a la Dirección de la Obra pueden reforzar esta posición, hasta ahora, de todos modos, excepcional.

El arquitecto técnico, desde su posición generalmente débil y propensa a asumir en los procedimientos de Responsabilidad por vicios constructivos imputaciones que "*estrictu sensu*" desborda el contenido de la vigilancia inmediata de la obra, atrayendo sin dificultad, hacia él tanto la responsabilidad inherente al constructor ante una deficiente ejecución que, entonces, se le reprocha por no haber impedido con una intervención profesional de vigilancia y control más efectiva, como también la que es propia y nace del ámbito de la dirección de la obra y del propio proyecto, donde es habitual el reproche que le hace copartícipe o responsable solidario por no haber detectado sus fallos ni hacer las observaciones pertinentes para su subsanación. Así pues, la distribución de responsabilidades que diseña la LOE ni en particular las funciones que ahora le impone el C. Técnico, permiten razonablemente prever un cambio sensible en su panorama jurídico que tienda a la individualización de su responsabilidad y se aleje de la tendencia casi mecanicista de entenderle corresponsable de los vicios derivados de una u otra etapa del proceso constructivo.

La Doctrina jurisprudencial en la materia, también, fuertemente consolidada en orden a la de estas atribuciones compartidas de responsabilidad, así lo viene señalando. La STS 15-12-2005, afirma que *si el Arquitecto Técnico es responsable de que la obra se ejecute con sujeción al proyecto y exacta observancia de las órdenes e instrucciones del Arquitecto director, esto no significa subordinación o sometimiento pleno y absoluto que suponga un actuar dotado de automatismo, pues, en todo caso, lo que se ha de alcanzar es una buena construcción, con observancia de las prácticas y reglas correspondientes (Decreto de julio de 1935). La función que desempeña el Arquitecto Técnico es propia, dotada de autonomía profesional operativa, e la que pueden derivarse las correspondientes responsabilidades, al ser colaborador técnico de la obra y sirve al Arquitecto en cuanto sirve a la obra técnicamente considerada, en la procura de que alcanza la necesaria corrección y no resulte obra defectuosa (Sentencias de 15-7-1987, 5-12-1988 y 10-7-2001).*

Con más rotundidad la STS 10-marzo-2004 advierte que *"los Arquitectos Técnicos no son precisamente meros ayudantes del Arquitecto Director de la Construcción, sino ayudantes técnicos de la obra y sirve al Arquitecto en cuanto sirven a la obra técnicamente considerada (sentencias de 15-7-1987 y*

5-12-1998), por lo que han de desempeñar correctamente la función que les incumbe, y, entre otras, inspeccionar los materiales, cuidar el cumplimiento correcto de las ejecuciones materiales y llevar a cabo las comprobaciones que se hubieran omitido (sentencias de 18-9-2001) esto es, asumen la importante unción de llevar a cabo actividades de inspeccionar, constatar y ordenar la correcta ejecución de la obra, lo que les impone por ley mantener contactos directos, asiduos e inmediatos con la misma, conservando la necesaria autonomía profesional operativa, de la que pueden derivar las correspondientes responsabilidades (sentencias de 13-2-1984, 18-12-1999 y 18-12-2001), pudiendo concurrir responsabilidad con las procedentes de las irregularidades del proyecto, sólo imputables al Arquitecto".

Además, en la STS 18-9-2001 se expresa que las obligaciones de los Arquitectos Técnicos o Aparejadores *"en el cumplimiento de sus obligaciones profesionales y la normativa de sus cometidos y deberes, no sólo se encuentra en el Decreto de 19 de febrero de 1971, y en el de 16 de julio de 1935 y como tales constituyen ineludibles deberes profesionales de estos "la ejecución y vigilancia de las órdenes dadas por la dirección de la obra, procurando la perfecta realización de los trabajos y el empleo de los materiales adecuados. Esto es, participa como técnico en la dirección de la obra y deben conocer las normas tecnológicas de la edificación y advertir al Arquitecto Superior del incumplimiento y vigilar asimismo que la realidad constructiva se ajuste a su lex artis (Sentencia de 5 de octubre de 1990). Le incumbe la inspección de los materiales empleados, proporciones y mezclas con la debida asiduidad (sentencias de 15 de octubre de 1991 y 11 de julio de 1992) así como la correcta ejecución de las actividades constructivas respondiendo de los resultados dañosos que se ocasionen debido a errores, defectos o vicios de las edificaciones en que intervienen (sentencias de 12 de noviembre de 1992, 2 de diciembre de 1994 y 15 de mayo de 1995)"*. Todo ello, a su vez, sin que puedan escudarse o eximir su responsabilidad, como tantas veces ha rechazado la jurisprudencia, alegando que se limitaron a realizar la obra tal y como aparecía planteada por el Arquitecto Director, porque su actuación y cometido no es meramente automático y de ciega subordinación y permanece o debe permanecer abierto al margen de no realizar lo que no sea correcto, pues en otro caso, dice la STS 27-6-2003, quedaría vacío de contenido para ellos el art. 1.591 del CC (sentencias de 22-septiembre-1988, 8-febrero-1994 y 15-mayo-1995); y su propia titulación profesional, añade la STS 24-junio-2002, ha de garantizar públicamente que desarrollarán adecuadamente aquellas funciones que profesionalmente les incumben.

En definitiva el diseño del CTE, sin hacer abdicación del diferente ámbito funcional, que recogiendo criterios jurisprudenciales y antiguos reglamentos, individualiza la Ley de Ordenación de la Edificación, apuesta, sobre todo en la fase de ejecución de la obra, por una actuación coordinada, conjunta, diligente, previsora y responsable de todos los agentes, en especial de la Dirección de la Obra y de la Ejecución, así como de los contratistas y subcontratistas, en orden a la mejor, más segura y más eficaz construcción de lo proyectado.

El Código, de este modo, rehuye compartimientos estancos permitiendo involucrar a todos los agentes en la responsabilidad que revelará el que el resultado final alcanzado no sea el garantizado ni pretendido en el proyecto. No alcanzar aquellas exigencias mínimas que aludíamos al inicio de estas páginas, implica el fracaso de todo el proceso como exponente de una mala práctica edificativa que, en uso de la Jurisprudencia y del art. 17 de la LOE, hará difícil, en no pocas ocasiones, eludir soluciones de responsabilidad, solidaria o compartida, por obedecer el daño a diferentes concausas que impidan la aplicación del principio prioritario de responsabilidad individual y personalizada de todos los partícipes en la construcción, al no poder delimitarse el grado de responsabilidad ni escindir la participación de cada uno en la causación del daño.

Por último, al margen del ejercicio de acciones, tanto directas como de repetición, que puedan dirigirse contra subcontratistas, proveedores, instaladores, fabricantes, etc. El CTE presenta el interés jurídico en la respuesta de los Tribunales Provinciales y más adelante del Tribunal Supremo a los problemas e imputaciones de responsabilidad derivada contra los usuarios y propietarios del edificio por deficiente uso y conservación del mismo que podrá constituir motivo, respecto a los vicios de larga garantía, para atenuar o compensar el alcance indemnizatorio o exonerarlo por completo en función de la intensidad del deber de conservación emitido. Posibilidad sin embargo, una y otra, a la que hasta ahora han venido siendo reacios los Tribunales y la Jurisprudencia (entre otras muchas vid. STS 5-febrero ó 23-junio-2004).

ASPECTOS GENERALES DEL CÓDIGO TÉCNICO DE LA EDIFICACIÓN: SISTEMÁTICA Y APLICACIÓN

Manuel Almenar Belenguer
Presidente de la Audiencia Provincial de Pontevedra

César Jiménez López
Presidente de la Agrupación de Arquitectos Peritos y Forenses de Galicia

Óscar Pérez Paz
Secretario de la Agrupación de Arquitectos Peritos y Forenses de Galicia

ASPECTOS GENERALES DEL CÓDIGO TÉCNICO DE LA EDIFICACIÓN: SISTEMÁTICA Y APLICACIÓN

I. Introducción. El camino hacia el Código Técnico de la Edificación

El crecimiento económico y demográfico, junto a los flujos de población por la emigración a la ciudad, el escaso atractivo del mercado de alquiler, la ausencia de controles legales y administrativos y la relajación de los pocos existentes, propiciaron a lo largo de la segunda mitad del siglo XX un crecimiento exponencial del fenómeno urbanístico, inicialmente orientado a satisfacer la demanda de primera vivienda, pero que después, al compás del desarrollo social y del nivel de vida, fraguaría como mecanismo de inversión y creación de las condiciones que con el tiempo darían lugar al polinomio estatus/necesidad/demanda que originaría el mercado de la segunda vivienda.

Este fenómeno, que incluso en sus comienzos dio nombre a una época histórica, identificable con la década de los años sesenta y principios de los setenta y conocida como "desarrollismo", lejos de atemperarse a la supuesta saturación del mercado y al descenso de los indicadores económicos, no sólo ha transformado la geografía urbana, sino que, por una parte, ha tenido y tiene una marcada influencia en la sociedad, especialmente sensible al medio en el que desenvuelve su actividad vital, y, por otra, íntimamente relacionada con la anterior, ha convertido al sector de la construcción en uno de los principales motores del progreso económico y social, con todos los efectos inherentes, tanto positivos (capacidad generadora de de empleo, desarrollo de recursos, generación y circulación de riqueza, efecto de arrastre de otros sectores, satisfacción de demandas sociales…), como nocivos (destrucción del patrimonio cultural y medio-ambiental, dependencia estructural por falta de diversificación, especulación, vinculación socio-política…) comúnmente conocidos.

Cabría fundamente pensar que, en un área tan ligada a la dotación de bienes de primera necesidad, como son las viviendas, la progresión del sector iría desde un principio unida a una preocupación cada vez mayor por los parámetros de calidad de las edificaciones, y esta preocupación, a su vez, motivaría una paulatina sensibilización de los poderes públicos sobre la procedencia de introducir determinadas exigencias o estándares mínimos obligatorios, tanto en materia de seguridad como de habitabilidad, que garantizaran no sólo la adecuación del producto al precio satisfecho, sino, principalmente, el cumplimiento de un pliego de condiciones consideradas indispensables para que la vivienda pueda responder al destino previsto, que lejos de ser la mera solución habitacional, se configura como el medio donde el individuo vive su intimidad.

Sin embargo, la concepción ius civilística de la edificación, como una mera relación privada de los intervinientes en el proceso constructivo, entre sí y con el adquirente, motivó que tradicionalmente los conflictos que pudieran surgir se residenciaran en las normas generales penales, en los casos más graves, cuando se consideraba que estábamos ante una conducta susceptible de integrar un delito (imprudencia, profesional o no, con resultado de homicidio o lesiones, estafa, apropiación indebida...), o civiles, básicamente el Código Civil, a través de cuyos preceptos se buscaba la posible respuesta a los problemas suscitados por la calidad de la construcción, bien por la vía del incumplimiento contractual (arts. 1101 y ss. y 1545 y ss. del Código Civil), bien mediante la institución de la responsabilidad decenal (art. 1591 CC), bien, en su caso, por el cauce de la responsabilidad extracontractual (arts. 1902 y ss. CC).

Las dificultades derivaban de la inexistencia de disposiciones, legales o reglamentarias, que disciplinaran las posibles soluciones o técnicas constructivas y estableciesen los requisitos básicos de obligado cumplimiento en las distintas áreas del proceso constructivo y el régimen de responsabilidades de los agentes intervinientes, ordenando la edificación y regulando el marco de exigencias, niveles de calidad, relaciones, derechos y obligaciones derivados del proceso.

Hubo que esperar al Decreto 1650/1977, de 10 de junio, sobre normativa de la edificación, en cuyo preámbulo, tras afirmar que la normativa de la edificación "*es un medio necesario para conseguir el fin de que la edificación atienda y garantice la seguridad, el bienestar y la economía de la sociedad a la que está destinada*", esbozando así los objetivos a los que debía orientarse todo propósito regulador, se venía a reconocer que "*Actualmente la Normativa que es aplicable a la edificación se compone de un conjunto de disposiciones de rango administrativo diferente, sin que aparezca perfectamente delimitada la frontera entre lo obligatorio y lo facultativo, fuente todo ello de dificultades interpretativas que pueden afectar directamente a todas las personas relacionadas con el proceso de la edificación y con el uso de los edificios.*".

De ahí que la propia norma plantease, por primera vez, la necesidad de "*crear un Marco Jurídico que ordene la Normativa de la edificación*", si bien, a la hora de configurar ese marco jurídico, en lugar de profundizar en la idea de calidad como referente de la actividad constructiva, el legislador se limitó a establecer la obligatoriedad de las normas básicas de la edificación preexistentes.

Así, el artículo único del citado Real Decreto dispuso: "*Son normas básicas de la edificación (NBE), las que a partir de los fundamentos del conocimiento científico y tecnológico, establecen las reglas necesarias para su correcta aplicación en el proyecto y la ejecución de los edificios. Tienen como finalidad fundamental defender la seguridad de las personas, establecer las restantes condiciones mínimas para atender las exigencias humanas y proteger la economía de la sociedad. Como consecuencia de estos fines, las NBE son normas de obligado cumplimiento para todos los proyectos y las obras de edificación*". Y acto seguido, en la DF 1.ª se relacionaban las normas básicas (MV) que pasaban a integrarse en la actuación correspondiente a las normas básicas de la edificación (NBE).

Dentro de ese marco jurídico se aprobaron a partir de 1979 diversas normas básicas para atender los sucesivos avances tecnológicos y las crecientes demandas de la sociedad, pero sin vocación codificadora, ni siquiera propósito de sistematización, coordinación u ordenación de la actividad, provocando un panorama caracterizado por la profusión normativa técnica y la confusión e inseguridad jurídicas.

Y ello a pesar de la cada vez mayor demanda social de calidad de los edificios y de que la misma Constitución Española recogió en su art. 47 el derecho de todos los españoles al disfrute de una vivienda digna y adecuada y el mandato a los poderes públicos para que promuevan las condiciones necesarias y establezcan las normas oportunas para la efectividad de este derecho.

A esta situación se sumó, de un lado, la progresiva ampliación del concepto de "calidad", cuantitativamente, entendida no ya como excelencia sino como normalidad, y cualitativamente, comprensiva tanto de la seguridad como de otros aspectos vinculados al bienestar de las personas (protección contra el ruido, el aislamiento térmico, accesibilidad...); de otro lado, la constatación de que el proceso de la edificación, por su directa incidencia en la configuración de los espacios, implica siempre un compromiso de funcionalidad, economía, armonía y equilibrio medioambiental de evidente relevancia desde el punto de vista del interés general, como expresamente se contempla en la Directiva 85/384/CEE de la Unión Europea, cuando declara que "la creación arquitectónica, la calidad de las construcciones, su inserción armoniosa en el entorno, el respeto de los paisajes naturales y urbanos, así como del patrimonio colectivo y privado, revisten un interés público"; y, finalmente, la generalizada asunción de la necesidad de un nuevo enfoque, orientado hacia exigencias básicas y de normalización, en línea con el adoptado en el ámbito de la Unión Europea por la Resolución del Consejo, de 5 de mayo de 1985.

Fruto de esta preocupación, el apartado 3.° de la Disposición Final 1.ª de la Ley 12/1986, de 1 de abril, sobre regulación de las Atribuciones de los Ingenieros y Arquitectos Técnicos, recogió el compromiso del Gobierno de remitir en el plazo de un año a las Cortes Generales "*un Proyecto de Ley de Ordenación de la Edificación, en la que se regularán las intervenciones profesionales de los técnicos facultativos conforme a lo previs-*

to en el número 2 del art. 2 de esta Ley y de los demás agentes que intervienen en el proceso de la edificación", mandato que, aunque de forma extemporánea, se materializó tres lustros más tarde en la Ley 38/1999, de 5 de noviembre, de Ordenación de la Edificación (LOE), publicada en el BOE de 6 de noviembre siguiente.

La LOE parte de dos premisas: primera, a pesar de ser uno de los principales sectores económicos y de las evidentes repercusiones que tiene en el conjunto de la sociedad y en los valores culturales que entraña el patrimonio arquitectónico, la edificación carece de una regulación; y, segunda, la sociedad demanda cada vez más calidad en los edificios.

En congruencia con estos presupuestos, el objetivo de la Ley será, dentro del marco de competencias del Estado, "*regular el proceso de la edificación actualizando y completando la configuración legal de los agentes que intervienen en el mismo, fijando sus obligaciones para así establecer las responsabilidades y cubrir las garantías a los usuarios, en base a una definición de los requisitos básicos que deben satisfacer los edificios*" y que abarcarán "*tanto los aspectos de funcionalidad y de seguridad de los edificios como aquéllos referentes a la habitabilidad*".

El art. 1 LOE positiviza este objetivo al establecer en línea de principio que esta "*Ley tiene por objeto regular en sus aspectos esenciales el proceso de la edificación, estableciendo las obligaciones y responsabilidades de los agentes que intervienen en dicho proceso, así como las garantías necesarias para el adecuado desarrollo del mismo, con el fin de asegurar la calidad mediante el cumplimiento de los requisitos básicos de los edificios y la adecuada protección de los intereses de los usuarios*".

Si de lo que se trata es, como se desprende del art. 1 LOE y se apunta en la Exposición de Motivos, de "*fomentar la calidad incidiendo en los requisitos básicos y en las obligaciones de los distintos agentes que se encargan de desarrollar las actividades del proceso de la edificación, para poder fijar las responsa-*

bilidades y las garantías que protejan al usuario y para dar cumplimiento al derecho constitucional a una vivienda digna y adecuada", la determinación de cuáles sean tales requisitos básicos aparece como la cuestión nuclear en cuanto que nos dará el nivel de exigencia, y, por tanto, de calidad que deba prestarse y que los ciudadanos tengan derecho a esperar y reclamar.

De ahí que la Ley comience la regulación por este punto, al que dedica en exclusiva el Capítulo II, rotulado "*exigencias técnicas y administrativas de la edificación*" y compuesto por un sólo precepto, el art. 3 que, bajo el título "requisitos básicos de la edificación", desgrana en su apartado 1.° los diez requisitos básicos que, "*con el fin de garantizar la seguridad de las personas, el bienestar de la sociedad y la protección del medio ambiente*", deberán satisfacerse en la proyección, construcción, mantenimiento y conservación de los edificios; requisitos que el mismo artículo clasifica en tres grupos:

a) Relativos a la *funcionalidad*: la *utilización* (la disposición y las dimensiones de los espacios y la dotación de las instalaciones habrá de facilitar la adecuada realización de las funciones previstas en el edificio), la *accesibilidad* (de tal forma que se permita a las personas con movilidad y comunicación reducidas el acceso y la circulación por el edificio), el a*cceso* a los servicios de telecomunicación, audiovisuales y de información, y la *facilitación* para el acceso de los servicios postales.

b) Relativos a la *seguridad*: la *seguridad estructural* (de tal forma que no se produzcan en el edificio, o partes del mismo, daños que tengan su origen o afecten a la cimentación u otros elementos estructurales, y que comprometan directamente la resistencia mecánica y la estabilidad del edificio), la *seguridad en caso de incendio* (para que los ocupantes puedan desalojar el edificio en condiciones seguras, se pueda limitar la extensión del incendio dentro del propio edificio y de los colindantes y se permita la actuación de los equipos de extinción y rescate) y la *seguridad de utilización* (el uso normal del edificio no puede suponer riesgo de accidente para las personas). Y,

c) Relativos a la *habitabilidad*: *higiene, salud y protección del medio ambiente* (condiciones aceptables de salubridad y estanqueidad en el ambiente interior del edificio y que éste no deteriore el medio ambiente en su entorno inmediato, garantizando una adecuada gestión de toda clase de residuos), *protección contra el ruido*, *ahorro de energía y aislamiento térmico*, y, otros aspectos funcionales de los elementos constructivos o de las instalaciones que permitan un *uso satisfactorio del edificio*.

No obstante, una vez precisados los requisitos que se consideran básicos y apuntada su definición, por vía de las prestaciones que cada uno entraña, la norma difiere a un momento posterior la determinación de las exigencias básicas que permitan, y al mismo tiempo, aseguren, el cumplimiento de tales requisitos.

Así, el apartado 2.° del art. 3 LOE señala: "*El Código Técnico de la Edificación es el marco normativo que establece las exigencias básicas de calidad de los edificios y de sus instalaciones, de tal forma que permite el cumplimiento de los anteriores requisitos básicos (...)*", añadiendo el último inciso que "*podrá completarse con las exigencias de otras normativas dictadas por las Administraciones competentes y se actualizará periódicamente conforme a la evolución de la técnica y la demanda de la sociedad*".

Para ello, conforme a lo previsto en la Disposición Final 2.ª, se autoriza al Gobierno para que "*en el plazo de dos años a contar desde la entrada en vigor de esta Ley, apruebe un Código Técnico de la Edificación que establezca las exigencias que deben cumplir los edificios en relación con los requisitos básicos establecidos en el art. 3, apartados 1.b) y 1.c)*", continuando vigentes entre tanto y hasta la aprobación del CTE "*las normas básicas de la edificación y las demás reglamentaciones técnicas de obligado cumplimiento*", y, en particular, las que se enumeran en la DF 2.ª (cfr. art. 3 y DF 2.ª).

A través del art. 3 y de la Disposición Final 2.ª, el legislador va a sentar las bases y el contenido del Código Técnico de la Edificación: el CTE se configura como el marco normativo que contendrá las exigencias técnicas y tecnológicas básicas cuyo cumplimiento garantice el nivel de calidad mínimo, si bien este nivel mínimo se precisa desde dos perspectivas: primera, la calidad se entiende referida al cumplimiento de los requisitos básicos previamente determinados, sin alcanzar a otros aspectos que, aunque en abstracto pudieran afectar a la calidad, no tiene cabida en alguno de los diez requisitos enumerados; y, en segundo lugar, el CTE tampoco comprenderá las exigencias básicas atinentes a los requisitos de *funcionalidad*, que son expresamente excluidos por la DF 2.ª.

En consecuencia, sin perjuicio de volver posteriormente sobre este extremo, cuando el art. 3 in fine LOE prevé que el CTE podrá "*completarse con las exigencias de otras normativas dictadas por las Administraciones competentes y se actualizará periódicamente conforme a la evolución de la técnica y la demanda de la sociedad*", ha de interpretarse que tanto ese posible complemento como la periódica actualización se limitarán a las exigencias básicas tendentes al cumplimiento de los requisitos de seguridad y de habitabilidad, teniendo en otro caso mero carácter orientativo a los efectos del CTE y de la LOE.

En el mes de marzo de 2000, la Comisión Técnica para la Calidad de la Edificación, en el marco de una política tendente a mejorar la calidad de las viviendas y edificios en general, mediante la regulación del proceso de calidad (elaboración de una normativa técnica que permita que la calidad quede regulada y definida en la normativa y verificada mediante un control) y la promoción de la calidad (elaboración de guías técnicas que faciliten la aplicación de esa normativa, junto a una política de fomento de los distintivos de calidad), publicó un documento de trabajo, denominado Bases para el Código Técnico de la Edificación y en el que se sientan las líneas generales de lo que, seis años más tarde, será el actual Código Técnico de la Edificación.

II. Razón de ser y finalidad del Código Técnico de la Edificación

Si el Preámbulo del RD 1650/1977, de 10 de junio, recordaba que la normativa de la edificación es "*un medio necesario para conseguir el fin de que la edificación atienda y garantice la seguridad, el bienestar y la economía de la sociedad a la que está destinada*", la LOE avanza un paso más y, junto a la seguridad de las personas, el bienestar de la sociedad y la protección del medio ambiente, introduce el concepto de "calidad" en la edificación residencial, como respuesta a las crecientes demandas sociales y, al propio tiempo, paraguas bajo el que se comprenden los requisitos básicos cuyo cumplimiento permitirá ofrecer y garantizar una vivienda de calidad al adquirente, alcanzando así los fines expuestos.

Ahora bien, no basta con establecer los requisitos básicos que deben satisfacer los edificios. Es un lugar común y fácilmente comprobable el que la normativa vigente de la edificación en nuestro país, como consecuencia de la acumulación de textos legales de diverso rango y procedencia, se ha venido caracterizando por su abundancia, superposición, fragmentación, dispersión y complejidad, con las obvias dificultades tanto en la selección de la norma aplicable como en lo concerniente a la interpretación y aplicación.

Por otra parte, aunque la LOE insiste en que la sociedad demanda cada vez más calidad en la construcción de los edificios y que la propia norma se orienta a fijar las bases para su consecución, la detenida lectura de su articulado lleva a pensar que, más que buscar la mejora de la calidad en la edificación, la verdadera preocupación del legislador consiste en determinar el régimen de responsabilidad, es decir, no se trata tanto de conseguir un producto de calidad como de dilucidar quién es el responsable del posible error o daño y cómo repararlo.

Estas consideraciones ponen de relieve la insuficiencia de la Ley de Ordenación de la Edificación y la necesidad de elaborar una norma que aborde la calidad en la construcción de los edificios mediante la definición de los requisitos básicos de la calidad constructiva, de manera que los adquirentes de una vivienda reciban un producto de la calidad contratada, sin vicios o defectos.

El Código Técnico de la Edificación aprobado por Real Decreto 314/2006, de 17 de marzo (BOE 28/03/06), obedece a estas inquietudes; de un lado, se dirige a regular el proceso de la calidad en la construcción, estableciendo las exigencias básicas de calidad de los edificios que aseguren el cumplimiento de los requisitos que consideran básicos para conseguir los fines perseguidos como signo de calidad, y, de otro lado, pretende clarificar, armonizar y completar la normativa sobre la materia.

El Preámbulo se hace eco de ambas finalidades: "*Con los objetivos de mejorar la calidad de la edificación, y de promover la innovación y la sostenibilidad, el Gobierno aprueba el Código Técnico de la Edificación. Se trata de un instrumento normativo que fija las exigencias básicas de calidad de los edificios y sus instalaciones. A través de esta normativa se da satisfacción a ciertos requisitos básicos de la edificación relacionados con la seguridad y el bienestar de las personas (…). Por un lado, la aprobación del Código Técnico de la Edificación supone la superación y modernización del vigente marco normativo de la edificación en España, regulado por el Real Decreto 1650/1977, de 10 de junio (…), que no ha llegado a constituir en sí mismo un conjunto coordinado, en la forma de un Código Técnico de la Edificación (…). En el Código Técnico de la Edificación, además de ordenarse y completarse la reglamentación básica de la edificación relacionada con los requisitos básicos de seguridad y habitabilidad establecidos en la Ley 38/1999…*".

A la vista de esta declaración de intenciones, el interrogante que se plantea a continuación es si el nuevo Código cumple las expectativas creadas.

Quizá sea pronto para una respuesta, pero una norma que pretenda elevar la calidad de la edificación no puede prescindir de la cualificación de los operarios que la llevan a cabo.

El nivel de la calidad constructiva se apoya en tres pilares: la calidad técnica (proyecto y dirección), la calidad de los materiales y la calidad con que se ejecutan las unidades de obra. La calidad de la dirección facultativa y la calidad de los materiales están sujetas a controles (formación académica, preparación y cualificación facultativa, visado del proyecto, licencias..., en el primer caso, y laboratorios, pruebas, certificaciones..., en el segundo) que, aun siendo susceptibles de mejora, garantizan un determinado nivel de exigencia. Pero no ocurre lo mismo con la calidad del trabajo o puesta en obra del proyecto y de los materiales, que depende de los conocimientos, habilidades y disposición del jefe de obra y de los obreros que conforman la plantilla y que en modo alguno puede suplirse por la intervención de los técnicos.

Y aquí radica una de las quejas principales de los usuarios o destinatarios de la edificación: no en vicios de suelo, proyecto o dirección, sino en la mala praxis o lo mal hecho, esto es, en defectos de ejecución y acabado, que el ciudadano estima incompatibles con el precio que satisface.

Bien es verdad que el art. 11.2 LOE, al enumerar las obligaciones del constructor, dispone que habrá de "*ejecutar la obra con sujeción al proyecto, a la legislación aplicable y a las instrucciones del director de obra y del director de la ejecución de la obra, a fin de alcanzar la calidad exigida en el proyecto*", para lo cual debe "*tener la titulación o capacitación profesional que le habilite para el cumplimiento de las condiciones exigibles para actuar como constructor*"; aptitud que se postula igualmente del jefe de obra que designe el constructor y que "*por su titulación o experiencia deberá tener la capacitación adecuada de acuerdo con las características y la complejidad de la obra*".

Pero no lo es menos que estamos ante meros conceptos jurídicos que, o bien requieren ulterior precisión ("titulación" o "capacitación profesional"), o bien son absolutamente indeterminados ("experiencia"), sin que la LOE ni el CTE profundicen o especifiquen qué titulación o capacitación se requiere, ni menos aún lo que deba entenderse por "experiencia", y, aun cuando en determinadas ramas de la formación profesional se estudian materias ligadas a la labor de un constructor, de un jefe de obra, e incluso, de los diferentes oficios que intervienen en el proceso constructivo, ni existe un tratamiento completo de dichas figuras ni, en cualquier caso, se exige para su desempeño una específica cualificación profesional susceptible de valoración y control (1), sin que, lógicamente, esta falta pueda suplirse a posteriori con la documentación de calidad que el constructor debe preparar sobre cada unidad de obra, con arreglo al apartado II.2 letra c) del Anexo II del CTE.

Desde esta perspectiva, ¿puede la dirección técnica (director de obra y director de ejecución de obra) exigir al constructor, para su reconocimiento como agente de la edificación, la acreditación de determinada competencia profesional o, en su caso, la designación de un jefe de obra, debidamente habilitado por medio de un título "ad hoc" o de una experiencia que pueda demostrar fehacientemente?

Aunque de "lege ferenda" sería deseable, lo cierto es que, como quiera que ni la LOE ni el CTE ni, en general, la normativa sobre titulación, exige acreditar ni título alguno ni experiencia habilitante, la respuesta a esta pregunta es negativa. Es más, aun cuando la norma exigiera una determinada titulación

---

(1) En el catálogo de títulos de Formación Profesional, apartado de "Edificación y Obra Civil", encontramos dos niveles: el Grado Superior, dentro del cual se halla el título de "Realización y Planes de Obra", que contiene los módulos profesionales de replanteos de obra, planes de obra, organización de tajos de obra, planes de seguridad en la construcción, administración, gestión y comercialización en la pequeña empresa, otorgando capacitación profesional para desempeñar los puestos de trabajo de encargado de obra, ayudante de jefe de obra, auxiliar técnico de de obra, capataz, técnico de seguridad y ayudante de organización; y el Grado Medio, que comprende los títulos de acabados de construcción, obras de albañilería, obras de hormigón y operación y mantenimiento de maquinaria de construcción, que capacitan para realizar los distintos oficios que participan en el proceso constructivo.

o la acreditación de una concreta experiencia, el director de obra y el director de ejecución de la obra cumplirían con recabar del promotor el cumplimiento, de modo que contratara a quien reuniese la capacitación requerida, asumiendo en exclusiva las consecuencias derivadas de una mala elección (responsabilidad "in eligendo").

En todo caso, mientras no se regule la exigencia de cualificación profesional del constructor y del personal a sus órdenes, una propuesta de solución podría quizá consistir en la adopción de las siguientes medidas:

1.°) El Consejo Superior de los Colegios de Arquitectos o los propios Colegios deberían introducir en el protocolo de proyecto que se está confeccionado una referencia expresa a la cualificación o capacitación profesional que se requiere para la correcta ejecución de la obra, de modo que, al elaborar el proyecto, el proyectista pudiera incorporar la necesidad de que el jefe de obra y el personal, o al menos el primero, poseyera determinada cualificación; necesidad que, en la medida en que el proyecto fuera aceptado, visado y autorizado administrativamente, vincularía al promotor, imponiéndole la contratación de un profesional cualificado.

2.°) El Ministerio de Vivienda, por el cauce del art. 4 apartados 3.° y 4.° CTE, podría, bien establecer un baremo que permitiera clasificar a los constructores en función del nivel de calidad o excelencia derivado de sus prestaciones, bien autorizar a los organismos o entidades correspondientes la elaboración de evaluaciones técnicas de idoneidad que avalen la prestación de servicios de determinada calidad. En uno y otro caso, la clasificación se incorporaría al Registro General del CTE, que tendrá carácter público e informativo, de forma que, al contratar con un determinado constructor o empresa constructora, pudiera presumirse el grado de satisfacción que cabe racionalmente esperar, lo cual, a su vez, constituiría base suficiente para que el consumidor pudiera elegir entre uno u otro productos, premiando así al promotor que contrate un constructor caracterizado por la calidad que ofrece (2).

Adviértase que, en el ámbito administrativo, el art. 15.1 del RDLeg 2/2000, de 16 de junio, por el que se aprueba el texto refundido de la Ley de Contratos de las Administraciones Públicas, no permite que cualquier empresa pueda contratar con la Administración, sino que es preciso que "*tengan plena capacidad de obrar y acrediten su solvencia económica, financiera y técnica o profesional, requisito este último que será sustituido por la correspondiente clasificación en los casos en que con arreglo a esta Ley sea exigible (...)*", añadiendo el último inciso que "*además de la clasificación que resulte procedente para la ejecución del contrato, los órganos de contratación podrán exigir a los candidatos o licitadores, haciéndolo constar en los pliegos de cláusulas administrativas particulares, que completen en la fase de selección y a efectos de la misma, la acreditación de su solvencia mediante el compromiso de adscribir a la ejecución los medios personales o materiales suficientes para ello, que deberán concretar en su candidatura u oferta*".

Más concretamente, por lo que concierne a los contratos de obras, el art. 17 determina lo que se entiende por "solvencia técnica", indicando que podrá justificarse "*por uno o varios de los medios siguientes:*

a) Títulos académicos y experiencia del empresario y de los cuadros de la empresa y, en particular, del o de los responsables de las obras.

b) Relación de las obras ejecutadas en el curso de los últimos cinco años acompañada de certificados de buena ejecución para las más importantes.

---

(2) De igual manera que existen establecimientos hoteleros de diversas estrellas o distintos niveles de calidad de electrodomésticos, no hay motivo para que no suceda lo mismo con el constructor como agente de la edificación.

c) Declaración indicando la maquinaria, material y equipo técnico del que dispondrá el empresario para la ejecución de las obras.

d) Declaración sobre los efectivos personales medios anuales de la empresa, indicando, en su caso, grado de estabilidad en el empleo de los mismos y la importancia de sus equipos directivos durante los tres últimos años.

e) Declaración indicando los técnicos o las unidades técnicas, estén o no integradas en la empresa, de los que ésta disponga para la ejecución de las obras".

Y para los restantes contratos, el art. 19 dispone que la solvencia técnica o profesional se valorará "*teniendo en cuenta sus conocimientos técnicos, eficacia, experiencia y fiabilidad, lo que podrá acreditarse*", entre otros medios, por "*una descripción del equipo técnico y unidades técnicas participantes en el contrato, estén o no integrados directamente en la empresa del contratista, especialmente de los responsables del control de calidad*".

Es decir, la Administración arbitra dos mecanismos para garantizar la solvencia técnica o profesional de los que pretenden contratar con ella: de un lado, la demostración de la solvencia económica, financiera y técnica o profesional, y, de otro lado, la atribución al órgano de contratación respectivo la facultad de incluir en el caso concreto, entre las cláusulas particulares del pliego y atendiendo a las circunstancias, el "*compromiso de adscribir a la ejecución los medios personales o materiales suficientes para ello*" (art. 15).

Y cuando se trata de la ejecución de contratos de obras por presupuesto igual o superior a 120.202'42 € (art. 25), esa demostración de solvencia pasa inexorablemente por la correspondiente clasificación: un órgano de la Administración (la Junta Consultiva de Contratación Administrativa, dependiente del Ministerio de Hacienda, o el órgano análogo de la Comunidad Autónoma respectiva cuando se trate de empresas domiciliadas en el territorio de la Comunidad y en relación a contratos celebrados por sus órganos de contratación –art. 28–) clasifica a las empresas de acuerdo con los criterios previstos en los arts. 16 a 19 del propio texto refundido y que determinarán tanto el cumplimiento de tales requisitos como las categorías de contratos a cuya adjudicación podrá optar (art. 27).

La clasificación de las empresas se acordará por un plazo de dos años y se efectuará en función de los elementos personales, materiales, económicos y técnicos de que dispongan respecto de la actividad en que la soliciten y, en su caso, de la experiencia en trabajos realizados directamente en el último quinquenio (art. 29), publicándose los acuerdos de clasificación en el Registro Oficial de Empresas Clasificadas, dependiente del Ministerio de Hacienda (art. 34).

La falta de acreditación de la solvencia o de la correspondiente clasificación en los casos en que se exige legalmente (o la suspensión de la clasificación inicialmente acordada), tiene efectos drásticos: comporta la prohibición de contratar con la Administración (art. 22 letra k) y la nulidad de pleno derecho de las adjudicaciones de contratos realizadas en su favor (art. 22).

Si en el ámbito de la contratación administrativa se contienen estas prevenciones, a fin de asegurar unos determinados niveles de competencia profesional de la empresa adjudicataria que ejecuta la obra, y, por ende, la calidad del producto final (3), no se alcanza a comprender la razón de que, en cambio, no se establezca requisito alguno en lo que se refiere al sector de la construcción, o, al menos, en lo que atiende a la edificación destinada a vivienda, donde está en juego la satisfacción de un bien básico y la situación de desequilibrio entre las partes es mucho más acusada.

---

(3) Para más detalle, véase el RD 1098/2001, de 12 de octubre, por el que se aprueba el Reglamento general de la Ley de Contratos de las Administraciones Públicas, en cuyos arts. 25 y ss. se clasifica a las empresas contratistas de obras, en función de las distintas actividades que confluyen en el proceso constructivo.

Y, en todo caso, ante la hipotética abstención del Ministerio de Vivienda, siempre estaría al alcance de los Colegios de Arquitectos la confección de un listado orientativo como el que se propone.

Incluso podría plantearse que la contratación de un profesional cualificado, que ofrece unas prestaciones de nivel máximo, exonera a los demás agentes en un doble sentido: primero, porque los vicios o defectos serán menos y de menor entidad, y, segundo, porque un profesional experto no sólo es más solvente en todas las acepciones del término, sino que atrae hacia sí la responsabilidad por sus actos.

Por otra parte, de nada sirve exigir que el constructor contratado por el promotor reúna determinada solvencia técnica o profesional si, en último término, dicho constructor, sobre cuya cualificación no hay duda (piénsese en las grandes empresas constructores, dotadas de una plantilla que cubre ampliamente los requisitos de cualificación técnica y experiencia profesional exigibles) subcontrata con otra empresa y ésta a su vez con una tercera, en una cadena indefinida de subcontrataciones que, en paralelo a la progresiva reducción del presupuesto, va en demérito de la calidad de la obra ejecutada.

A dar adecuada respuesta a esta situación, que no por habitual es menos nociva, puede contribuir la Ley 32/2006, de 18 de octubre, reguladora de la Subcontratación en el Sector de la Construcción, que entró en vigor el pasado día 19 de abril y en la que, con el objetivo de prevenir y reducir la siniestralidad laboral, se establece, entre otras medidas, la limitación de la subcontratación, como forma de organización productiva, al tercer subcontratista (art. 5.2). Pero, al margen de que la finalidad de esta Ley no es promover la calidad, cabría pensar en otra medidas adicionales, como por ejemplo que, en el caso de que el constructor contratase con terceros la realización parcial del contrato, esas prestaciones parciales que el adjudicatario subcontratase con terceros no excediesen en ningún caso un determinado porcentaje del importe de la obra (cfr. art. 115 RDLeg 2/32000, de 16 de junio), que se prohibiese la subcontratación por debajo de un porcentaje del presupuesto contratado, y, finalmente, la obligación de esos terceros de acreditar igualmente su solvencia económica y profesional.

Mientras no se adopten estas medidas u otras similares, el Código Técnico de la Edificación servirá para recopilar, ordenar y armonizar la normativa básica en el sector de la edificación, coadyuvando de forma importante a la claridad y seguridad jurídica. Mas cabe fundadamente dudar de que consiga el objetivo perseguido de incrementar la calidad constructiva en la edificación, al no abordar y resolver uno de los principales problemas que afectan actualmente al sector, si no el mayor, acotando y regulando la figura del constructor, como factor determinante del resultado final, máxime en unos momentos en los que la abundancia de mano de obra barata, con escasa cualificación profesional y, a veces, nulos rudimentos del idioma, puede ser un acicate para sustituir la calidad por el rendimiento económico.

III. El Código Técnico de la Edificación aprobado por Real Decreto 314/2006, de 17 de marzo: naturaleza de la norma

El Código Técnico de la Edificación se configura como una norma o "marco normativo" básico, abierto y de carácter reglamentario, lo cual, no por ser lógico, deja de suscitar dificultades interpretativas y posibles zonas de conflicto.

En efecto, decía la Exposición de Motivos de la LOE que la "*Ley, en definitiva, trata, dentro del marco de competencias del Estado, de fomentar la calidad incidiendo en los requisitos básicos y en las obligaciones de los distintos agentes que se encargan de desarrollar las actividades del proceso de la edificación, para poder fijar las responsabilidades y las garantías que protejan al usuario y para dar cumplimiento al derecho constitucional a una vivienda digna y adecuada*".

Para evitar los problemas de competencias con las Comunidades Autónomas, puestos de manifiesto en la sentencia del Tribunal Constitucional de 20 de marzo de 1997 (en la que, con motivo de diversos recursos de inconstitucionalidad interpuestos contra el Texto Refundido de la Ley sobre el Régimen del Suelo y la Ordenación Urbana, aprobado por RDLeg 1/1992, se declaró que, a partir de los arts. 148 y 149 CE, todos los Estatutos de Autonomía atribuyen a las Comunidades Autónomas la competencia exclusiva sobre la materia de urbanismo, por lo que el Estado no puede dictar normas supletorias sobre dicha materia al carecer de título competencial específico que así lo legitime, sin que por otra parte el hecho de ostentar otros títulos competenciales susceptibles de incidir sobre la materia pueda justificar la invocación de la cláusula de supletoriedad del art. 149,3 "in fine" CE), el legislador no expresó qué preceptos tenían carácter básico, sino que se limitó en la DF Final 1.ª LOE, que lleva por rúbrica "fundamento constitucional", a declarar que la "*Ley se dicta al amparo de la competencia que corresponde al Estado de conformidad con los artículos de la Constitución siguientes...*".

Ninguna duda resta sobre la competencia exclusiva del Estado en relación con las materias civiles y mercantiles de los Capítulos I y II y con las atribuciones y obligaciones de los agentes de la edificación (art. 149.1.6.ª, 8.ª y 30.ª CE), como tampoco con el régimen de responsabilidades y garantías (art. 149.1.6.ª, 8.ª y 11.ª CE) y con la materia de expropiación forzosa (art. 149.1.18.ª).

No sucede lo mismo con los requisitos básicos de la edificación, con relación a los cuales la DF 1.ª alude simplemente como fundamento competencial del Estado al art. 149.1 apartados 16.ª (bases y coordinación de la sanidad), 21.ª (régimen general de las comunicaciones y correos y telecomunicaciones), 23.ª (legislación básica sobre protección del medio ambiente) y 25.ª (bases del régimen energético), que sólo tangencialmente afectan a determinados requisitos básicos (de hecho, únicamente a algunos requisitos implicados en la *habitabilidad*, puesto que los relativos a la *funcionalidad* quedan al margen del CTE).

Si además tenemos en cuenta que muchas Comunidades Autónomas ya habían legislado ampliamente sobre esta materia en la fecha de publicación de la LOE, se comprende que la misma DF1.ª estableciera que "*lo dispuesto en esta Ley será de aplicación sin perjuicio de las competencias legislativas y de ejecución que tengan asumidas las Comunidades Autónomas en este ámbito*", tratando así de salvar cualquier objeción competencial.

Sin embargo, la DF 1.ª del Real Decreto 314/2006, de 17 de marzo, por el que se aprueba el Código Técnico de la Edificación, dispone que este "*Real Decreto tiene carácter básico*", argumentando como título competencial "*las competencias que se atribuyen al Estado en los arts. 149.1.16.ª, 23.ª y 25.ª de la Constitución Española, en materia de bases y coordinación de la sanidad, protección del medio ambiente y bases del régimen minero y energético, respectivamente*".

Se reconoce así a la norma la calificación de "básica", lo cual es congruente con el concepto de CTE como instrumento tendente a garantizar el derecho constitucional de todos los españoles a una vivienda digna y adecuada, es decir, de calidad ("*es el marco normativo por el que se regulan las exigencias básicas de calidad que deben cumplir los edificios, incluidas sus instalaciones, para satisfacer los requisitos básicos de seguridad y habitabilidad*" y "*proporciona procedimientos que permiten acreditar su cumplimiento con suficientes garantías técnicas*" –cfr. el art. 1.1 del CTE–), pero se compadece mal con el tenor del art. 148.1.3.ª CE, que atribuye a las Comunidad Autónomas las competencias en materia de ordenación del territorio, urbanismo y vivienda.

Como normativa básica es directamente obligatoria y prevalece sobre cualquier otra norma en un doble sentido: deroga la que se oponga a las disposiciones (cfr. la Disposición Derogatoria Única apartado 2.°) e impide que pueda dictarse otra de inferior rango que la desconozca.

Por otra parte, el CTE no se concibe como un cuerpo cerrado que agote la materia. El art. 3.1.c) LOE, al enumerar los requisitos básicos relacionados con la habitabilidad, deja la puerta abierta a "*otros aspectos funcionales de los elementos constructivos o de las instalaciones que permitan un uso satisfactorio del edificio*", y el art. 3.2 in fine señala que el "*Código podrá completarse con las exigencias de otras normativas dictadas por las Administraciones competentes y se actualizará periódicamente conforme a la evolución de la técnica y la demanda de la sociedad*".

En desarrollo de esta idea, la DF 3.ª del Real Decreto autoriza al Ministerio de Vivienda para que apruebe las modificaciones y revisiones periódicas que sean necesarias de los Documentos Básicos del Código Técnico de la Edificación (que conforman la segunda parte del CTE) y cuantas disposiciones sean necesarias para el desarrollo y cumplimiento de lo establecido en el Real Decreto.

Finalmente, el carácter reglamentario de la norma, si bien favorece su permanente actualización y adecuación a los avances técnicos, genera otro foco de tensión, toda vez que a la existencia de normas legales y reglamentarias emanadas de órganos de la Administración autonómica competente (art. 148.1.3.a CE), se une el hecho de que parte de la materia objeto del Código Técnico de la Edificación es competencia, o al menos competencia compartida, de otros órganos de la propia Administración estatal, con el evidente riesgo de solapamiento o, incluso, contradicción.

IV. Sistemática y contenido del Código Técnico de la Edificación: los requisitos básicos de la edificación

A lo hora de elaborar el Código Técnico de la Edificación, el legislador tenía ante sí dos posibles métodos: optar por un documento descriptivo, concebido como conjunto de especificaciones técnicas que contuviera las reglas necesarias de obligado cumplimiento en relación con la consecución de los distintos requisitos básicos de calidad en materia de seguridad y de habitabilidad, a modo de compilación, ordenación, complemento y clasificación de las normas básicas de la edificación vigentes; o confeccionar una normativa basada en las prestaciones de los edificios, expresando los requisitos que se deben satisfacer sin exigir el empleo de una determinada técnica o material.

El primer método es más sencillo, requiere menos conocimientos y ofrece mayor seguridad y posibilidad de comprensión y verificación a los distintos agentes que, necesaria o eventualmente, pueden intervenir en el proceso de la edificación, sobre todo a los encargados de los controles de calidad, tanto previos como posteriores: autorización de productos y materiales, responsables de las preceptivas licencias y autorizaciones administrativas, y juristas llamados a revisar la corrección de lo actuado a través de su adecuación con el patrón reglamentario.

Desde el punto de vista negativo, un CTE descriptivo presenta el inconveniente de limitar las soluciones técnicas aceptables a las regladas por la Administración, impidiendo la utilización de nuevos materiales y el recurso a técnicas innovadoras. Conduce a una edificación "preventiva" o "defensiva".

Por el contrario, un CTE basado en las prestaciones que deban cumplir los edificios y sus instalaciones para satisfacer los requisitos básicos o exigencias del usuario abre el horizonte de posibilidades constructivas, admite una actualización permanente, constituye un acicate a la innovación y el desarrollo, permite su uso como política de vivienda (desde el momento en que cada requisito básico puede ser desarrollado en distinto grado, basta elevar el nivel de prestación exigida en determinado aspecto para influir en aquellos puntos que se estimen prioritarios) y, finalmente, es más comprensible y verificable por el destinatario final del producto.

En el "debe" cabe resaltar las dificultades para su elaborar y aplicar el CTE de forma eficaz, al exigir un mayor conocimiento técnico, así como para verificar y evaluar la conformidad y corrección del producto final. En la medida en que ha de responder a las exigencias del ciudadano, el CTE deberá ser más respetuoso y sensible con las necesidades y demandas sociales, pues sólo así podrá cumplir su objetivo.

El legislador se inclinó, aunque tímidamente, por esta segunda postura, al enumerar y definir en el art. 3.1 LOE los requisitos básicos de la edificación por referencia a las prestaciones que debían cumplir los edificios y sus instalaciones con relación a cada uno de los requisitos, abundando en esta línea el art. 3.2 LOE cuando dice que el CTE "*es el marco normativo que establece las exigencias básicas de calidad de los edificios y de sus instalaciones, de tal forma que permite el cumplimiento de los anteriores requisitos básicos (...)*".

Esta metodología basada en las "prestaciones", mayoritaria en los sistemas más modernos, se apoya en la conocida como "estructura nórdica", organizada sobre cinco niveles (objetivos, requisitos funcionales, prestaciones, métodos de verificación y ejemplos de soluciones) y que ha sido seguida por el legislador en la elaboración del CTE, en el que se distinguen dos partes, una constituida por los niveles que representan los objetivos perseguidos, y otra, enderezada a regular el modo de alcanzar esos objetivos.

En este sentido, en el Preámbulo del RD 314/2006, de 17 de marzo, se explica: "*El Código Técnico de la Edificación se divide en dos partes, ambas de carácter reglamentario. En la primera se contienen las disposiciones de carácter general (ámbito de aplicación, estructura, clasificación de usos, etc...) y las exigencias que deben cumplir los edificios para satisfacer los requisitos de seguridad y habitabilidad de la edificación. La segunda parte está constituida por los Documentos Básicos cuya adecuada utilización garantiza el cumplimiento de las exigencias básicas (...) se contienen procedimientos, reglas técnicas y ejemplos de soluciones que permiten determinar si el edificio cumple con los niveles de prestación establecidos (...)*".

Y el art. 3.1 del CTE insiste en que "*Con el fin de facilitar su comprensión, desarrollo, utilización y actualización, el CTE se ordena en dos partes:*

a) La primera contiene las disposiciones y condiciones generales de aplicación del CTE y las exigencias básicas que deben cumplir los edificios; y

b) La segunda está formada por los denominados Documentos Básicos, en adelante DB, para el cumplimiento de las exigencias básicas del CTE. Estos Documentos, basados en el conocimiento consolidado de las distintas técnicas constructivas, se actualizarán en función de los avances técnicos y las demandas sociales y se aprobarán reglamentariamente."

Con arreglo al art. 3.2 CTE, los Documentos Básicos contienen:

"*a) La caracterización de las exigencias básicas y su cuantificación, en la medida en que el desarrollo científico y técnico de la edificación lo permite, mediante el establecimiento de los niveles o valores límite de las prestaciones de los edificios o sus partes, entendidas dichas prestaciones como el conjunto de características cualitativas o cuantitativas del edificio, identificables objetivamente, que determinan su aptitud para cumplir las exigencias básicas correspondientes; y,*

b) Unos procedimientos cuya utilización acredita el cumplimiento de aquellas exigencias básicas, concretados en forma de métodos de verificación o soluciones sancionadas por la práctica"; también podrán contener "*remisión o referencia a instrucciones, reglamentos u otras normas técnicas a los efectos de especificación y control de los materiales, métodos de ensayo y datos o procedimientos de cálculo, que deberán ser tenidos en cuenta en la redacción del proyecto del edificio y su construcción*".

Como complemento de los Documentos Básicos, de carácter reglamentario, incluidos en el CTE, y con el fin de lograr una mayor eficacia en su aplicación, el art. 4 CTE crea los llamados "Documentos Reconocidos del CTE", que define como "*documentos técnicos, sin carácter reglamentario, que cuenten con el reconocimiento del Ministerio de Vivienda*" y que podrán contener especificaciones y guías técnicas que incluyan procedimientos de diseño, cálculo, ejecución, mantenimiento y conservación de productos, elementos y sistemas constructivos, métodos de evaluación y soluciones constructivas, bases de datos, comentarios y cualquier otro documento que facilite la aplicación del CTE.

El examen de la estructura y contenido del CTE que diseñan los arts. 3 y 4 revela, pues, dos partes claramente diferenciadas.

En la primera parte del CTE podemos observar los siguientes planos de actuación, referidos a los objetivos que se persiguen de asegurar y fomentar la calidad:

1.°) Un primer nivel constituido por los requisitos: son las necesidades que el edificio y sus instalaciones debe satisfacer en tanto que exigidas por el usuario; el art. 3.1 LOE los define como "requisitos básicos de la edificación", estableciendo en relación con cada requisito una o varias prestaciones.

2.°) Un segundo nivel compuesto por las prestaciones, expresión con la que se alude al conjunto de características cuantitativas o cualitativas del edificio, identificables objetivamente, que determinan su aptitud para cumplir las funciones para las que ha sido diseñado; las prestaciones nos darán el grado de desarrollo de los requisitos básicos de la edificación y, por ende, el nivel de calidad del edificio; en el CTE se definen como "exigencias básicas" (cfr. el art. 9 CTE, cuyo apartado 2 asimila dichas exigencias básicas "*como prestaciones de carácter cualitativo que los edificios deben cumplir para alcanzar la calidad que la sociedad demanda*").

Y en la segunda parte del CTE se contienen los siguientes bloques de actuación:

1.°) *Exigencias:* son las especificaciones de obligatorio cumplimiento aplicables a los elementos constructivos del edificio y sus instalaciones y necesarias para satisfacer los requisitos básicos de la edificación; el art. 9.2 CTE alude a estas exigencias, indicando que "*su especificación y, en su caso, cuantificación establecidas en los Documentos Básicos que se incluyen en la parte II de este CTE, determinan la forma y condiciones en las que deben cumplirse las exigencias, mediante la fijación de niveles objetivos o valores límite de la prestación u otros parámetros...*").

2.°) *Verificación:* comprende las instrucciones o medidas para comprobar el grado de cumplimiento de las exigencias básicas, prestaciones y requisitos de calidad.

3.°) *Soluciones:* procedimientos cuya utilización acredita el cumplimiento de aquellas exigencias básicas, concretados en forma de métodos de verificación o soluciones sancionadas por la práctica.

4.°) Y, por último, eventualmente y con efectos puramente orientativos, *guías técnicas,* manuales, programas informáticos..., que faciliten la interpretación y aplicación del CTE.

Esta articulación del CTE en dos partes claramente diferenciadas obedece a que el CTE va dirigido a diferentes destinatarios. En la medida que la primera parte recoge los requisitos básicos que deben cumplir los edificios para satisfacer las necesidades del usuario final, es obvio que debe reconocerse a éste un papel relevante pues resulta el receptor final del producto, por lo que no sólo es preciso que el CTE responda a tales necesidades, de modo que las prestaciones sean las que realmente reclama el destinatario y con el grado de desarrollo que la sociedad exige en cada momento, sino que ha de formularse de manera inteligible tanto para el público como para el usuario a los que va dirigido, en contraposición con la segunda parte, destinada a los agentes del proceso constructivo propiamente dicho y, por ende, con el nivel técnico correspondiente.

Al mismo tiempo, esta estructura permite distinguir un área constituida por los requisitos y las prestaciones, con vocación de permanencia, de otra que, por su naturaleza, está sujeta a un proceso continuo de actualización e innovación; contribuye a delimitar el campo de actuación del perito y facilita al Juez adelantar la línea de enjuiciamiento a un punto que hasta ahora se hallaba reservado a los peritos técnicos, precisamente porque, al describir las prestaciones que deben satisfacerse, puede el Juez comprobar por sí mismo el grado de cumplimiento de esa prestación, para luego obtener del perito el grado de desarrollo que permitía o exigía la normativa técnica incluida en los Documentos Básicos.

Desde otra perspectiva, atendiendo al grado de vinculación, pueden observarse en el CTE dos campos: el primero, constituido por los requisitos de seguridad y habitabilidad recogidos en el art. 3 LOE, por las prestaciones contenidas en los arts. 9 a 15 del CTE y las exigencias recogidas en los Documentos Básicos, que tienen carácter reglamentario y son de obligatorio cumplimiento por los agentes del proceso constructivo; y el segundo, compuesto por los Documentos Reconocidos, destinados a complementar y facilitar la aplicación del CTE, pero que carecen de carácter reglamentario.

V. Ámbito de aplicación del CTE

1. Ámbito subjetivo de aplicación

El art. 5 CTE, titulado "condiciones generales para el cumplimiento del CTE", concreta en su epígrafe 1 (dedicado a "Generalidades"), apartado 1, que "*serán responsables de la aplicación del CTE los agentes que participan en el proceso de la edificación, según lo establecido en el capítulo III de la LOE*"; y en el apartado 2 se añade que "*para asegurar que un edificio satisface los requisitos básicos de la LOE mencionados en el art. 1 de este CTE y que cumple las correspondientes exigencias básicas, los agentes que intervienen en el proceso de la edificación, en la medida en que afecte a su intervención, deben cumplir las condiciones que el CTE establece para la redacción del proyecto, la ejecución de la obra y el mantenimiento y conservación del edificio*".

Recuérdese que el art. 8 LOE advertía que "*Son agentes de la edificación todas las personas, físicas o jurídicas, que intervienen en el proceso de la edificación*", definiendo y regulando seguidamente las funciones y obligaciones del promotor (art. 9), el proyectista (art. 10), el constructor (art. 11), el director de obra (art. 12), el director de la ejecución de la obra (art. 13), las entidades y laboratorios de control de la calidad de la edificación (art. 14), los suministradores de productos (art. 15), y, por último, los propietarios y usuarios (art. 16).

En consecuencia, frente a lo que pudiera pensarse en una primera aproximación, el CTE responsabiliza de su aplicación, y, por tanto, se aplica, no sólo a los agentes que materialmente participan en el proceso constructivo a través de la promoción de la obra, la redacción del proyecto y la ejecución y venta de la edificación, sino también a los usuarios finales, que se consideran "agentes de la edificación" en tanto que obligados a conservar en buen estado la edificación, mediante su adecuada utilización y mantenimiento, de conformidad con las instrucciones contenidas en la documentación facilitada, como por otra parte se desprende del último inciso del art. 5.1.2 CTE, que alude al "*mantenimiento y conservación del edificio*".

No obstante, una vez hecha la genérica declaración de responsabilidad en el art. 5.1, el CTE, en lugar de ahondar en el elenco de funciones, obligaciones y responsabilidades de cada uno de los agentes, que se dan por supuestas en virtud del reenvío al Capítulo III de la LOE, opta por regular con mayor detenimiento el desarrollo de algunas de esas funciones en relación con las distintas fases del proceso constructivo, con especial hincapié en los aspectos ligados al control de la calidad.

El CTE aborda la conformidad con el CTE de los productos, equipos y materiales a emplear en la edificación, de las condiciones del proyecto, de las condiciones en la ejecución de las obras y de las condiciones del edificio, estableciendo pautas de actuación que se imponen a los agentes responsables.

Así, en primer lugar, el CTE dedica especial atención a la acreditación de las características técnicas que deben reunir los productos, equipos y materiales que se incorporen a la edificación; al reconocimiento por la Administración de marcas, sellos, certificaciones de conformidad y demás signos distintivos de calidad voluntarios, así como de las certificaciones de conformidad de las prestaciones finales de los edificios, las certificaciones de conformidad que ostenten los agentes que intervienen en la ejecución de las obras y las certificaciones medioambientales; la conformidad con el CTE de los productos, equipos y materiales; y, finalmente, los requisitos que deben cumplir y los criterios con arreglo a los cuales habrán de actuar las entidades autorizadas por la Administración para evaluar los productos, equipos y sistemas y expedir sellos, marcas u otros signos distintivos de calidad obligatorios o voluntarios, las certificaciones de conformidad o cumplimiento de las exigencias básicas del CTE, las certificaciones de conformidad de las prestaciones finales de los edificios, las certificaciones de conformidad que ostenten los agentes que intervienen en la ejecución de las obras, las certificaciones medioambientales, evaluaciones técnicas de idoneidad y, en general, otras certificaciones que faciliten el cumplimiento del CTE (cfr. art. 5.2 CTE).

Asimismo, el CTE, sin mencionar al proyectista aunque la previsión se refiere a su labor, detalla en el art. 6 el contenido y condiciones del proyecto, que deberá describir el edificio y definir las obras de ejecución del mismo con el detalle suficiente para que pueda comprobarse que las soluciones propuestas cumplen las exigencias básicas del CTE y valorarse e interpretarse inequívocamente durante su ejecución. A efectos de su tramitación administrativa, se admite que el proyecto se desarrolle en dos etapas, la fase de proyecto básico, en la que se definirá las características generales de la obra y sus prestaciones mediante la adopción y justificación de soluciones concretas, y la fase de proyecto de ejecución, en la que se desarrollará el proyecto básico y definirá la obra en su totalidad, sin que puedan rebajarse las prestaciones declaradas en el básico ni alterarse los usos y condiciones bajo las que, en su caso, se otorgó la autorización administrativa.

En tercer lugar, el CTE afronta las condiciones generales en la ejecución de la obra, especificando la documentación de seguimiento de la obra y los controles que el director de obra y el director de la ejecución de la obra deberán realizar durante la construcción y que el art. 7 clasifica en tres grupos: el control de recepción en obra de los productos, equipos y sistemas que se suministren a las obras, a fin de comprobar que sus características técnicas satisfacen lo exigido en el proyecto y que comprenderá el control de la documentación de los suministros, el control mediante distintivos de calidad y evaluaciones técnicas de idoneidad, y el control mediante ensayos; el control de ejecución de la obra, encaminado a controlar la ejecución de cada unidad de obra, para comprobar su conformidad con lo indicado en el proyecto, la legislación aplicable, las normas de buena práctica constructiva y las instrucciones de la dirección facultativa; y el control de la obra terminada, integrado por las comprobaciones y pruebas de servicio previstas en el proyecto u ordenadas por la dirección facultativa y las exigidas por la legislación aplicable.

No es ocioso resaltar que, si bien el art. 7.1.4 CTE impone la obligación de realizar los mencionados controles al director de obra y al director de la ejecución de la obra "según sus respectivas competencias", lo cierto es que el art. 7.2 apartados 1 y 2 atribuye el control de la documentación de los suministros y de su suficiencia para la aceptación de los productos, equipos y sistemas amparados por dicha documentación al director de ejecución de la obra, sobre quien parece recaer también el control de la recepción mediante ensayos (cfr. art. 7.2.3 CTE, en relación con el art. 13.2 letra b LOE), y, por expreso mandato legal, el control de la ejecución de cada unidad de obra "*verificando su replanteo, los materiales que se utilicen, la correcta ejecución y disposición de los elementos constructivos y de las instalaciones, así como las verificaciones y demás controles a realizar para comprobar su conformidad con lo indicado en el proyecto, la legislación aplicable, las normas de buena práctica constructiva y las instrucciones de la dirección facultativa*" (art. 7.3 CTE), lo que parece excluir al director de obra de esta responsabilidad.

Bien es verdad que ambas funciones no son sino expresión de las obligaciones que el art. 13.2 apartados b) y c) LOE atribuye al director de ejecución de la obra ("*verificar la recepción en obra de los productos de construcción, ordenando la realización de ensayos y pruebas precisas*" y "*dirigir la ejecución material de la obra comprobando los replanteos, los materiales, la correcta ejecución y disposición de los elementos constructivos y de las instalaciones, de acuerdo con el proyecto y con las instrucciones del director de obra*").

Pero no lo es menos que, a pesar de esta atribución competencial, ya anticipada por otra parte en el Decreto de 19 de febrero de 1971 y en la Ley 12/1986, de 1 de abril, la jurisprudencia ha venido distinguiendo entre meros defectos aislados de ejecución y aquellos otros que, aun tratándose de defectos de ejecución, afectan globalmente a un elemento estructural o son generalizados, patentes o groseros (véanse, entre otras, SSTS 19 de mayo, 22 de junio y 24 de julio de 2006), en cuyo caso se afirma la responsabilidad del director de obra en atención a que al arquitecto le corresponde la superior dirección de la obra y, consecuentemente, el deber de vigilar su ejecución de acuerdo con lo proyectado, con la consiguiente dosis de inseguridad que provoca el uso de conceptos jurídicos indeterminados.

De otro lado, el art. 7.3.1 CTE prevé que en la recepción de obra ejecutada puedan "*tenerse en cuenta las certificaciones de conformidad que ostenten los agentes que intervienen, así como las verificaciones que, en su caso, realicen las entidades de control de calidad de la edificación*", lo que suscita la duda de si tales certificaciones de conformidad son suficientes para exculpar al director de la ejecución de la obra, derivando la responsabilidad por posibles errores al autor de la certificación o si, por el contrario, ambos responden frente al tercero perjudicado, sin perjuicio del derecho de repetición que pudiera existir.

Como regla general, si la certificación de conformidad procede de quien legalmente ostenta competencia a tal fin y deriva de su intervención en el caso concreto, cabe pensar en una asunción de la responsabilidad en exclusiva, que excluiría la del director de ejecución de la obra. Sin embargo, la responsabilidad solidaria que establece el art. 17 apartados 5, 6 y 7 LOE, extendiendo al proyectista la responsabilidad por los errores cometidos por otros proyectistas, al constructor por los daños causados por las subcontratas y las deficiencias de los productos adquiridos o aceptados por él, y al director de obra por las omisiones, imperfecciones o deficiencias del proyecto que no elaboró y por la actuación de los demás técnicos que intervengan en la dirección de obra, parece contradecir aquella conclusión, desvirtuando la eficacia de esas certificaciones de conformidad, salvo que la única finalidad que se busque sea, justamente, la de extender el círculo de responsables.

Al contrario de lo que sucede con el control de recepción en obra de los productos, equipos y materiales suministrados y el control de ejecución de obra, el CTE imputa el control de la obra terminada a los técnicos que componen la dirección facultativa, sin distinción, y, por ende, tanto al director de obra como al director de ejecución de la obra, quienes deben realizar, bien sobre el edificio en su conjunto, o bien sobre sus diferentes partes o instalaciones, parcial o totalmente terminadas, las comprobaciones y pruebas de servicio previstas en el proyecto, exigidas por la legislación aplicable o que ordenen en atención a las circunstancias concurrentes (art. 7.4 CTE).

Tales comprobaciones y pruebas constituirán la base de la certificación final de obra que han de expedir el director de obra y el director de ejecución de la obra, quienes "*serán responsa-*

bles de la veracidad y exactitud de dicho documento" (art. 17.7 LOE).

Cuestión distinta es qué deba entenderse por "veracidad y exactitud" del certificado final aprobatorio de la obra y si esa aprobación convierte automáticamente al firmante en responsable de todos los posibles defectos de la obra.

Aunque alguna resolución aislada parece inclinarse por la respuesta afirmativa, es menester diferenciar el origen y la entidad del vicio de que se trate: si es imputable al director de obra (bien directamente o por tratarse de un vicio de proyecto) o al director de ejecución de la obra, la suscripción del certificado de aprobación de la obra o parte de ella determinará su respectiva responsabilidad; por el contrario, si estamos ante un defecto de ejecución causado por la impericia, falta de capacidad profesional o técnica, negligencia o incumplimiento de las obligaciones atribuidas al jefe de obra y demás personas físicas o jurídicas que de él dependan, y, en consecuencia, imputable al constructor, será necesario analizar si es un vicio de tal naturaleza que el director de obra o el director de ejecución de la obra, según los casos, tuvo forzosamente que advertir, bien al ejecutarse la unidad de obra correspondiente, bien con motivo de la comprobación final, o si es un vicio de ejecución material de difícil o imposible apreciación por alguien distinto del operario o jefe de obra que lleva a cabo la operación de que se trate (v.gr. no es lo mismo que la mitad del aplacado o del pavimento presente defectos de sujeción, por deficiente colocación del cemento o de los clavos de sujeción, a que el defecto se circunscriba a unas pocas placas; y lo mismo sucede, por ejemplo, con las canaletas de las cámaras de impermeabilización, con relación a los cuales no puede equipararse una obstrucción generalizada por basura o restos de escombros a la existencia puntual de una piedra o yeso desprendidos).

Por último, como ya se apuntó, el CTE se refiere también a los que tradicionalmente han sido los grandes olvidados o convidados de piedra del proceso constructivo, es decir, al propietario y al usuario del edificio, pero para implicarlos en el producto final: el art. 8 CTE, bajo el título de "condiciones del edificio", regula la documentación de la obra edificada y el uso y conservación del edificio.

A la documentación de la obra ejecutada ya se refería el art. 7 LOE, que impone al director de la obra la obligación de entregar al promotor, una vez finalizada la obra, el proyecto, con las modificaciones que, en su caso, se hubieran producido, así como el acta de recepción, la relación identificativa de los agentes que hubieran intervenido durante el proceso de edificación, y las instrucciones de uso y mantenimiento del edificio y sus instalaciones, todo lo cual constituirá el Libro del Edificio, que será entregado a los usuarios finales del mismo, añadiendo el art. 16.1 LOE una referencia a la documentación sobre seguros y garantías de la obra ejecutada.

El art. 8.1 CTE incorpora al contenido del Libro del Edificio la documentación de los suministros a la que ya aludía tangencialmente el art. 16.1 LOE (documentos de origen, hoja de suministro y etiquetado, el certificado de garantía del fabricante debidamente firmado, y los documentos de conformidad o autorizaciones administrativas exigidas reglamentariamente, incluida la documentación correspondiente al marcado CE de los productos de construcción, cuando sea pertinente), prevé que dicho contenido se completará con lo que se establezca en los Documentos Básicos, y, finalmente, precisa que las instrucciones de uso y mantenimiento incluirán un plan de mantenimiento del edificio con la planificación de las operaciones programadas para el mantenimiento del edificio y de sus instalaciones.

En relación con este último inciso, el apartado 2.° del mismo precepto impone una serie de obligaciones y prohibiciones tanto en cuanto al "uso" como respecto a la "conservación" del edificio":

a) para el uso se dispone que "*el edificio y sus instalaciones de utilizarán adecuadamente de conformidad con las instrucciones de uso, absteniéndose de hacer un uso incompatible con el previsto. Los propietarios y los usuarios pondrán en co-*

nocimiento de los responsables del mantenimiento cualquier anomalía que se observe en el funcionamiento normal del edificio";

b) con relación a la conservación, se proclama que "*el edificio debe conservarse en buen estado mediante un adecuado mantenimiento*", lo que supondrá "*la realización de las siguientes acciones: a) Llevar a cabo el plan de mantenimiento del edificio, encargando a técnico competente las operaciones programadas para el mantenimiento del mismo y de sus instalaciones; b) Realizar las inspecciones reglamentariamente establecidas, y conservar su correspondiente documentación; y c) Documentar a lo largo de la vida útil del edificio todas las intervenciones, ya sean de reparación, reforma o rehabilitación realizadas sobre el mismo, consignándolas en el Libro del Edificio*".

Los destinatarios de estos deberes/prohibiciones son, lógicamente, los propietarios y usuarios finales del edificio, a quienes se pretende de este modo involucrar en el uso y en el mantenimiento del inmueble, al tiempo que se deslinda la responsabilidad de los demás agentes del proceso edificatorio, dado que, al recogerse en el Libro del Edificio un plan de mantenimiento que establece una serie de actuaciones, las consecuencias perniciosas que deriven del incumplimiento de ese plan sólo podrán reprocharse al obligado que no adoptó las medidas de cuidado sugeridas, frente a la situación actual, en que, aunque cabe imputar a la propiedad determinadas omisiones groseras, existen numerosas zonas de penumbra que terminan siempre con la declaración de responsabilidad del agente, siquiera sea por no constar la advertencia al usuario final de la necesidad de realizar determinada actividad de conservación.

Empero, la redacción del art. 8.2 CTE plantea dos cuestiones: en primer lugar, hasta qué punto la norma obliga al promotor a facilitar un plan de mantenimiento y a los propietarios a llevarlo a cabo y contratar a un técnico competente que realice las operaciones programadas para el mantenimiento; y, en segundo lugar, cuales son, en caso de existir, las consecuencias del incumplimiento de esta obligación.

En mi opinión, el carácter imperativo de la norma no deja margen a la duda: el promotor deberá entregar al destinatario final el Libro del Edificio, que forzosamente deberá incluir el plan de mantenimiento del edificio y de sus instalaciones, plan que vinculará al propietario en un doble sentido: habrá de cumplirlo de manera racional, para lo cual contratará al técnico competente la realización de aquellas operaciones exigidas y que requieran determinada formación profesional.

Conviene subrayar que el objetivo del plan de mantenimiento es, como su propio nombre indica, proporcionar al destinatario del producto los datos necesarios sobre las acciones legal o técnicamente precisas para conservar el edificio en las debidas condiciones de funcionalidad, seguridad y habitabilidad que tenía cuando fue concluido y entregado, por lo que debe rechazarse cualquier intento de derivar a la propiedad, a través del plan de mantenimiento, cualquier responsabilidad por vicios o defectos de origen o no ligados a la conservación del edificio. En otras palabras, ha de descartarse un plan de mantenimiento que entrañe obligaciones desproporcionadas como instrumento para enervar la responsabilidad del agente.

Otra cosa es que, como quiera que ni la LOE ni el CTE concreten cual ha de ser el contenido mínimo del plan de mantenimiento, la norma corre el riesgo de convertirse en una mera declaración de principios.

Es más, el análisis de los arts. 7 LOE y 8 CTE pone de manifiesto que tanto la entrega del Libro del Edificio, con el correspondiente plan de mantenimiento, como el cumplimiento de las directrices del manual de uso y del plan de mantenimiento, constituyen obligaciones con relación a las cuales ninguna de las normas contempla un mecanismo de control, ni menos aún de sanción.

La entrega de la documentación de la obra ejecutada puede exigirse por el destinatario en el momento de la recepción, con base en los preceptos citados, pero el hecho de que no se precise el contenido del plan desvirtúa seriamente la eficacia del mandato legal.

Y lo mismo sucede con relación al cumplimiento de las instrucciones de uso y conservación del edificio: ni la LOE ni el CTE prevén un sistema de inspecciones periódicas que permitan comprobar la observancia del plan de mantenimiento del edificio y sus instalaciones, como tampoco un régimen de medidas para imponer su llevanza en aquellos casos en los que, por la razón que sea, la propiedad no respeta su contenido, lo que sin duda provocará que, si no se cubre reglamentariamente esta laguna (lo que se antoja ciertamente difícil al no existir cobertura legal), podamos encontrarnos con un documento cuya única virtualidad sea la de constituir un instrumento de exculpación de los demás agentes que intervinieron en el proceso constructivo, en lugar de un mecanismo para fomentar la calidad de la edificación y, por tanto, la calidad de vida de los usuarios.

Quizá este silencio responda a la consideración de que la implantación de un régimen de inspecciones excede de la competencia estatal para enmarcarse en la que el art. 148.1.3.ª CE reconoce a las Comunidades Autónomas en materia de vivienda (4), o, inclusive, en el ámbito propio de la autonomía municipal (cfr. art. 140 CE y leyes dictadas en su desarrollo).

Mas, del mismo modo que la LOE y el CTE han descendido al detalle en otros aspectos invocando la defensa del interés ge-

(4) De hecho, varias CCAA han promulgado leyes sobre la calidad de la edificación en las que se alude o incluso contempla la existencia de inspecciones: Ley 8/2005, de 14 de diciembre, para la Calidad de la Edificación de la Región de Murcia; Ley 8/2004, de 20 de octubre, de Vivienda de la Comunidad Valenciana; Ley 3/2004, de 30 de junio, de la Generalitat Valenciana, de Ordenación y Fomento de la Calidad de la Edificación; Ley 3/2001, de 26 de abril, de la Calidad, Promoción y Acceso a la Vivienda de Extremadura; DLeg 1/2000, de 8 de mayo, por el que se aprueba el texto refundido de las Leyes de Ordenación del Territorio de Canarias; Ley 2/1999, de 17 de marzo, de la Comunidad de Madrid, de Medidas para la Calidad de la Edificación...

neral, es difícil comprender el por qué no se ha introducido una mínima referencia a la organización de un sistema de inspección periódica (5), sin perjuicio de dejar su desarrollo y ejecución a las Comunidades Autónomas o Entidades Locales, refrendando así la obligatoriedad de los mandatos de uso correcto y de mantenimiento impuestos en la Ley.

En cualquier caso, se ha perdido una oportunidad inmejorable para dar un paso más en la concepción de la edificación como un proceso que, lejos de culminar con la promoción y venta del inmueble, se prolonga durante toda su vida útil y finaliza sólo con la destrucción del mismo, lo que permitiría incorporar al propietario o usuario al proceso constructivo y vincularle al resultado final, estableciendo así un régimen de responsabilidades sucesivas y parcialmente superpuestas:

1.°) A lo largo de la construcción del edificio, la responsabilidad por los posibles vicios o defectos gravitaría sobre el promotor, proyectista, director de obra, director de ejecución de la obra, constructor y suministradores, en función de la naturaleza y origen del defecto y del área de competencia afectada.

2.°) Una vez entregada la edificación, comenzaría el régimen de responsabilidad contractual y decenal de los diversos agentes intervinientes en el proceso constructivo, según sus funciones respectivas, y, al propio tiempo, en paralelo a la obligación de uso adecuado y de mantenimiento, surgiría a cargo del propietario o usuario la responsabilidad por los defectos o daños imputables por el incumplimiento de dichas obligaciones, superponiéndose ambas responsabilidades.

---

(5) O cualquier sistema análogo, como el de controlar el mantenimiento de las condiciones de habitabilidad con ocasión de la transmisión del inmueble, mediante la exigencia de una cédula de habitabilidad expedida a tal fin, como sucede con la Ley 3/2001, de 26 de abril, de Extremadura, o con motivo de la rehabilitación del edificio, como prevé la Ley 8/2004, de 29 de octubre, de Valencia.

3.° Finalizados los plazos señalados en el art. 17.1 LOE, respecto de las acciones derivadas del proceso de edificación, y en el art. 1964 CC en relación con el promotor-vendedor, persistirá la responsabilidad del propietario y del usuario del inmueble, por el inadecuado uso o deficiente conservación del mismo, hasta su desaparición por ruina o derribo (aunque, al no imponerse un régimen de control, esta responsabilidad sólo será exigible a posteriori, es decir, tras la producción del daño).

2. *Ámbito objetivo de aplicación*

El ámbito objetivo de aplicación del CTE puede abordarse desde dos perspectivas: a qué o en qué casos se aplica el CTE (base fáctica determinante de la aplicación del CTE o ámbito objetivo de aplicación propiamente dicho) y qué supone o a qué obliga.

Dado que el segundo aspecto constituye específicamente el objeto de otra intervención, nos centraremos aquí en la primera cuestión, en principio resuelta en el art. 2 y en la Disposición Transitoria 4.ª del CTE, que a su vez se apoyan en las definiciones y clasificaciones establecidas en el art. 2 LOE.

El art. 2.1 CTE dispone que "*el CTE será de aplicación, en los términos establecidos en la LOE y con las limitaciones que en el mismo se determinan, a las edificaciones públicas y privadas cuyos proyectos precisen disponer de la correspondiente licencia o autorización legalmente exigible*".

Así pues, el ámbito ordinario de aplicación del CTE radica en las "edificaciones" que cumplan un doble requisito técnico y administrativo: necesidad de un proyecto básico y de ejecución y autorización o licencia administrativa. Con esta precisión, el CTE se aplicará a cualquier edificación, sea "pública o privada", si bien en el caso de una edificación "pública", la aplicación lo será en los términos y con las limitaciones previstas en la LOE, y en concreto en el art. 1.3 LOE, conforme al cual, cuando las Administraciones públicas y los organismos y entidades sujetos a la legislación de contratos de las Administraciones públicas actúen como agentes del proceso de la edificación se "*regirán por lo dispuesto en la legislación de contratos de las Administraciones públicas* (6) *y en lo no contemplado en la misma por las disposiciones de esta Ley, a excepción de lo dispuesto sobre garantías de suscripción obligatoria*", lo que supone que en estos supuestos la LOE se configura como una normativa de segundo grado, aplicable en lo que no esté expresamente previsto por la legislación de contratos.

A) Edificaciones y obras

Recuérdese que el art. 2 LOE acota lo que deba entenderse por "edificación" a través de dos vías: la primera, al acoger en el apartado 1.° una definición técnica del concepto ["*esta Ley es de aplicación al proceso de la edificación, entendiendo por tal la acción y el resultado de construir un edificio de carácter permanente*" (7)], y, la segunda, al atribuir la consideración de "edificación", a los efectos de la propia Ley, a las "*obras de edificación de nueva construcción*" (8), a las "*obras de ampliación, modificación, reforma o rehabilitación que alteren la configuración arquitectónica de los edificios* (9)", y a las "*obras*

---

(6) RDLeg. 2/2000, de 16 de junio, por el que se aprueba el texto refundido de la Ley de Contratos de las Administraciones Públicas, y RD 1098/2001, de 12 de octubre, por el que se aprueba el Reglamento correspondiente.

(7) La Real Academia de la Lengua Española define la palabra "edificio" como "obra o fábrica construida para habitación o para usos análogos como casa, templo, teatro, etc."

(8) "*Excepto aquellas construcciones de escasa entidad constructiva y sencillez técnica que no tengan, de forma eventual o permanente, carácter residencial ni público y se desarrollen en una sola planta*" (art. 2.2 letra a).

(9) "*Entendiendo por tales las que tengan carácter de intervención total o las parciales que produzcan una variación esencial de la composición general exterior, la volumetría, o el conjunto del sistema estructural, o tengan por objeto cambiar los usos característicos del edificio*" (art. 2.2 letra b).

que tengan el carácter de intervención total en edificaciones catalogadas o que dispongan de algún tipo de protección de carácter ambiental o histórico-artístico (...) y aquellas otras de carácter parcial que afecten a los elementos o partes objeto de protección" (art. 2.2 LOE).

El art. 2 CTE vuelve sobre esta asimilación en sus apartados 2.° a 5.°, con alguna matización:

— el apartado 2.° proclama que "*el CTE se aplicará a las obras de edificación de nueva construcción, excepto a aquellas construcciones de sencillez técnica y de escasa entidad constructiva, que no tengan carácter residencial o público, ya sea de forma eventual o permanente, que se desarrollen en una sola planta y no afecten a la seguridad de las personas*" (cfr. el art. 2.2 letra a LOE);

— el apartado 3.° extiende la aplicación del CTE a "*las obras de ampliación, modificación, reforma o rehabilitación que se realicen en edificios existentes, siempre y cuando dichas obras sean compatibles con la naturaleza de la intervención y, en su caso, con el grado de protección que puedan tener los edificios afectados*", indicando que la "*posible incompatibilidad de aplicación deberá justificarse en el proyecto y, en su caso, compensarse con medidas alternativas que sean técnica y económicamente viables*";

— y los apartados 4.° y 5.° ofrecen una interpretación auténtica del concepto "obras de rehabilitación".

En relación con este último extremo, la comparación de los apartados 4.° y 5.° del art. 2 CTE con el apartado 2 letra b) del art. 2 LOE, del que trae causa, suscita dudas sobre la amplitud que haya de darse al concepto "obras de rehabilitación".

Mientras en este último precepto se alude a las obras que "*alteren la configuración arquitectónica de los edificios, entendiendo por tales las que tengan carácter de intervención total o las parciales que produzcan una variación esencial de la composición general exterior, la volumetría, o el conjunto del sistema estructural, o tengan por objeto cambiar los usos característicos del edificio*", el art. 2.4 CTE sustituye la naturaleza de la intervención por el objetivo perseguido, con el resultado de ampliar la noción legal, incluyendo en el ámbito de aplicación del CTE obras de rehabilitación que la LOE no contempla.

Así, el art. 2.4 CTE define como "obras de rehabilitación", aquéllas "*que tengan por objeto actuaciones tendentes a lograr alguno de los siguientes resultados*", y, junto a las de "adecuación estructural" (es decir, las destinadas a proporcionar al edificio condiciones de seguridad constructiva, de forma que quede garantizada su estabilidad y resistencia mecánica), comprende las obras "*de adecuación funcional, entendiendo como tal la realización de las obras que proporcionen al edificio mejores condiciones respecto de los requisitos básicos a los que se refiere este CTE*" (entre las que expresamente se recogen "*las actuaciones que tengan por finalidad la supresión de barreras y la promoción de la accesibilidad, de conformidad con la normativa vigente*"), y las de "*remodelación de un edificio con viviendas que tenga por objeto modificar la superficie destinada a vivienda o modificar el número de éstas, o la remodelación de un edificio sin viviendas que tenga por finalidad crearlas*".

Cierto es que las obras orientadas a la "remodelación de un edificio con viviendas" para modificar la superficie destinada a vivienda o el número de éstas o la misma creación de viviendas en un edificio que no las tenga, podría quizá incluirse en las obras que tengan "*por objeto cambiar los usos característicos del edificio*" (art. 2.2 letra b in fine LOE).

Pero lo que desde luego no puede considerarse subsumido en el art. 2.2 LOE son las obras de "adecuación funcional" en la medida que no afecten a la configuración arquitectónica del edificio, lo que evidencia que se ha incurrido en un exceso respecto de la norma habilitante.

Sin perjuicio del loable propósito que con seguridad inspira el art. 2.4 CTE, al pretender extender la protección que para el consumidor entraña el CTE a los supuestos de rehabilitación de edificios antiguos (normalmente caracterizados por el incumplimiento de los mínimos requisitos de seguridad, funcionalidad y salubridad, dada la época en que se construyeron), nos encontramos ante una norma que va más allá de la Ley que autorizó su desarrollo, por lo que a todos los efectos debe entenderse nula y sin valor.

Lo mismo sucede con el apartado 6.° del art. 2 CTE, con arreglo al cual "*en todo caso deberá comprobarse el cumplimiento de las exigencias básicas del CTE cuando pretenda cambiarse el uso característico en edificios existentes, aunque ello no implique necesariamente la realización de obras*".

El CTE equipara la realización de edificios (a la que asimila las obras de ampliación, modificación, reforma o rehabilitación que se acometan en edificios existentes) a la modificación del "uso característico en edificios existentes".

Empero, esa equiparación no sólo carece de refrendo legal sino que contradice la literalidad del supuesto antecedente, esto es, el art. 2.2 letra b) LOE, que, al atribuir la consideración de "edificación" a las obras de ampliación, modificación, reforma o rehabilitación que alteren la configuración arquitectónica de los edificios, aporta una definición auténtica de lo que se entiende por dichas obras: "*entendiendo por tales las que tengan carácter de intervención total o las parciales que produzcan una variación esencial de la composición general exterior, la volumetría, o el conjunto del sistema estructural, o tengan por objeto cambiar los usos característicos del edificio*".

La modificación del uso característico del edificio no se equipara legalmente al concepto de "edificación", ni determina la aplicación por sí del CTE, sino en la medida en que sea consecuencia de una obra de intervención total o parcial dirigida a tal propósito.

Por otra parte, porque, aun cuando el art. 2.1 LOE distingue una serie de usos en los edificios, esa distinción tiene por objeto clasificar las obras a fin de determinar, en función de su uso principal, la competencia académica y profesional para elaborar el proyecto y dirigir la obra: arquitecto para la proyección y construcción de edificios para los usos indicados en el grupo a) del apartado 1 del art. 2 (administrativo, sanitario, religioso, residencial en todas sus formas, docente y cultural), ingeniero, ingeniero técnico o arquitecto para los usos expresados en el grupo b) del apartado 1 (aeronáutico; agropecuario; de la energía; de la hidráulica; minero; de telecomunicaciones; del transporte terrestre, marítimo, fluvial y aéreo; forestal; industrial; naval; de la ingeniería de saneamiento e higiene, y accesorio a las obras de ingeniería y su explotación), y arquitecto, arquitecto técnico, ingeniero o ingeniero técnico en relación con la proyección y construcción de edificios destinados a otros usos que no estén expresamente relacionados en los grupos anteriores (arts. 10.2 y 12.3 LOE).

Forzoso es reconocer que la actividad a que vaya a dedicarse un edificio y sus dependencias no es intrascendente, ya que cada actividad lleva asociados unos riesgos distintos, cuya prevención aconseja adecuar las exigencias básicas al caso concreto. Mas ni el objetivo del art. 2.1 LOE es clasificar los edificios en función del uso al que se destinen, ni amparar una clasificación tal que pudiera justificar una diferenciación normativa por razón del uso, ni, en última instancia, imponer la aplicación de la LOE y del CTE a los meros cambios de uso.

En suma, resulta más que discutible que la simple modificación del uso de un edificio comporte la aplicación del CTE y, por tanto, la sujeción a las exigencias técnicas que incorpora. Otra cosa es que, por regla general, la modificación del uso característico en edificios existentes sea consecuencia o venga precedido de obras comprendidas de ampliación, reforma o rehabilitación, que provocarán la aplicación del CTE, pero como tales obras y no por el cambio del uso del inmueble (10).

---

(10) De ahí las dificultades interpretativas que introduce el art. 2.7 CTE, que parece partir de la idea de que el art. 2.1 LOE impone una clasificación de los edificios en función del uso principal, no obstante lo cual prevé que, en determinados casos (que tampoco concreta), en los Documentos Bá-

B) Necesidad de proyecto y de licencia administrativa

El art. 4 LOE define el proyecto como el conjunto de documentos mediante los cuales se definen y determinan las exigencias técnicas de las obras contempladas en el art. 2 del mismo cuerpo legal, de donde se infiere que será necesario el proyecto para la ejecución de edificios de nueva planta (excepción hecha de las "*construcciones de sencillez técnica y de escasa entidad constructiva, que no tengan carácter residencial o público, ya sea de forma eventual o permanente, que se desarrollen en una sola planta y no afecten a la seguridad de las personas*") y para la realización de obras de ampliación, modificación, reforma y rehabilitación que alteren la configuración arquitectónica de los edificios.

Y en cuanto a la necesidad de autorización o licencia administrativa, habrá que estar a lo que dispone la normativa urbanística, y más concretamente, el art. 1 del Reglamento de Disciplina Urbanística, aprobado por RD 2187/1978, de 23 de junio, que sujeta a la previa obtención de licencia, además de las obras de construcción de edificaciones e instalaciones de todas clases de nueva planta, las obras de ampliación, modificación o reforma que afecten a la estructura de los edificios e instalaciones de todas clases existentes, las de modificación del aspecto exterior de los edificios e instalaciones de todas clases existentes, y las obras que modifiquen la disposición interior de los edificios, cualquiera que sea su uso (11).

---

sicos "*se podrán clasificar los edificios y sus dependencias de acuerdo con las características específicas de la actividad a la que vayan a dedicarse, con el fin de adecuar las exigencias básicas a los posibles riesgos asociados a dichas actividades*", y, "*cuando la actividad particular de un edificio o zona no se encuentre entre las clasificaciones previstas se adoptará, por analogía, una de las establecidas, o bien se realizará un estudio específico del riesgo asociado a esta actividad particular basándose en los factores y criterios de evaluación de riesgo*" que a continuación enumera.

(11) El art. 178 del texto refundido de la Ley sobre Régimen del Suelo y Ordenación Urbana señala que "*Estarán sujetos a previa licencia, a los efectos de esta Ley, los actos de edificación y uso del suelo, tales como las parce-*

C) Conclusiones

Del análisis de ambos preceptos (art. 2 LOE y art. 2 CTE), podemos extraer las siguientes conclusiones:

1.ª) Con carácter general, el CTE se aplica a la construcción de edificios. Ahora bien, a los efectos de la LOE y del CTE, ni toda

---

laciones urbanas, los movimientos de tierra, las obras de nueva planta, modificación de estructura o aspecto exterior de las edificaciones existentes, la primera utilización de los edificios y la modificación del uso de los mismos, la demolición de construcciones, la colocación de carteles de propaganda visibles desde la vía, pública y los demás actos que señalaren los Planes"; y el el art. 1 del Reglamento de Disciplina Urbanística, aprobado por RD 2187/1978, de 23 de junio, y aplicable en todo el territorio nacional con excepción de Cataluña (Disposición Final 1.ª del Decreto 306/2006, de 18 de julio), enumera los actos que estarán sujetos a previa licencia (las obras de construcción de edificaciones e instalaciones de todas clases de nueva planta, las obras de ampliación de edificios e instalaciones de todas clases existentes, las de modificación o reforma que afecten a la estructura de los edificios e instalaciones de todas clases existentes, las de modificación del aspecto exterior de los edificios e instalaciones de todas clases existentes, las obras que modifiquen la disposición interior de los edificios, cualquiera que sea su uso, las obras que hayan de realizarse con carácter provisional a que se refiere el ap. 2 art. 58 texto refundido Ley del Suelo, las obras de instalación de servicios públicos, las parcelaciones urbanísticas, los movimientos de tierra, tales como desmontes, explanación, excavación y terraplenado, la primera utilización u ocupación de los edificios e instalaciones en general, los usos de carácter provisional a que se refiere el ap. 2 art. 58 Ley del Suelo, el uso del vuelo sobre las edificaciones e instalaciones de todas clases existentes, la modificación del uso de los edificios e instalaciones en general, la demolición de las construcciones, salvo en los casos declarados de ruina inminente, las instalaciones subterráneas dedicadas a aparcamientos, actividades industriales, mercantiles o profesionales, servicios públicos o cualquier otro uso a que se destine el subsuelo, la corta de árboles integrados en masa arbórea que esté enclavada en terrenos para los que exista un Plan de Ordenación aprobado, y la colocación de carteles de propaganda visibles desde la vía pública), concluyendo con una cláusula residual: "*y, en general, los demás actos que señalen los Planes, Normas u Ordenanzas*" (cfr. también el art. 21 del Reglamento de Servicios de las Corporaciones Locales, aprobado por Decreto de 17 de junio de 1955).

construcción es edificación, ni el hecho de que se trate de una edificación es suficiente para provocar sin más la aplicación de esta última norma: el CTE se aplica a los edificios, entendidos como obra o fábrica de carácter permanente, construida para habitación o alguno de los usos previstos en el art. 2.1 LOE, lo que implica la exclusión tanto de aquellas construcciones que no llenen el concepto de "edificio" (sin perjuicio de las asimilaciones a los que luego se hará referencia) como de las que no tienen carácter permanente (v.gr. instalaciones provisionales, móviles o desmontables).

2.ª) Pero además, la aplicación del CTE exige otros requisitos: ha de tratarse de obras de edificación de nueva construcción (salvo que sean de sencillez técnica y de escasa entidad constructiva, que no tengan carácter residencial o público, ya sea de forma eventual o permanente, que se desarrollen en una sola planta y no afecten a la seguridad de las personas), y cuyos proyectos precisen disponer de la correspondiente licencia o autorización legalmente exigible, lo que supone que quedarían al margen del CTE tanto los edificios que no sean de nueva construcción como aquellas edificaciones que, aun siendo de nueva planta, no requieren proyecto técnico o no precisan de licencia o autorización.

3.ª) Por expresa disposición legal, se asimilan al concepto de edificación, y por tanto entran dentro del ámbito de aplicación del CTE, las obras:

a) de ampliación, modificación, reforma o rehabilitación que alteren la configuración arquitectónica de edificios existentes, entendiendo por tales las que tengan carácter de intervención total o las parciales que produzcan una variación esencial de la composición general exterior, la volumetría, o el conjunto del sistema estructural, y las que tengan por objeto cambiar los usos característicos de edificios existentes (art. 2.2 LOE) (12);

---

(12) En consecuencia, el CTE no se aplicará a las obras de ampliación, modificación, reforma o rehabilitación que no alteren la configuración arqui-

b) las de intervención total en edificios catalogados o protegidos, o de intervención parcial que se refieran a aspectos objeto de protección; y,

c) en los términos apuntados, las obras que afecten a las instalaciones fijas y al equipamiento propio del edificio, así como a los elementos de urbanización que permanezcan adscritos al edificio (art. 2.3 LOE).

4.ª) Quedan excluidas del ámbito de aplicación del Código Técnico de la Edificación:

a) las edificaciones de naturaleza pública, entendiendo por tales las promovidas por la Administración pública o por las entidades y organismos sujetos a la legislación sobre contratos de las Administraciones públicas, en la medida que el CTE sea contrario a lo previsto en dicha normativa;

b) las edificaciones de naturaleza pública o privada que no tengan carácter permanente;

c) las edificaciones que no requieran proyecto técnico o cuyos proyectos no precisen disponer de la correspondiente licencia o autorización administrativa;

d) las obras de nueva planta de sencillez técnica y escasa entidad constructiva, que no tengan carácter residencial o público, ya sea de forma eventual o permanente, que se desarro-

---

tectónica de los edificios (todas las interiores que no afecten a elementos estructurales), o varíen esencialmente la composición general exterior, la volumetría o el conjunto del sistema estructural, o los usos característicos del edificio, toda vez que, no constituyen en puridad obras de edificación ni se recogen en la salvedad prevista en el art. 2.2 LOE.
Adviértase en relación con este último inciso cuanto se razonó sobre la falta de cobertura legal.

llen en una sola planta y no afecten a la seguridad de las personas; y, finalmente,

e) por falta de cobertura legal habilitante, las obras de rehabilitación que tengan por objeto actuaciones tendentes a lograr la adecuación funcional del edificio, cuando no alteren la configuración arquitectónica del mismo, y la modificación del uso característicos de los edificios cuando no sea consecuencia de la realización de obras de ampliación, reforma, modificación o rehabilitación.

3. Ámbito formal de aplicación

Con la expresión "ámbito formal de aplicación" se alude al cómo o de qué manera se aplica el Código Técnico de la Edificación, esto es, cómo se plasman o en qué se traducen las obligaciones que incorpora el CTE.

Según se expuso con anterioridad, el CTE se dirige a desarrollar los requisitos básicos de seguridad y habitabilidad que la LOE establece en el apartado 1 b) y c) del art. 3 como objetivos de calidad de la edificación, mediante las exigencias básicas cuyo respeto garantiza el cumplimiento de aquellos (cfr. la E.M. y el art. 9.1 CTE).

En consonancia con este propósito, el art. 9.2 CTE señala que en "*los artículos siguientes se relacionan dichas exigencias básicas como prestaciones de carácter cualitativo que los edificios deben cumplir para alcanzar la calidad que la sociedad demanda*"; a continuación el mismo precepto apunta con relación a esas exigencias básicas que "*su especificación y, en su caso, cuantificación establecidas en los Documentos Básicos que se incluyen en la Parte II de este CTE, determinan la forma y condiciones en las que deben cumplirse las exigencias, mediante la fijación de niveles objetivos o valores límite de la prestación u otros parámetros*", añadiendo que "*dichos niveles o valores límite serán de obligado cumplimiento cuando así lo establezcan expresamente los Documentos Básicos correspondientes*" y que "*además, los DB incluyen procedimientos, no excluyentes, cuya aplicación implica el cumplimiento de las exigencias básicas con arreglo al estado actual de los conocimientos*".

En otras palabras, el legislador, en una opción de política legislativa, elige los objetivos de calidad que debe cumplir la edificación y que marca como "requisitos básicos"; requisitos que clasifica por su naturaleza en requisitos básicos de funcionalidad, seguridad y habitabilidad (art. 3 LOE), correspondiendo al CTE el desarrollo, en términos cualitativos y cuantitativos, de las exigencias básicas que acrediten el cumplimiento de tales requisitos, para lo cual se establecen en relación a cada una de ellas niveles objetivos o valores límite de referencia de la prestación o, simplemente, procedimientos cuya aplicación demuestra por sí misma el cumplimiento de dichas exigencias básicas.

Esas exigencias básicas habrán de respetarse tanto en la elaboración del proyecto como en el curso de la construcción del edificio y, una vez concluido, durante su vida útil. Para garantizar ese respeto, el legislador arbitra una serie de controles en las distintas fases constructivas: el control del proyecto (art. 6.2 CTE), el control de la ejecución de la obra y de la obra terminada (art. 7 CTE) y, aun de forma "sui generis", el control de la conservación y mantenimiento del edificio (art. 8.2 CTE).

Las dificultades pueden surgir, y de hecho surgirán, porque el CTE, como toda norma, tiene vocación de permanencia, es decir, tiende a proporcionar estabilidad al sistema en un doble sentido: de un lado, la segunda parte del CTE está compuesta por los Documentos Básicos, basados en el conocimiento consolidado de las distintas técnicas constructivas y que contienen la caracterización de las exigencias básicas y su cuantificación, mediante el establecimiento de niveles o valores límite de las prestaciones de los edificios, así como los procedimientos cuya utilización acredita el cumplimiento de aquellas exigencias básicas, concretados en forma de métodos de verificación o soluciones sancionadas por la práctica, completándose con los denominados Documentos Reconocidos, a que se contrae el art. 4 CTE, de manera que la adopción de soluciones técnicas basadas en los DB es suficiente para acreditar el cumplimiento de las exigencias básicas relacionadas con dichos DB; y, de otro lado, aunque no se rechazan posibles soluciones alternativas, entendidas como aquéllas que se aparten total o parcialmente de los DB, se exige la justificación documental de que el edificio proyectado cumple las exigencias básicas del CTE porque sus prestaciones son, al menos, equivalentes a las que se obtendrían por la aplicación de los DB.

Por lo que concierne al primer aspecto, el propio CTE prevé que los DB se actualizarán en función de los avances técnicos y las demandas sociales y se aprobarán reglamentariamente. Mas precisamente este sistema puede convertirse en el problema en lugar de la solución, puesto que introduce una cierta burocratización en un sector en permanente evolución.

Mayor recelo suscita el segundo aspecto, toda vez que, si bien es lógico que la opción por posibles soluciones alternativas sea responsabilidad del proyectista o director de obra, no se resuelve la cuestión de a quién corresponde decidir en última instancia sobre la suficiencia o solidez de la justificación documental del cumplimiento de las exigencias técnicas, con el riesgo de que, o bien quede en manos del respectivo agente de la construcción, o bien de los organismos colegiales, o bien de las entidades de control.

Adviértase lo que podría suceder en el caso de que, planteada en el proyecto o en fase de ejecución una posible solución alternativa, sea preciso detener la obra para recabar el correspondiente informe de determinado órgano o entidad; y más aún, las consecuencias de un posible informe negativo o desfavorable, ¿impedirían llevar a cabo dicha solución? ¿Derivarían la responsabilidad al promotor? Pero, ¿qué promotor refrendaría una determinada solución en contra del dictamen de los órganos colegiales o entidades de control?

La respuesta a estos interrogantes es compleja. Pero una opción excesivamente controladora puede conducir a una arquitectura defensiva en demérito de la innovación técnica.

4. Ámbito temporal de aplicación

El Real Decreto 314/2006, de 17 de marzo, por el que se aprueba el Código Técnico de la Edificación, dedica hasta cuatro disposiciones transitorias para regular la entrada en vigor de la norma, lo que la Exposición de Motivos explica en atención a la naturaleza y profundidad de los cambios que introduce: "*Por otra parte, y sin perjuicio de la inmediata entrada en vigor de este Real Decreto, y de la consiguiente aplicación del Código Técnico de la Edificación, dada su extensión y complejidad, se ha considerado necesario establecer, de un lado, un régimen transitorio que permita la aplicación temporal de la normativa previa hasta el momento vigente y que es objeto de derogación en el presente Real Decreto, y de otro lado, un régimen transitorio para la aplicación futura de las nuevas exigencias básicas contenidas en el Código Técnico de la Edificación que se aprueba. Al efecto, se prevé en las disposiciones transitorias segunda y tercera la existencia de dos períodos transitorios, de seis y doce meses, aplicables en relación con las normas que se detallan en cada caso*".

El análisis de las citadas disposiciones transitorias y de la disposición final 4.° pone de manifiesto que la entrada en vigor se estructura en cuatro niveles, que se corresponden con otros tantos momentos:

1.°) *Primer nivel: Entrada en vigor del Real Decreto 314/2006, de 17 de marzo, por el que se aprueba el Código Técnico de la Edificación.* La DF 4.ª dispone que "el presente Real Decreto entrará en vigor el día siguiente al de su publicación en el Boletín Oficial del Estado", por lo que, publicada la norma el 28 de marzo de 2006, el Real Decreto entró en vigor el 29 de marzo siguiente.

Ahora bien, como quiera que, primero, el citado Real Decreto consta de un artículo único, en el que se acuerda la aprobación del Código Técnico de la Edificación cuyo texto se incluye a continuación, así como de cuatro disposiciones transitorias, una disposición derogatoria y cuatro disposiciones finales, y, segundo, las disposiciones transitorias contemplan una aplicación temporal escalonada, la entrada en vigor del Real Decreto lo es a los solos efectos de establecer la fecha sobre la cual se articula el cómputo de los períodos fijados en las cuatro disposiciones transitorias.

2.°) *Segundo nivel: Edificaciones y obras a las que no se aplicará el CTE por razones temporales.* De conformidad con la DT 1.ª (titulada "Edificaciones a las que no se aplicará el Código Técnico de la Edificación"), el CTE "no será de aplicación a las obras de nueva construcción y a las obras en los edificios existentes que tengan solicitada la licencia de edificación a la entrada en vigor del presente Real Decreto".

Por tanto, los proyectos redactados con arreglo a la normativa anterior y al amparo de los cuales se hubiese solicitado licencia antes del 29 de marzo de 2006, serán válidos y no deberán adecuarse a las nuevas exigencias (13).

La fecha de solicitud de licencia, es decir, de presentación de la petición ante la autoridad administrativa correspondiente, acompañando la documentación preceptiva, determinará la legislación aplicable.

No obstante, esta afirmación requiere dos precisiones: en primer lugar, la fecha que se toma como punto de partida es la de formulación de la solicitud ante el órgano administrativo, sin

---

(13) El precepto se hace eco, pues, de una pacífica línea jurisprudencial conforme a la cual las normas urbanísticas a que debe sujetarse la realización de una obra son las que estuvieron vigentes en el momento de su solicitud, sin que pueda estar afectada por los posteriores cambios normativos (SSTS 20 de octubre de 2001 y 2 de noviembre de 1990).

que la circunstancia de que se aprecie algún defecto en la propia solicitud o en la documentación revista trascendencia alguna, siempre que el defecto observado sea susceptible de subsanación (14), y, en segundo lugar, con el fin de que la mera solicitud no se convierta en una patente de corso que prolongue indefinidamente la entrada en vigor del CTE, la DT 4.ª ordena que "*todas las obras a cuyos proyectos se les conceda licencia de edificación al amparo de las disposiciones transitorias anteriores deberán comenzar en el plazo máximo de tres meses, contado desde la fecha de concesión de la misma*", añadiendo que "*en caso contrario, los proyectos deberán adaptarse a las nuevas exigencias*" (15).

---

(14) Aunque la norma no recoge la posibilidad de subsanación ni, por ende, el plazo a tal fin, se considera aplicable el de quince días previsto en el art. 9.1 del Reglamento de Servicios de las Corporaciones Locales, aprobado por Decreto de 17 de junio de 1955, como medio para evitar que, al albur de la subsanabilidad de un posible defecto, pueda burlarse la entrada en vigor del CTE (cfr. el art. 71.1 de la Ley 30/1992, de 26 de noviembre, de Régimen Jurídico de las Administraciones Públicas y del Procedimiento Administrativo Común, que establece un plazo de diez días, prorrogable por otros cinco, para la subsanación, bajo apercibimiento de tener al interesado por decaído en su derecho).

(15) Tampoco se prevé el caso de que, comenzada la obra, quede paralizada después por cualquier circunstancia, sea técnica, económica o, incluso, legal (orden judicial de suspensión). La respuesta quizá pueda hallarse en el origen voluntario o forzoso de la paralización: una paralización impuesta no debe asimilarse a la demora en el comienzo de las obras, mientras que, si de lo que se trata es de obviar la aplicación del CTE, podríamos encontrarnos ante un fraude de ley, que no impediría la necesaria adaptación del proyecto a las nuevas exigencias, pero previa declaración formal de caducidad recaída en el específico expediente que se siga con intervención del interesado y en el que no sólo basta acreditar el transcurso del tiempo, sino la inequívoca voluntad de abandonar o, al menos, paralizar la ejecución del proyecto (sobre interpretación restrictiva de la caducidad y la falta de automaticidad de la declaración de caducidad, véanse las SSTS 20 de octubre de 2001, 15 de abril y 23 de junio de 1992, 28 de mayo de 1991 y 14 de marzo y 2 de noviembre de 1990, entre otras).

3.°) *Tercer nivel: Régimen de aplicación de la normativa anterior al Código Técnico de la Edificación.* La DT 2.ª establece, con relación a determinada normativa anterior al Código Técnico de la Edificación, un régimen de aplicación transitoria en el que se distinguen dos períodos:

— durante los seis meses posteriores a la entrada en vigor del Real Decreto podrán continuar aplicándose las disposiciones contenidas en el apartado 1.° de la DT 2.ª;

— durante los doce meses posteriores a la entrada en vigor del Real Decreto podrán continuar la aplicándose las disposiciones expresadas en el apartado 2.° de la DT 2.ª; y,

— durante cada uno de estos períodos, se podrá optar por aplicar las disposiciones normativas a que los mismos se refieren o las nuevas previsiones del CTE que correspondan en cada caso.

4.°) *Cuarto nivel: Régimen de aplicación del Código Técnico de la Edificación.* No obstante la previsión contenida en la DF 4.ª sobre la inmediata entrada en vigor del Real Decreto, la DT 3.ª, en congruencia con la facultad de opción concedida en la DT 2.ª, incorpora a su vez un régimen transitorio para la aplicación de las exigencias básicas que se citan contenidas en el Código Técnico de la Edificación, distinguiendo dos períodos:

— durante los seis meses posteriores a la entrada en vigor del Real Decreto, podrán aplicarse las exigencias básicas desa-

---

En el caso de que, por no comenzar la obra en el plazo de tres meses contados desde la fecha de concesión de la licencia, fuera necesaria la adaptación del proyecto a las nuevas exigencias, la Administración deberá conceder al promotor un plazo prudencial para que presente un nuevo proyecto actualizado y debidamente visado por el Colegio de Arquitectos correspondiente a fin de garantizar la adaptación a las nuevas exigencias técnicas.

rrolladas en los Documentos Básicos que se indican y que vienen a corresponderse con la normativa mencionada en el apartado 1.° de la DT 2.ª;

— durante los doce meses posteriores a la entrada en vigor del Real Decreto, podrán aplicarse las exigencias básicas desarrolladas en los Documentos Básicos que se indican y que se corresponden con la normativa mencionada en el apartado 2.° de la DT 2.ª; y,

— finalizados cada uno de los referidos períodos transitorios, será obligatoria la aplicación de las disposiciones normativas del CTE.

5. *Relación con otras normas: principio de competencia, principio de especialidad, principio de subsidiariedad, principio de absorción, principio de rigurosidad o mayor protección*

Una de las cuestiones que suscita la entrada en vigor y consiguiente aplicación del CTE es su relación con otras normas vigentes o que pudieran publicarse sobre aspectos que son o pueden ser objeto de regulación por el CTE a través de los Documentos Básicos o de los Documentos Reconocidos.

Nótese que sobre esta materia (el régimen del suelo, la ordenación de la edificación, la calidad de la vivienda...) confluyen diversas competencias de carácter estatal, autonómico y local, que por regla general han sido desarrolladas y que pueden entrar en conflicto con las disposiciones del CTE (16), lo

(16) Ley 8/2005, de 14 de diciembre, para la calidad en la Edificación en la Región de Murcia; Ley 8/2004, de 20 de octubre, de la Vivienda de la Comunidad Valenciana); Ley 3/2004, de 30 de junio, de Ordenación y Fomento de la Calidad de la Edificación (CA Valencia); Ley 2/2003, de 30 de enero, de Vivienda de Canarias; Ley 3/2001, de 26 de abril, de la Calidad,

que patentiza la necesidad de buscar fórmulas de compatibilidad que permitan determinar, caso por caso, la llamada a prevalecer.

Como simple apunte, dado que existe una ponencia específica sobre este particular, la solución podría radicar en la aplicación de principios generales, fundamentados no tanto en una visión miope contraída a la celosa vigilancia de competencias que no se ejercen o se ejercen de modo deficiente, cuanto en la consecución del objetivo de calidad pretendido, para lo cual, teniendo en cuenta que en este ámbito inciden administraciones de carácter local, autonómico y estatal, y, a su vez, en cada nivel convergen distintos órganos especializados por materias (suelo, vivienda, fomento, sanidad y consumo, industria, medio ambiente...) y áreas (arquitectura, energía, comunicaciones, innovación...), sería de utilidad, aun a título orientativo, la aplicación de los siguientes principios:

1.°) *Principio de competencia:* Si tomamos como punto de partida los arts. 148 y 149 CE y la Ley 38/1999, de Ordenación de la Edificación, en relación con las normas urbanísticas emanadas de las diversas Comunidades Autónomas y con las ordenanzas municipales, cabría considerar a modo de aproximación que, en caso de contradicción, habrá de primar la legislación estatal cuando se trate de fijar los requisitos básicos de la legislación y las exigencias básicas (Documentos Básicos y Documentos Reconocidos), la autonómica en los supuestos de desarrollo, ejecución, control e inspección del cumplimiento de esas exigencias básicas, y, finalmente, la local en relación con la aplicación de la normativa estrictamente urbanística.

2.°) *Principio de especialidad:* Sobre un mismo extremo pueden coincidir normas de diverso espectro, procedan o no de

promoción y acceso a la vivienda en Extremadura; Ley 2/1999, de 17 de marzo, de Medidas para la Calidad de la Edificación (CA Madrid)...

la misma Administración u órgano, por lo que habrá que estar a la regulación que discipline directa y específicamente la cuestión. La norma principal y la especial se comportan como dos círculos concéntricos en el que el menor o especial está comprendido íntegramente en el círculo mayor o tipo general, de manera que todos los elementos integradores del tipo especial cumplen la hipótesis del tipo general, es decir, se encuentran comprendidos en él, aun cuando concurra además algún elemento típico adicional; por el contrario, las normas que se encuentran en relación de alternatividad, la imagen correspondiente es la de círculos secantes, que tienen una zona en común, en la que el supuesto de hecho satisface ambas hipótesis típicas, pero también tienen zonas exclusivas, en las que el hecho únicamente satisface la hipótesis típica de uno de ellos pero no del alternativo.

En atención a la finalidad de la norma, la especial deberá aplicarse con preferencia a la general.

3.°) *Principio de subsidiariedad:* La norma subsidiaria se aplicará en defecto de la principal, bien se declare expresamente dicha subsidiariedad, ya se deduzca ésta tácitamente.

4.°) *Principio de absorción:* La norma más amplia o compleja absorberá la norma más simple o sencilla, esto es, la norma que establezca una consecuencia para un determinado presupuesto de hecho será aplicada preferentemente sobre la que parta de una situación fáctica englobada en aquél.

5.°) *Principio de rigurosidad o de mayor protección:* Como cláusula de cierre, la norma que establezca o imponga una prestación cualitativa o cuantitativamente superior prevalecerá sobre la que recoja una exigencia que suponga un nivel de protección o calidad inferior para el consumidor.

VI. Exigibilidad del Código Técnico de la Edificación

1. *El Código Técnico de la Edificación como garantía del usuario*

Si el art. 3.2 LOE dispone que las normas básicas de la edificación y las demás reglamentaciones técnicas de obligado cumplimiento constituyen, a partir de la entrada en vigor de esta Ley, la reglamentación técnica hasta que se apruebe el Código Técnico de la Edificación conforme a lo previsto en la DF 2.ª LOE; si el mismo art. 3.2 y el art. 1.1 CTE definen esta última norma como el marco normativo por el que se regulan las exigencias básicas de calidad que deben cumplir los edificios, incluidas sus instalaciones, para satisfacer los requisitos básicos de seguridad y habitabilidad, en desarrollo de lo previsto en la Disposición Adicional (final) segunda de la LOE; si, conforme al art. 2.2 CTE, dicho Código establece las exigencias básicas para cada uno de los requisitos básicos de "seguridad estructural", "seguridad en caso de incendio", "seguridad de utilización", "higiene, salud y protección del medio ambiente", "protección contra el ruido" y "ahorro de energía y aislamiento térmico", y proporciona procedimientos que permiten acreditar su cumplimiento con suficientes garantías técnicas; y, si las exigencias básicas deben cumplirse en el proyecto, la construcción, el mantenimiento y la conservación de los edificios y sus instalaciones, forzoso es concluir, primero, que los distintos agentes de la construcción deberán respetar su contenido y cualquiera de ellos podrá, en el desarrollo de sus funciones, exigir su cumplimiento por parte de los demás agentes, y, segundo, ese cumplimiento podrá ser exigido, en caso necesario por vía judicial, por parte del destinatario final del producto.

El CTE se configura así como un suelo o nivel mínimo de calidad, de manera que las prestaciones ofertadas nunca podrán ser inferiores a las que se consignan en los Documentos Básicos y en los Documentos Reconocidos, esto es, la adquisición de una vivienda parte del presupuesto de que la misma ha sido ejecutada de acuerdo con las exigencias básicas reguladas en el CTE para garantizar el cumplimiento de los objetivos de calidad que significan los requisitos básicos; presupuesto que no podrá ser contractualmente desconocido, quedando fuera del margen de negociación de las partes, como norma de derecho necesario o indisponible, con la consecuencia de que su desconocimiento generará en la otra parte el correlativo derecho a exigir el debido cumplimiento o, en su caso, la indemnización por daños y perjuicios.

Dicho de otra manera, el CTE es directamente invocable por las partes como fuente de derechos y obligaciones.

2. *El Código Técnico de la Edificación como límite material de responsabilidad de los agentes de la edificación*

Como declara la STS 20 de julio de 2006, la doctrina jurisprudencial ha acentuado el rigor con que debe ser aplicado el art. 1104 CC, definidor de la culpa o negligencia, en el sentido de que el cumplimiento de la normativa administrativa o reglamentaria no impide la apreciación de responsabilidad cuando concurre la realidad del daño causado por el agente, al que se demanda la obligación de reparar; la responsabilidad no se elimina siquiera sea con el puntual cumplimiento de las precauciones legales y reglamentarias y de las aconsejadas por la técnica, si todas ellas se revelan insuficientes para la evitación del riesgo, exigiendo como canon la necesidad de agotar la diligencia debida.

La traslación de esta doctrina al sector de la edificación plantea el interrogante de qué ocurre cuando, a pesar de acatar rigurosamente lo dispuesto en la normativa sobre las exigencias técnicas básicas, se produce un daño, entendido como vicio o incumplimiento de los objetivos de calidad: aunque el art. 17.1 LOE señala que "*las personas físicas o jurídicas que intervienen en el proceso de la edificación responderán frente a los propietarios y los terceros adquirentes de los edificios o parte de los mismos, en el caso de que sean objeto de división, de los siguientes daños materiales (...) causados en el edificio por vicios o defectos que afecten a la cimentación, los soportes, las vigas, los forjados, los muros de carga u otros elementos estructurales, y que comprometan directamente la resistencia mecánica y la estabilidad del edificio (...) de los daños materiales causados en el edificio por vicios o defectos de los elementos constructivos o de las instalaciones que ocasionen el incumplimiento de los requisitos de habitabilidad del apartado 1, letra c), del art. 3 (...) de los daños materiales por vicios o defectos de ejecución que afecten a elementos de terminación o acabado de las obras*", lo que parece apuntar que no resulta suficiente la diligencia reglamentaria, si la realidad fáctica evidencia que las garantías adoptadas para evitar los daños previsibles han resultado ineficaces, sin embargo considero que, en la medida que los DB están basados en los conocimientos consolidados de las distintas técnicas constructivas y contienen unos procedimientos cuya utilización acredita el cumplimiento de aquellas exigencias básicas, concretados en forma de métodos de verificación o soluciones sancionadas por la práctica, en el caso de que se haya respetado el procedimiento o solución admitida por el DB correspondiente, el agente quedará liberado de responsabilidad, sin perjuicio del derecho que pudiera corresponder al consumidor final contra el promotor, en virtud de las prestaciones respectivamente pactadas en el contrato.

LAS NORMAS SOBRE SEGURIDAD Y SALUD EN OBRAS DE EDIFICACIÓN. AGENTES AFECTADOS. LA FUNCIÓN PERICIAL EN LOS PROCEDIMIENTOS PENALES

Alfonso Pérez Guerra
Doctor Arquitecto
Catedrático de la UPC

LAS NORMAS SOBRE SEGURIDAD Y SALUD EN OBRAS DE EDIFICACIÓN. AGENTES AFECTADOS. LA FUNCIÓN PERICIAL EN LOS PROCEDIMIENTOS PENALES

El arquitecto de los últimos siglos era un individuo que construía un objeto, un palacio o una casa para un cliente que era igualmente un individuo aunque fuese el Rey. El arquitecto de nuestros días es inseparable de un grupo de especialistas que trabajan para una colectividad, aunque el cliente sea el mismo Rey.

M. ANDRÈ MALRAUX

del RD 1627/97. VI. CONCEPTOS PARA LA PREVENCIÓN Y LA FUNCIÓN PERICIAL. 1. El proyecto empresarial de construcción. 2. Conceptos de Uniproducto y Multiproducto. A) El concepto Uniproducto. B) El concepto Multiproducto. 3. Sobre el Producto y el Proceso de ejecución de obra. 4. Conflictos entre profesionales del proyecto, del proceso de obra y de la prevención. 5. Unidad de dirección y unidad de mando. A) Construcción bajo una autoridad única. B) Construcción bajo una autoridad disociada. C) La dirección facultativa no es un mando único. D) Sujetos de responsabilidad penal. VII. LA FUNCIÓN PERICIAL EN LOS PROCEDIMIENTOS PENALES.

I. INTRODUCCIÓN

Para el análisis de las relaciones entre la Normativa de Seguridad y Salud en obras de Edificación y los agentes afectados, hemos de concretar, primero, la normativa vigente, de creación reciente. Prácticamente toda ella sigue en vigor y, en conjunto, constituye un Método, un Sistema Preventivo técnico, formado, según experiencias obtenidas desde 1940 hasta hoy, tanto en España como en los países más avanzados.

Es también un sistema complejo, que para la mejor comprensión, expondré sobre un Cuado básico, y haré comentarios sobre los períodos de su creación histórica, tratando solamente la "esencia" de esta Normativa.

II. INICIOS LEGISLATIVOS HASTA 1970

A partir de 1940 comienza considerarse la Seguridad en el Trabajo como un "problema social". Nace así el primer Reglamento General de SH en el Trabajo. Muy sencillo y corto, básicamente técnico.

CUADRO BÁSICO
LA NORMATIVA SOBRE SEGURIDAD Y SALUD EN LA CONSTRUCCIÓN Y PREVENCIÓN DE RIESGOS LABORALES

I. Inicios legislativos hasta 1970: Primeras ordenanzas, creación de la Inspección	
1940	Reglamento General de SH en el Trabajo. (Muy sencillo. Reformado en 1971).
1944	Comités de Seguridad e Higiene. (Inicio de la participación. Modificado).
1952	Regl. de SHT de Construcción, Vidrio y Cerámica. (El Vigilante de Seguridad).
1956	Regl. de la Ley de Accidentes de Trabajo. (Definición de accidente).
1962	Ley de creación de la Inspección de Trabajo. (Su reglamento de actuación en 1971).
II. Década 1970-1980: Ensayo de nuevas técnicas preventivas	
1970	Ordenanza de Trabajo en Construcción, Vidrio y Cerámica. (Substituye a la de 1952).
1971	Ordenanza General de S. e H. en el Trabajo (Crea las Delegaciones del Ministerio) 1974 Decreto 2065/1974. Definición legal de enfermedad profesional.
1978	Constitución Española. Art. 40.2: *Los poderes públicos velarán por la S. e H. en el T.*
III. Período 1980– 1997. Concreción de un método, con incorporación de las Directivas	
1980	Estatuto de los Trabajadores. Ley orgánica. Crea la concertación social.
1983	Reforma urgente y parcial del Código Penal. Art. 316 del CP.
1983	RD 2001/83 sobre regulación de jornada. (y puestos penosos). El puesto de trabajo.
1985	RD 555/85. Inicio de la planificación de la seguridad, con ayuda del Estudio.

CUADRO BÁSICO
LA NORMATIVA SOBRE SEGURIDAD Y SALUD
EN LA CONSTRUCCIÓN Y PREVENCIÓN DE RIESGOS
LABORALES

Reglamentos técnicos básicos:	
1985	RD 2291/85. Reglamento de Aparatos de Elevación y Manutención.
1986	26 de mayo. RD por el que se aprueba el Reglamento de seguridad en las máquinas.
Derecho común:	
1995	Ley 31/95 de Prevención de Riesgos Laborales.
Recursos humanos y profesionales de la prevención:	
1997	RD 39/97. Reglamento de los servicios de prevención (Titulaciones y programas).
Derecho específico en construcción:	
1997	RD 1697. Disposiciones mínimas de seguridad y salud en las obras de construcción.
Perfeccionamiento:	
2003	Actualización de la Ley en Infracciones y Sanciones.
2004	RD 171/204. Desarrolla el art. 24 de la Ley 31/95 en materia de coordinación de actividades empresariales y en las obras de construcción.
2002	Guía Técnica de INSS.
2006	Creación de la Agencia Europea de Seguridad y salud en el Trabajo en Bilbao.

Se inicia la regulación de la participación de los trabajadores en la Seguridad con la creación de los Comités de Seguridad e Higiene.

Para los "trabajos específicos de obras" de edificación, se crea, más tarde, ya en 1952, el Reglamento de SHT de Construcción, Vidrio y Cerámica, con un personaje específico: El Vigilante de Seguridad.

Se define lo que es un "accidente de trabajo", y, para controlar la aplicación de estas Normas, se dicta en 1962 la Ley de Creación de la Inspección de Trabajo, todavía sin poder actuar hasta disponer de su Reglamento de actuación en 1971.

1. Características de la época

La accidentabilidad era muy alta. Las estadísticas de 1964, arrojan la cifra de 1844 trabajadores muertos en accidente en el conjunto de la construcción (350 en 2006).

Sensibilizados ante el problema algunos profesionales apoyados por el CSCAE, comenzamos a actuar. Especialmente con unos pequeños "planes de seguridad" para las obras.

III. DÉCADA DE 1970-1980

La gravedad en los trabajos de construcción determinó una nueva Ordenanza del Trabajo en Construcción en 1970 (antes de la Ordenanza General de S e H), creando las primeras Delegaciones del Ministerio del Trabajo.

En 1971 se crea el Libro de Órdenes y Asistencias, con las funciones de "control de lo edificado" y la de "exigir" al constructor que conozca la Normativa de Seguridad.

En 1974, el RD 2065/74 define lo que ha de ser una "enfermedad profesional". Cierra la década la aprobación de la Constitución Española de 1978, con el derecho a la "seguridad e higiene en el trabajo".

1. Características

Fue una época de perfeccionamiento profesional sobre todo en la aplicación de "Proyectos de seguridad" en las obras, con resultados de prevención muy buenos.

En 1974, el Congreso mundial de la OIT, en Dublin, mostró que estábamos trabajando muy bien en España. La planificación de la seguridad se abría camino, también, en EE.UU., GB, RFA, o Francia.

En 1976, el Comité de Ministros del Consejo de Europa estableció una linea de actuación de los "profesionales" dedicados de la seguridad, todavía sin reconocimiento oficial, sobre todo con el objetivo de la "planificación"y la "seguridad integrada".

Estas experiencias inspiraron la Disposición Adicional 4.ª del Convenio Provincial de la Construcción de Madrid en 1978 "*...que se articule, como obligatorio, un proyecto específico de seguridad para cada obra...*". Esta demanda se materializó, más adelante, con el RD 555/85, creando obligatorio el "Plan de Seguridad en las Obras de Construcción" sirviendo de ayuda el "Estudio", hoy tan conocido.

IV. Período 1980-1997. Concreción del "Método"

Crear un "método preventivo" claro, integrar la prevención en la producción, incorporar las Directivas Europeas de seguridad (la Directiva de Construcción es una propuesta española), junto con el reconocimiento de titulaciones universitarias de los profesionales en seguridad, fue el reto de esta época.

En 1980, el Estatuto de los Trabajadores, ley orgánica, crea la concertación social, estructura la liberalización mercantil, determina que el trabajador está obligado a observar en su trabajo las medidas de seguridad e higiene.

En 1983, la Reforma urgente y parcial del Código Penal aporta un nuevo instrumento preventivo.

El RD 2001/83 sobre regulación de jornada. (y puestos penosos), regula bastantes cosas más, creo que su importancia es el reconocimiento del "puesto de trabajo" como "espacio" biológico y ergonómico del trabajador.

Este "método técnico preventivo" incorpora, por transposición de las Directivas a la legislación española, Reglamentos de seguridad europeos, como el Reglamento de Aparatos de Elevación y Manutención en 1985, y el Reglamento de seguridad en las máquinas de 1986, entre otros.

Con estas bases comenzaron a funcionar "oficialmente" los "Planes de Seguridad e Higiene en las Obras" según el RD 555/85 cuya experiencia dio lugar, posteriormente, a la Directiva y al RD 1697/97.

Mas faltaba "explicitar" un método preventivo. Se consiguió con la Ley 31/1995, pilar fundamental del "sistema". Pero esta ley no se limita a un conjunto de deberes de obligado cumplimiento empresarial, sino que se integra en el conjunto de las actividades y decisiones de la empresa. Y en cuanto a "quién" ha de aplicar la prevención, el desarrollo de su art. 6, por el RD 39/97, aprueba las "titulaciones profesionales en prevención, dentro del Reglamento de los Servicios de Prevención, que regula "*...las capacidades y aptitudes que han de reunir dichos servicios y los trabajadores designados...*".

Y para la Construcción de obras, el RD 1627/97, también en base al art. 6 de la Ley 31/95, se concretan aspectos más técnicos de las medidas preventivas, a través de "*disposiciones mínimas de seguridad y salud en las obras de construcción*".

1. Apreciaciones

A) Sobre 1997

1) Practicábamos un auténtico MÉTODO de Prevención de Riesgos en la Construcción consistente en el Plan de Seguridad integrado en el Plan de Producción.

2) Bastantes constructoras importantes consiguen el objetivo de CERO muertos en sus trabajos de construcción.

Incluso consiguieron este objetivo algunas Comunidades Autónomas.

3) En 1987, en el curso sobre seguridad en el trabajo del COAM, el representante de SEOPAN confirmó la progresiva reducción de siniestralidad bajando en *1984* a *194* muertos (no itínere) en el ámbito nacional.

B) Hoy, veinte años después

¿Qué ha sucedido para que de *194* muertos en accidente en la Construcción en 1984 hayamos retrocedido a *350* muertos en 2006?

Componente negativo podría ser el aumento (que no ha sido mucho) de trabajadores en la construcción. Por el contrario abundan los componentes positivos, como el desarrollo tecnológico, la mecanización de la construcción que nos permite disponer de andamios de fachada mecanizados, las nuevas estructuras empresariales y la enorme actividad de formación en seguridad.

Lo obligado es que, ante la elevada siniestralidad, hay que actuar.

C) ¿Qué deben hacer los agentes de la edificación para mejorar resultados?

Dado que disponemos de un auténtico METODO de Prevención de riesgos en la construcción, demostrado con la planificación de la prevención, ante la existencia de una siniestralidad excesiva, los agentes de la edificación deben:

1. *Entrar en el "sistema preventivo" como en un sistema matemático*. Sobre todo ahora cuando el sistema de organiza-

ción empresarial actual es el de por "sistemas" superando el sistema clásico.

2. *Interpretar y aplicar adecuadamente las leyes que lo constituyen,* normativa que "supera un conjunto de deberes de obligado cumplimiento empresarial".

3. *Reconstruir un comportamiento de eficacia "profesional",* con clarifiación de "quien es quien" y "donde se debe estar".

V. Aspectos que afectan a los agentes de la edificación

Son aspectos derivados de la actuación profesional desde el proyecto del producto-edificio, sobre la producción empresarial-constructora y prevención de riesgos y hasta las previsiones de seguridad para los usuarios futuros.

1. La complejidad profesional en edificación

Dentro del proceso interprofesional de la "edificación" desarrollado por la Normativa general, disponemos de la LOE con el Capítulo Agentes de la Edificación, que establece sus funciones en la produccióncde edificios, y disponemos también de normativa de seguridad y salud de obligado cumplimiento por determinados agentes y por una gama de profesionales prevencionistas. Dentro de sus obligaciones, ¿en qué medida los agentes de edificación asumen obligaciones sobre la aplicación de las normas de seguridad y salud?

1. El promotor. Está obligado a (1) Realizar un estudio de seguridad y salud en la fase de proyecto (siempre). Si fuere necesario designará para ello (2) un Coordinador de seguridad y salud en fase de proyecto. Y, si también fuere necesario, designará un Coordinador en seguridad y salud en fase de ejecución de obra.

La tendencia a responsabilizar al promotor más de lo que establece el RD 1627/97, se ha aclarado con el RD 171/2004 por el que se desarrolla el art. 24 de la Ley 31/95, en materia de coordinación de actividades empresariales, y establece: *a) La información del art. 7 se entenderá cumplida por el promotor mediante el estudio de seguridad y salud o el estudio básico...*".

Las instrucciones del art. 8 se entenderán cumplidas por el promotor mediante las impartidas por el coordinador de seguridad y salud durante la ejecución de la obra cuando tal figura exista; en otro caso serán impartidas por la dirección facultativa...".

El promotor es, pues, un participante en la seguridad, pero sólo en la medida clara que etablece la ley.

2. El proyectista. Es un profesional del promotor y, en su ámbito, se elabora el "estudio de seguridad y salud" tanto por él directamente como por un coordinador en fase de proyecto. Entendemos que, a igual que el promotor, con la redacción del estudio de seguridad tiene su obligación cumplida.

3. El constructor. Como empresario ha de integrar la prevención en el conjunto de actividades y decisiones de la empresa. Sus obligaciones vendrán determinadas por los contratos laborales y empresariales que haya realizado, y por las leyes específicas de prevención de riesgos laborales en la ejecución de su "proyecto empresarial".

4. El director de obra. Es el director del "producto" edificio, sus obligaciones responden de la calidad y seguridad del edificio en su vida útil. Sobre las normas de seguridad, la Sala 1.ª del Tribunal Supremo tiene declarado: "*...que no existe precepto legal alguno que imponga a los arquitectos la obligación de comprobar la correcta adopción por el contratista de las* *preceptivas medidas de seguridad...*" Aunque, por otras causas, pueda declarársele responsable.

5. *El director de la ejecución material.* Entendemos que está en la misma situación del Director de Obra.

6. *Suministradores de productos.* Sus obligaciones vienen determinadas por las prescripciones etablecidas sobre seguridad de los "productos", como en la Directiva sobre Materiales de Construción: Ergonomía, anticontaminación, resistencia al fuego, etc.

7. *Propietarios o usuarios.* Asumen obligiones sobre trabajos sobre el edificio y de su limpieza, por lo que deberían recibir el "Estudio de Seguridad y Salud" o "Estudio Básico", sobre todo la parte que se refiere a trabajos posteriores. La Directiva que no crea el "estudio de seguridad y salud" como tal, pero sí obliga a esta parte de "trabajos posteriores", llamándole "Informe para realizar con seguridad los trabajos posteriores".

2. *Los agentes de la edificación ante el escaso empleo de titulados por constructores pequeños y medianos*

Es evidente el escaso empleo de profesionales, o trabajadores, en la organización de obras, en la elección y aplicación de maquinaria, en la línea de la jefatura de obras, como en la línea de integración de la seguridad y salud en la obra.

A) *El agente "El constructor" y la ejecución de obra*

El Agente Constructor tiene a su disposición la posibilidad de contratar diversas titulaciones para ayuda en la "producción". La Universidad española ofrece, además de las "titulaciones clásicas" de siempre, otras muchas "titulaciones propias".

La UPC imparte la "Ingeniería Superior de Edificación" como segundo ciclo de Arquitecto Técnico, Postgrados, Másters, etc.

En la UPM, Escuela de Arquitectura, desde Jefes de Obra, a Gestión y Dirección de Constructoras. Postgrados de todo tipo: Organización de obras. Formación de Mandos superiores e intermedios.

La Complutense ofrece para 2007-2008:

* 78 titulaciones generales.
* Centenares de másters, con 43 nuevos.
* 235 titulaciones oficiales propias.

B) El agente "constructor" y la "prevención de riesgos"

El constructor, en general considera que los profesionales de la prevención de riesgos son el Arquitecto o Arquitecto Técnico en funciones de coordinadores. Pero, en contra de este supuesto, la LPRL 31/95 y su RD 39/97 han creado una estructura profesional para la prevención de riesgos, con titulaciones de Formación profesional y Universitarias, donde los coordinadores son meros controladores externos

Si hasta este RD 39/97 los únicos profesionales de la seguridad y salud eran los médicos del trabajo, a partir de este RD los médicos del trabajo pasaron a la seguridad social, quedando la nueva estructura profesional regulada por este RD de Reglamento de los Servicios de Prevención

Este RD no solamente crea las titulaciones, sino que, con los *Anexos III, IV, V y VI,* establece los contenidos mínimos de "Programas de formación" que capacitan para las funciones preventivas a ejecutar. Los principales son:

1) *Nivel básico:* Funciones diversas sobre los puestos de trabajo: 30 horas FP.

2) *Nivel intermedio:* Promover la prevención dentro de la empresa: mínimo 200 H.

3) *Nivel superior:* Planificación de las prevención. 600 H. más título universitario.

Y con especialidades en Evaluación de riesgos, Seguridad, Higiene Industrial, Ergonomía, Psicosociología o Mecidina del trabajo.

Estas titulaciones son impartidas por Universidades públicas y privadas, Mutuas, como Mapfre o ASEPEYO, Fundación Laboral de la Construcción. Facultades de Economía, y Escuelas empresariales, etc.

Evidentemente, ello afecta al "agente constructor" por tener la obligación de: *Art. 13. "para el desarrollo de la actividad preventiva, los trabajadores designados (por el constructor) deberán tener la capacidad correspondiente a las funciones a desempeñar de acuerdo con el CAP.VI.*

3. El agente "constructor" y su obligación de aplicación de recursos humanos preventivos

1) La mayoría de constructoras pequeñas, no tienen implantadas las líneas de mando necesarias a la obra, y si las tienen, parece que lo han olviado.

2) La capacitación oficial para la función de redactar PLANES de Seguridad para la obra, la tienen los Técnicos Superiores en Seguridad (Título Universitario y Máster específico) del RD 39/97.

3) La mayoría de Constructores pequeños y medianos, recurren al "Coordinador" (Arquitecto o Arquitecto Tecnico) para redactar el PLAN de seguridad. Aunque hay buenos profesionales, el Arquitecto Técnico tiene una formación oficial de 50

horas, y el Arquitecto "0" horas, aunque puede alcanzar 30 horas con un asignatura de libre elección. En cambio, el Técnico Superior del RD 39/97 para las funciones de "planificación" tiene además de título universitario un mínimo de 600 horas (dos años de Master).

4) El "Coordinador en ejecución de obra" no puede "ejecutar" o "mandar en seguridad". Es "externo" las líneas de mando de la constructora. Según el RD 1627/97, si observare incumplimiento del "Plan de seguridad" "*...advertirá al Constructor dejando constancia de ello en el Libro de Incidencias*".

5) Por los pocos "juicios" que conozco, no se investigan los niveles titulares.

* Los abogados de la demanda sólo reconocen al Jefe de obra, al Arquitecto Técnico y al Arquitecto (Superior, dicen).

* Los dictámenes, hacen los mismo.

4. Los agentes de la edificación y la deficiente interpretación práctica del RD 1627/97

Parece que lo fundamental es el estudio de seguridad y salud y el coordinador de seguridad y salud en la ejecución de obra, cuando,según el RD, estos no tienen ninguna capacidad ejecutiva en prevención de riesgos. ¿Qué es lo esencial en este RD?

1) UN MÉTODO preventivo: El Plan de seguridad y salud, de obligación y responsabilidad del "constructor" como empresario. ¿Que es un plan? El RD, aunque no lo desarrolla, lo define como el "todo" de la prevención en la obra, además de pactado con los trabajadores. Su autor corresponde a un especialista del agente constructor.

Deficiencia: Que el constructor lo encargue al coordinador en fase de ejecución de obra que es quien ha de aprobarlo.

2) UN NIVEL MÍNIMO DE PREVENCIÓN expresado en en los ANEXOS bajo los títulos: a) Lugares de trabajo. b) Puestos de trabajo, y c) Relaciones entre "tareas" y "puestos de trabajo". Sus precisiones se establecen en el Plan de seguridad y son de atribución del agente constructor con sus trabajadores, nada más.

3) AYUDA al agente constructor por el agente promotor.

El Estudio de Seguridad y salud NO es operativo. No lo aprueba nadie. Va contra el principio de "adaptar el trabajo al trabajador y no el trabajador al trabajo". No lo crea la Directiva. Problemas:

Problema 1. Los guiones de los Colegios, y los "estudios" que conozco, son un "libro-enciclopédico" difícil de comprender e inoperativo, ello va en contra del principio: "lo operativo es un estudio pequeño y un plan grande".

La Directiva NO crea el estudio, solamente nosotros lo hemos adoptado. En grandes proyectos se redacta directamente el plan de seguridad.

Y problema frecuente es que el constructor, sin comprender el estudio, en colaboración con el Coordinador, le añade la carátula de PLAN, lo aprueba ese mismo coordinador, y se monta la seguridad segun uso y costumbre.

Problema 2. El coordinador parece ser la "figura visible" de la seguridad en la obra, fraternaliza con los trabajadores, cuando es solamente un "externo" a la línea de mando de la obra, solamente debe ejercer su coordinación "advirtiendo al constructor" y sabiendo que ejerce en "duplicidad" con la auténtica coordinación interna del contratista principal, dsarrollada en el RD 171/2004.

Problema 3. Para el producto edificio, obra terminada, ningún "estudio" de los que conozco aborda "*las previsiones e informaciones útiles para efectuar en su día en las debidas condiciones de seguridad y salud, los previsibles trabajos posteriores*".

VI. Conceptos para la prevención y la función pericial

1. El proyecto empresarial de construcción

La decisión del proyectista–arquitecto de crear un producto-edificio, adecuado para su realización, y, una vez construido, esté dotado de habitabilidad y seguridad en su vida útil, supone dos proyectos empresariales. Sobre estos conceptos, el Magistrado D. José Antonio Seijas nos dice que: "*Una cosa es una obra construida y otra distinta una obra en construcción*". Hemos de considerar pues. .

a) Un proyecto empresarial de diseño del "producto edificio" (obra terminada), que, además, requiere prevención de riesgos desde las "*fases de concepción, estudio y elaboración del proyecto de obra* (producto) según la Directiva 57/1992, y

b) Un Proyecto empresarial de "realización de obra" (obra en construcción). Este "*proyecto empresarial*", aunque parte del " *producto diseñado*" del proyectista, es un "*proyecto empresarial de producción*" independiente y principal, estructurado por empresas realizadoras que libremente deciden y organizan su proyecto empresarial.

El proyecto empresarial de diseño (a) es la "exigencia" de calidad del "producto de consumo", y, el "*proyecto empresarial de construcción*" (b) es la exigencia de cumplimiento de un contrato de "construcción" en calidad y tiempo de ejecución, donde el "agente director de obra" es el defensor del "*producto terminado*" y el "agente constructor" es el fundamento de "producir" según contrato y "humanizar" el trabajo según norma.

2. *Conceptos de Uniproducto y Multiproducto*

El edificio como "producto de consumo", tiene adjudicada su paternidad, con su firma, al Arquitecto proyectista y director de obra. Pero, el proceso de su construcción, es una aportación sucesiva de otros "productos", fabricados, seleccionados y ensamblados en obra. Así, entran en la autoría de la "obra-edificio" otro empresarios, industriales, fabricantes, a veces en conflicto.

Por ello, para una asignación correcta de obligaciones y responsabilidades hemos de distinguir entre edificio "producto de consumo", uniproducto, y edificio como componente de una "diversidad de productos", multiproducto.

A) El concepto Uniproducto

El tratamiento de "producto de construcción" como "UNIPRODUCTO", tanto en su fase de concepción, realización-materialización o estado de acabado, es una Unidad, un elemento único, y así es entendido por el proyectista. "*Se trata (GUIDO CANELLA) de una organización vinculada, esto es, de un sistema de formas interdependientes tales que la alteración provocada en una parte determina una alteración en las otras partes*".

Desde el punto de vista de redacción del proyecto, como conjunto de normas que rige el proceso productivo y de las relaciones entre el promotor y el constructor, *la construcción es un producto único* (E. CARVAJAL), sea cual fuere el modo de confección de los presupuestos en proyecto o la forma de abono de los trabajos pactada entre promotor y constructor.

B) El concepto Multiproducto

Lo define E. CARVAJAL: "*En oposición al concepto anterior es considerado como la descomposición, según un determinado criterio, del producto constructivo en partes, estimando cada una de ellas como un producto en sí mismo*".

La Directiva 24/1988 descompone el "Uniproducto" en productos de construcción según una clasificación que va desde "materiales amorfos", con "forma", a "órganos" como la "electrificación" o la "calefacción", y, sobre estos productos, establece: "*... Las obras deberán proyectarse y construirse (...) de forma que durante su construcción y utilización, no produzca (...) derrumbe de toda o parte de la obra.* Y sigue aplicando este criterio sobre seguridad en caso de incendio, de utilización, ruido, etc. Todo ello en base a requisitos exigibles a los materiales.

El documento de Mediciones y Presupuesto del "Proyecto de edificio" es una consideración de "multiproducto" que establece una ordenación del edificio en partidas y capítulos de obra que regirán "*el proyecto de producción empresarial*" y las relaciones económicas entre promotor y constructor con las consiguientes responsabilidades de fabricantes, suministradoes de materiales, controladores de calidad y mandos del constructor en la integración de los materiales en obra.

Los conflictos surgen cuando, por principio, las causas de riesgo suelen asignarse al Uniproducto, al arquitecto proyectista, especialmente en el edificio terminado, siendo las causas posibles "disfunciones" de los materiales usados en obra

3. Sobre el Producto y el Proceso de ejecución de obra

El "PRODUCTO" de construcción ya hemos dicho que es único, una Unidad sujeta a las normas de defensa del usuario. En cambio el "Proceso de construcción" es una actividad "empresarial/laboral" regida por líneas de mando propias al centro de trabajo.

El "PROCESO de obra" tiene en el "Proyecto Multiproducto" la base principal para la *"planificación empresarial de producción"*, así como es base para la *"planificación de la prevención"* e integrar la prevención en la producción, con total independencia del "producto" que se elabora. El constructor, para la planificación de la obra, ha de subdividir y recomponer el "proyecto multiproducto", es su atribución, en orden a criterios de desarrollo de la obra, en orden a la mejor "unidad" de la obra final, y en orden a la facilidad de construcción y en orden a la seguridad de sus trabajadores.

4. Conflictos entre profesionales del proyecto, del proceso de obra y de la prevención

El *primer conflicto* a resolver es entre los profesionales del "promotor", del uniproducto, y profesionales del "constructor", el "proceso de obra", durante y en el espacio del "centro de trabajo", obra en construcción. En concreto el problema surge cuando se considera que "todos deben hacer de todo", cuando cada uno ha de hacer lo que debe hacer.

Los profesionales del promotor son externos a la obra, extracontractuales al constructor, y con la misión de exigir "resultados". Cuando visitan la obra, son una especie de inspectores, de presión sobre el constructor.

En cambio los profesionales del "constructor" en la obra están en la "linea de mando" interna de producción, conocen los entresijos de la empresa y de los trabajadores, están integrados en los grupos de trabajo y son la base de la producción. Puede también el constructor disponer de "servicios ajenos" (staff) según determinados contratos y, con ello, completar las necesidades profesionales de la obra.

El *segundo conflicto* entre los profesionales surge en las funciones de *control*.

El control realizado por los profesionales del promotor, como externos a la obra, realizan un control "periódico", por períodos de tiempo, pactados con el constructor, y según sus objetivos.

En cambio el "control" de la ejecución de obra, y el control de la prevención, ha de ser, por su dinámica, un *control permanente*, un control de "realimentración", llamado "*supervisión*", realizada por jefes internos a la obra y de la línea de mando de la empresa. Tanto en producción como en prevención, la "planificación integrada" necesita un *control de supervisión (tipo realimentación) con capacidad de reacción inmediata*. El control semanal típico por los profesionales del promotor, director de obra, director de ejecución material, coordinador de seguridad y salud, solamente sirven, para testificar.

5. Unidad de dirección y unidad de mando

El principio de "agrupar para aumentar la coordinación", desemboca en el principio de la "unidad de dirección", expresada, para que sea conocida por todos los afectados, en un proyecto, o un plan, con un objetivo global concreto. Esta"unidad de dirección" no debe confundirse con la "unidad de mando" (personas), donde todo empleado debe recibir tan sólo órdenes de un superior.

La unidad de dirección se expresa en "un proyecto", "un plan", o un "esquema funcional", a veces también en una "mente" que sabe perfectamente cual es su plan. Por ejemplo ¿quién dirige el urbanismo de la ciudad? Es un plan. El urbanismo no la dirige la comisión, sino que ésta aclara e impone lo que dice el plan. Lo mismo pasa con el "proyecto del edificio": el director de obra, explica, aclara e impone lo que dice el proyecto, admitiéndose, efectivamente, los reformados.

En cambio la "unidad de mando" se refiere a personas, se estructura desde la alta dirección de la empresa sobre atribuciones y responsabilidades para actuar en la dinámica o acción de las actividades programadas por la dirección.

En construcción, el proyectista es el agente que crea la "unidad de dirección", pero no crea líneas de mando, El director de obra es el agente que mantiene la "unidad de dirección". Y el conflicto surge cuando otros creen que el agente director de obra ha de "mandar" sobre otras cosas que no son la defensa del proyecto, por ejemplo "mandar" sobre la forma de hacer de un trabajador cuande éste está a la orden de su superior. Así lo define el Estatuto de los Trabajadores.

A) Construcción bajo una autoridad única

Desde tiempos antiquísimos, las obras se realizaron bajo una autoridad única, un Rey, un arquitecto-rey, sobre una línea de mando piramidal, con un Señor o un arquitecto en la cúspide: "yo obedezco a mi superior y mando a mi inferior".

B) Construcción bajo una autoridad disociada

No es hasta el siglo XX cuando comienza la "Organización" como ciencia de división del trabajo entre individuos cuyos esfuerzos tienen que ser coordinados. FAYOL (1916) Francia, TAYLOR (1911) EEUU, URWICK (1928) Gran Bretaña, son autores que han contribuido al desarrollo de la coordinación del trabajo en empresa, a la especialización profesional, a la determinación de objetivos, a la "organización" basada en las Relaciones Humanas, y, modernamente, a la Organización en término de sistemas basada en la Investigación Operariva y en la aplicación de las matemáticas.

Así, lo que priva hoy es la organización empresarial regida por una "autoridad disociada", coordinada en distintas formas, y hacia un objetivo común. La LOE, con asignación de funciones a los "agentes de la edificación", las Normas sobre seguridad y salud con la profesionalización, se sitúan en los conceptos vigentes de Organización Empresarial y de desarrollo Social y de la Economía.

C) La dirección facultativa no es un mando único

Por "dirección facultativa" se ha considerado, y se considera, el grupo profesional de arquitecto y arquitecto técnico cada uno con su propia autoridad, nunca como un "mando único". Su expresión se ha utilizado en la tradición del lenguaje común para justificar la solidaridad de la responsabilidad entre ambos profesionales, mas la dirección facultativa no ha existido ni existe hoy legalmente. La LOE no la crea, ni la nombra, ordena la edificación en base a los "Agentes", y, al mismo tiempo, desvanece el fantasma de la solidaridad de la responsabilidad en el Derecho de la edificación.

El R.D. 1627/97 es anterior a la LOE 38/1999 norma de mayor rango, por lo que el R.D. 1627/97 ha de adaptarse a la ley, y cuando el R.D. dice que: "*el plan de seguridad lo aprobará la dirección facultativa*", ha de interpretarse que el agente constructor "interesado" en la aprobación del plan de seguridad, debe dirigirse al agente (de la tradicional dirección facultativa) que él considere más idóneo, y si existiera el coordinador de seguridad y salud en fase de obra, le correspondería a éste.

D) Sujetos de responsabilidad penal

Tenemos dos tipos: activos y pasivos. Los sujetos activos tradicionales responsables pueden ser directivos, técnicos, mandos intermedios e, incluso, los propios trabajadores. Todo dependerá si han infringido, o no, cada uno de ellos, el "*deber de cuidado*".

Para la identificación de sujetos activos se mantiene una postura muy extensiva, porque todo el personal técnico, o no técnico, y cualquiera que sea su rango y categoría, tienen encomendadas obligaciones inexcusables en orden al cumplimiento y estricta observancia de las normas de seguridad. Y no se refiere a categorías de títulos oficiales, sino a categorías que formalmente ocupen los *sujetos* en relación con el acto dañoso, es decir las funciones que desempeñen en relación con el acto causal.

Sobre los sujetos pasivos de responsabilidad penal se indica a los trabajadores como sujetos en los arts. 348 bis a) y 427. Estos artículos se refieren a los trabajadores no como clase social, sino como *sujetos vinculados a una relación laboral*. Por otra parte, los artículos del Código Penal relativos a las *imprudencias* no delimitan sujeto pasivo alguno.

VII. LA FUNCIÓN PERICIAL EN LOS PROCEDIMIENTOS PENALES

La responsabilidad penal sólo se produce como consecuencia de la realización de una actividad que está descrita en el Código Penal, que, en el ámbito de la seguridad en el trabajo, es el cumplimiento y observancia de las normas de seguridad establecidas en el Código.

En el procedimiento penal iniciado por un incumplimiento descrito en el Código Penal, la función pericial ha de aportar conocimientos para dilucidar los hechos más relevantes del proceso. Esta afirmación no es una definición suficientemente precisa, pero, dado que, como arquitecto lo penal no es mi especialidad, no puedo hacer más que una aproximación conceptual.

La elaboración del dictamen pericial ha de ser objetiva, científica partiendo de los principios y causas, metódica con razonamientos y conclusiones lógicas y no contradictorias. El método para alcanzar la verdad establecido por Francis Bacon en 1600, era el que "una serie de pasos sucesivos y con un espíritu de "*cautela*" conduce de los aspectos particulares a axiomas menores, de éstos a axiomas medios y, finalmente, a las proposiciones generales. Para Bacon, *saber, en realidad, es conocer las causas*. La relación causal del efecto resultado.

La función pericial, más que identificar un resultado, es un recorrido del conocimiento con razonamientos sobre las etapas de: (a): Observación del mayor número de hechos. (b) Análisis de las acciones circunstanciales. (c) Deducción de causas. (d) Decidir una conclusión real ajustada a ley.

Finalmente, no quiero arriesgarme a fijar más criterios, como arquitecto, sé que estoy condicionado por las contradicciones entre las estructuras jurídicas tradicionales y la siempre sorprendente innovación, entre lo viejo y lo nuevo. El Derecho es viejo, es resultado del uso y la costumbre, y la arquitectura es siempre nueva porque es resultado del esfuerzo mental pensando en futuro.

CRITERIOS DE INTERPRETACION PERICIAL DEL CTE: ESTRUCTURAS (I)

José María Casado Pérez
Magistrado

CRITERIOS DE INTERPRETACION PERICIAL DEL CTE: ESTRUCTURAS (I)

SUMARIO: I. INTRODUCCIÓN. II. CRITERIOS DE VALORACIÓN DE LA PRUEBA PERICIAL. 1. Finalidad de la prueba pericial. 2. Práctica de la pericia. 3. Valoración del dictamen pericial. 4. La idoneidad del perito. 5. Criterios sobre la valoración de la prueba en el proceso penal. 6. Criterios sobre la valoración de la prueba en el proceso civil. III. LAS ESTRUCTURAS EN EL CTE COMO OBJETO DE PERICIA. 1. Obras de edificación a las que se aplica el Código. 2. Contenido y control del proyecto en relación con la cimentación y la estructura. 3. El control durante la ejecución de la obra. 4. Cuestiones sobre el uso y conservación del edificio. 5. La exigencia básica sobre seguridad estructural. A) Las patologías. B) La normativa técnica sobre la seguridad estructural. IV. RESPONSABILIDADES DE LOS TÉCNICOS POR DEFECTOS DE LA ESTRUCTURA. 1. El promotor. 2. El Proyectista. 3. El constructor. 4. La dirección facultativa. A) El director de obra (art. 12 LOE). B) El director de la ejecución de la obra. C) Responsabilidades (art. 17.7 LOE). 5. Entidades y laboratorios de control de calidad de la edificación. V. CASOS-TIPO EN LA JURISPRUDENCIA.

I. INTRODUCCIÓN

La prueba pericial aludida en el título asignado a esta ponencia (criterios de interpretación pericial del CTE: Estructuras) es la referente al requisito básico de la edificación sobre la seguridad estructural (art. 3.1.b.1 LOE), cuya finalidad es asegurar que "no se produzcan en el edificio, o partes del mismo, daños que tengan su origen o afecten a la cimentación, los soportes, las vigas, los forjados, los muros de carga u otros elementos estructurales, que comprometan directamente la resistencia mecánica y la estabilidad del edificio".

De los referidos daños materiales responderán, frente a los propietarios y los terceros adquirentes del inmueble, las personas físicas o jurídicas que intervienen en el proceso de la edificación cuando se ocasionen dentro del plazo de diez años, contados desde la fecha de recepción de la obra, sin reservas o desde la subsanación de éstas.

La LOE, por cierto, sólo menciona los daños materiales, por lo que otro tipo de daños y los perjuicios que pudieran derivarse de una situación de ruina de un edificio imputable a algún agente de la edificación por impericia profesional, como podría ser el caso hipotético del lucro cesante por cierre de un local de negocios consecuencia de la reparación del defecto edificatorio, tendrían que reclamarse alegando otros preceptos del Código Civil: arts. 1591, 1101...

Las acciones para exigir la responsabilidad por los daños a que se refiere la LOE prescriben en el plazo de dos años a contar desde la producción del daño, sin perjuicio de las acciones que puedan subsistir para exigir responsabilidades por incumplimiento contractual. Prescriben también a los dos años, las acciones de repetición de los agentes de la edificación entre sí y de las aseguradoras contra el que consideren responsable, plazo que se computa desde la firmeza de la resolución judicial que condene al responsable a indemnizar los daños, o a partir de la fecha en la que se hubiera procedido a la indemnización de forma extrajudicial (art. 18).

Sentado lo anterior, se considera oportuno analizar las siguientes cuestiones por contener, todas ellas, criterios a tener en cuenta para la interpretación judicial de la prueba pericial relativa a las estructuras:

1. Los criterios legales y jurisprudenciales para la valoración judicial de la prueba pericial, en general, y la aplicación práctica de esos criterios cuando el objeto del dictamen pericial sea la evaluación técnica del funcionamiento estructural de un edificio.

2. La normativa técnica, especialmente la contenida en el CTE, que se ha de tener en cuenta para configurar el objeto de la prueba pericial en un proceso sobre responsabilidades de los técnicos por problemas en la cimentación, soportes, vigas, forjados, muros de carga u otros elementos estructurales del edificio.

3. Las responsabilidades que asumen los técnicos intervinientes en la construcción de un edificio por vicios en la cimentación y los elementos estructurales del mismo.

4. Finalmente, se hará mención a los casos-tipo tratados por los tribunales de justicia sobre daños por vicios o defectos estructurales de la edificación.

II. Criterios de valoración de la prueba pericial

1. Finalidad de la prueba pericial

La razón de ser de la prueba pericial reside fundamentalmente en auxiliar al juez en su labor de apreciación judicial de la prueba, aunque la pericia no es solamente un instrumento auxiliar del juez, sino también de las partes procesales (demandante, demandado, fiscal, querellante o defensor, según el tipo de proceso de que se trate), ya que todos ellos necesitan, con frecuencia, la ayuda de expertos para apreciar adecuadamente concretos elementos de prueba, como sería, por ejemplo, en el ámbito de la edificación, determinar la causa del derrumbamiento de un edificio en construcción, la aparición de grietas una vez construido el mal funcionamiento de alguna de sus instalaciones, etc.

Como dice CARNELUTTI, los conocimientos jurídicos del magistrado y de los demás sujetos procesales "deben ser integrados por la técnica del perito, ya que la técnica del derecho tiene, en comparación con las otras técnicas, un campo desmesurado: para construir una casa no hay necesidad de saber cómo se hace un proceso; pero para hacer un proceso puede haber necesidad de saber cómo se construye una casa".

En todo caso, la conveniencia o necesidad de la prueba pericial ha de ser objeto de decisión jurisdiccional conforme a los criterios generales de admisión de cualquier otro medio de prueba.

2. *Práctica de la pericia*

Dejando al margen las diferencias de procedimiento que existen entre la pericia en el proceso penal y en el civil, en lo esencial, la práctica de la prueba pericial sigue en ambos casos idéntico protocolo: 1.°) Determinación clara y precisa, por las partes y el juez, de las *cuestiones o puntos de la pericia*; 2.°) Observación o inspección por el perito designado del hecho objeto de la pericia; 3.°) Elaboración del dictamen ; 4.°) Ratificación durante la vista pública con sometimiento a las reglas de la contradicción y a las aclaraciones que el juez o tribunal quiera formular.

3. *Valoración del dictamen pericial*

El dictamen pericial se apreciará por el juez de manera integral con las demás pruebas y conforme a las reglas de la sana crítica.

En términos prácticos, es conveniente significar que el perito es un mero auxiliar o colaborador del juez, por lo que en ningún caso puede sustituirlo, convirtiéndose en árbitro inapelable de las cuestiones sometidas a su consideración. Como recuerda la sentencia 10.2.1994 (Sala 1.ª) del Tribunal Supremo, la misión del perito "es únicamente asesorar al Juez, ilustrándole sin fuerza vinculante sobre las circunstancias, sin que en ningún caso se le pueda negar al juez las facultades de valoración del informe que recibe (...); de modo que el juez puede prescindir totalmente del dictamen pericial, puede, si dictaminan varios, aceptar el resultado de alguno y desechar el de los demás peritos (...); y puede, por último, el juez sustituir al perito cuando se considere suficientemente informado por sí, según su preparación para conocer y apreciar el objeto de la cuestión litigiosa...".

Ahora bien, a pesar de lo manifestado en dicha sentencia, conviene matizar que le está vedado al juez no acudir a la prueba de peritos cuando carezca de la ciencia o práctica requerida para decidir cualquier cuestión relevante del debate procesal, sustituyendo de esa forma la ciencia del perito por su particular y arbitrario criterio, y que incluso en el supuesto de poseer los conocimientos técnicos del perito, las garantías del debido proceso y la exigencia de que la forma y resultado de la pericia accedan al proceso por el procedimiento legalmente establecido, impedirían, en términos generales, la sustitución por el juez de la función procesal del perito.

4. *La idoneidad del perito*

No existe vinculación forzada del juez a lo que dictamine el perito, pudiendo ser enervada la pericia con otras pruebas que la contradigan o negar credibilidad al dictamen pericial por falta de idoneidad e imparcialidad del perito.

La superioridad en derecho del juez sobre el perito es, pues, indiscutible, pero como dice CARNELUTTI, "es igualmente real, de hecho, que para juzgar el consejo del perito, el juez deberá saber aquéllo que no sólo no sabe sino que con el llamamiento del perito confiesa no saber; en suma, a la superioridad en Derecho del juez sobre el perito corresponde su inferioridad de hecho frente a él".

Esta reflexión conduce a la afirmación del carácter condicionante para el juez, en la práctica, de determinados dictámenes periciales, siempre que esté asegurada la idoneidad e imparcialidad del perito, que no siempre lo está aunque se cumpla formalmente la ley por razones que no son del caso tratar ahora.

Por ejemplo, en la investigación de las causas del derrumbe de un edificio, el dictamen de un experto sumamente cualificado y debidamente experimentado es el único medio del que dispone un juez de instrucción o el tribunal sentenciador para tomar la decisión que corresponda, por el indiscutible valor técnico e incluso científico de la opinión del experto en un caso cómo ese. Resulta, así, evidente que la fiabilidad científica de peritaciones como la señalada se impone con tal fuerza lógica al proceso de convicción del juez o tribunal que, salvo elementos probatorios de relevancia en contrario, ese tipo de dictámenes periciales condicionan en la práctica la decisión judicial.

Por eso es tan importante que, para la correcta apreciación de la prueba pericial, se indague sobre dos cuestiones fundamentales: la *primera*, sobre la idoneidad o cualificación del perito para hacer el dictamen que se le requiere, a cuyo efecto puede ser necesario interrogar al mismo, aunque sea brevemente, sobre los estudios realizados, títulos obtenidos y experiencia profesional habida; la *segunda*, sobre su imparcialidad, que estará en función de que se den o no los motivos de abstención y recusación que establece la ley para los propios jueces y magistrados.

La idoneidad del perito para emitir dictámenes sobre problemas estructurales de los edificios haría conveniente la previa realización de cursos de especialización sobre la materia y exigirle una cierta dosis de experiencia profesional.

5. *Criterios sobre la valoración de la prueba en el proceso penal*

Los dos principios que regulan el juicio sobre los hechos y por tanto la valoración de la prueba en nuestro proceso penal son el principio de presunción de inocencia y el de la libre apreciación en conciencia de la prueba por los juzgadores que presenciaron su práctica.

De acuerdo con ellos, la STS, Sala 2.ª, 1904/2001, de 23 de octubre, que sintetiza y resume la doctrina jurisprudencial al respecto, dice que la función del tribunal se concreta en la comprobación de los siguientes extremos:

"a) Si la declaración de hechos probados descansa en una prueba que tenga sentido de cargo.

b) Si esa prueba se ha practicado en el acto del juicio oral con las garantías de oralidad, publicidad, inmediación y contradicción.

c) Si se trata de pruebas obtenidas sin violación de los derechos fundamentales y libertades publicas.

d) Si en la valoración de las pruebas la operación mental del Tribunal de instancia no ha entrado en contradicción con las reglas de la lógica, las normas de la común experiencia y los conocimientos científicos tenidos por indiscutibles.

e) Si el Tribunal ha explicitado, al menos en sus líneas esenciales, las razones que le han guiado hasta las conclusiones plasmadas en la declaración de hechos probados...".

La sentencia tenía por objeto un delito de homicidio por imprudencia grave y profesional, dándose la circunstancia (*relativamente corriente en la práctica*) de que había opiniones encontradas entre los peritos de la acusación y los peritos de los acusados, expresándose al respecto que "ante la disparidad de sus respectivas conclusiones, correspondía al Tribunal valorar la pluralidad de los informes emitidos, ponderar los argumentos utilizados por unos y otros y decidir, en definitiva, por cuál de ellos debía inclinarse, sin que quepa sostener que su valoración ha sido irrazonable o contraria a los conocimientos científicos...

Por último, sobre el principio de interdicción de la arbitrariedad judicial en el proceso de valoración judicial de los hechos probados en una sentencia y del resultado de la práctica de la prueba, se pronuncia la sentencia en los siguientes términos:"De acuerdo con el Diccionario de la Lengua Española de la RAE, un acto o proceder es arbitrario cuando es contrario a la justicia, a la razón o a las leyes y es dictado sólo por la voluntad o el capricho. De acuerdo con esta definición, puede decirse que un juez observa un comportamiento arbitrario cuando hace caso omiso de la norma que debe aplicar en un asunto y lo resuelve desde la exclusiva instancia de su voluntad, o cuando, incurriendo en inadmisible discriminación, resuelve de forma desigual dos casos exactamente iguales sin dar explicación de por qué lo hace. También se comporta de forma arbitraria un juez cuando, haciendo abstracción de las pruebas que se han celebrado en el proceso, inventa una resultancia fáctica desconectada de aquéllas como base de su fallo. Pero cuando un Tribunal valora en conciencia una prueba plural y contradictoria y alcanza una determinada convicción mediante un proceso racional del que da puntualmente cuenta, no es en absoluto arbitrario.".

6. Criterios sobre la valoración de la prueba en el proceso civil

Los criterios jurisprudenciales expuestos para la valoración de la prueba en el proceso penal son aplicables al proceso civil, con la excepción del principio de presunción de inocencia, que en el ámbito del proceso civil se sustituye por las reglas de la carga de la prueba (art. 217 LEC), que tienen peculiaridades muy acusadas en el régimen de responsabilidades de los agentes de la edificación establecido en el art. 17 LOE.

Dejando al margen la responsabilidad contractual en el ámbito de la edificación (contratos de arrendamiento de obra, arrendamientos de servicios y de compraventa de viviendas), la responsabilidad civil extracontractual se regula en los arts. 1902 a 1910 CC y es aquélla que surge de un daño o perjuicio causado por una persona a otra, sin que exista vínculo contractual entre el autor del daño y el perjudicado.

Los arts. 1907 y 1908 CC se refieren a cuestiones específicas sobre las responsabilidades de los propietarios de edificios; y el art. 1909, a la responsabilidad del contratista y de los técnicos frente a los terceros adquirentes de un inmueble, estableciendo plazos que, al igual de los del art. 1591 CC, han quedado afectados por los establecidos en la LOE.

Sobre la responsabilidad extracontractual de los propietarios de un edificio y, por tanto, de la comunidad de propietarios de la LPH, digamos que la regulación de aquélla y los criterios jurisprudenciales sobre la materia permiten una amplia capacidad de reacción a los perjudicados ante toda acción u omisión ilícita que cause daño a otro, esté o no contemplada específicamente por el ordenamiento jurídico, como lo pone de manifiesto el art. 1902 CC a cuyo tenor "el que por acción u omisión causa daño a otro, interviniendo culpa o negligencia está obligado a reparar el daño causado". La culpa de que habla el precepto ha de entender equivalente a dolo, que es la conducta observada con conciencia o previsión del resultado dañoso.

En este sentido, es importante destacar que se ha extendido progresivamente un sistema de responsabilidad objetiva porque basta probar la relación de causalidad entre la acción y el daño para que surja el deber de indemnizar.

Así, la STS de 13 de febrero de 2002 (ponente: O'CALLAGHAN MUÑOZ, Xavier) examina un supuesto de responsabilidad extracontractual basada en el art. 1902 CC por las graves lesiones y secuelas sufridas por una niña que se columpiaba en la cadena tendida entre dos pilastras cuando se derrumbó una de ellas. Las pilastras habían sido construidas sin el debido asesoramiento y control técnicos por el dueño de una finca rústica, a la entrada de la misma, cercana a un camino público. Se recuerda en la sentencia que la interpretación progresiva del art. 1902 del Código civil "pasó de la necesidad de la prueba de la culpa, a la inversión de la carga de la prueba y a la creciente objetivación, aplicando la doctrina del riesgo (la persona que provoca un riesgo que le reporta un beneficio, debe asumir la responsabilidad si causa un daño: STS de 12 de julio de 1999 y 21 de marzo de 2000), yendo a soluciones cuasiobjetivas (se exige un "reproche culpabilístico" aunque sea mínimo: sentencias de 30 de junio de 1998 y 18 de marzo de 1999) o llegando a la objetivación (al entender que si se causa un daño, se causa con dolo o culpa, pues de no haberla, no se habría causado el daño: sentencias de 21 de enero y 9 de octubre de 2000, entre otras)".

III. Las estructuras en el CTE como objeto de pericia

El CTE regula en su primera parte, entre otras cuestiones (objeto, ámbito de aplicación, contenido, etc.), lo relativo al contenido y control del proyecto de edificación (art. 6 CTE), los controles durante la ejecución de la obra (art. 7 CTE) y las directrices genéricas sobre el uso y conservación del edificio (art.8). Asimismo, regula las exigencias básicas de seguridad y habitabilidad establecidos en el art. 3.1.b) y c) de la LOE, siendo de nuestro exclusivo interés la exigencia básica sobre seguridad estructural descrita en el art. 3.°.b.1) LOE.

Todo ello nos interesa como criterios de interpretación de la prueba pericial referida al cumplimiento de los requisitos estructurales básicos del edificio, que son la resistencia mecánica, la rigidez de los materiales y la estabilidad, sobre los que trata la ponencia del Doctor D. Ricardo AROCA HERNÁNDEZ-ROS.

Lo importante es destacar que el CTE contiene criterios esenciales para la determinación de la responsabilidad de los agentes de la edificación y para la interpretación de la prueba pericial sobre el cumplimiento del Código en lo relativo a los elementos estructurales del edificio, razón por la cual se ha de tener en cuenta lo siguiente:

— Tipo de obras de edificación a las que se aplica el CTE.

— Contenido y control del proyecto respecto a la cimentación y los elementos estructurales del edificio (art. 6 CTE).

— Controles durante la ejecución de la obra (art.7 CTE).

— Directrices para el uso y conservación del edificio (art.8) en lo que pudieran incidir sobre su seguridad estructural; y

— La exigencia básica sobre seguridad estructural descrita en el art. 3.°.b.1) LOE.

1. Obras de edificación a las que se aplica el Código

El Código Técnico de la Edificación, con independencia de los criterios legales para su aplicación en el tiempo, se aplica a las obras de nueva construcción (salvo a las construcciones de sencillez técnica y de escasa entidad constructiva) y a las obras de rehabilitación.

Las obras de rehabilitación, que son evidentemente la fuente de problemas estructurales más comunes en la práctica y objeto de dictámenes periciales para determinar si el edificio afectado o adquirido para su rehabilitación tiene la seguridad estructural que se le supone por el adquirente, se definen en el CTE como aquellas que tengan por objeto actuaciones tendentes a lograr alguno de los siguientes resultados:

"a) La adecuación estructural, considerando como tal las obras que proporcionen al edificio condiciones de seguridad constructiva, de forma que quede garantizada su estabilidad y resistencia mecánica.

b) La adecuación funcional, entendiendo como tal la realización de las obras que proporcionen al edificio mejores condiciones respecto de los requisitos básicos a los que se refiere este CTE. Se consideran, en todo caso, obras para la adecuación funcional de los edificios, las actuaciones que tengan por finalidad la supresión de barreras y la promoción de la accesibilidad, de conformidad con la normativa vigente; o

c) La remodelación de un edificio con viviendas que tenga por objeto modificar la superficie destinada a vivienda o modificar el número de éstas, o la remodelación de un edificio sin viviendas que tenga por finalidad crearlas (art. 2.4 CTE)."

El CTE califica la obra de rehabilitación integral (art. 2.5) a aquella que tenga por objeto actuaciones tendentes a todos los anteriores fines.

El proyectista deberá indicar en la memoria del proyecto en cuál o cuáles de los supuestos citados se pueden inscribir las obras proyectadas y si éstas incluyen o no actuaciones en la estructura preexistente; entendiéndose, en caso negativo, que las obras no implican el riesgo de daño por vicios o defectos que afecten a la cimentación, los soportes, las vigas, los forjados, los muros de carga u otros elementos estructurales ni que comprometan directamente la resistencia mecánica y la estabilidad del edificio(art. 17.1.a) de la LOE).

Por último, se ha de tener en cuenta las implicaciones que tiene para el proyectista y el director de la obra lo dispuesto en el art. 2.7 CTE, a cuyo tenor "la clasificación de los edificios y sus zonas se atendrá a lo dispuesto en el art. 2 de la LOE (administrativo, sanitario, religioso, residencial en todas sus formas, docente y cultural,etc.) si bien, en determinados casos, en los Documentos Básicos del CTE se podrán clasificar los edificios y sus dependencias de acuerdo con las características específicas de la actividad a la que vayan a dedicarse, con el fin de adecuar las exigencias básicas a los posibles riesgos asociados a dichas actividades. Cuando la actividad particular de un edificio o zona no se encuentre entre las clasificaciones previstas se adoptará, por analogía, una de las establecidas, o bien se realizará un estudio específico del riesgo asociado a esta actividad particular basándose en los factores y criterios de evaluación de riesgo siguientes:

a) Las actividades previstas que los usuarios realicen.

b) Las características de los usuarios.

c) El número de personas que habitualmente los ocupan, visitan, usan o trabajan en ellos.

d) La vulnerabilidad o la necesidad de una especial protección por motivos de edad, como niños o ancianos, por una discapacidad física, sensorial o psíquica u otras que puedan afectar su capacidad de tomar decisiones, salir del edificio sin ayuda de otros o tolerar situaciones adversas.

e) La familiaridad con el edificio y sus medios de evacuación.

f) El tiempo y período de uso habitual.

g) Las características de los contenidos previstos.

h) El riesgo admisible en situaciones extraordinarias; y.

i) El nivel de protección del edificio."

2. *Contenido y control del proyecto en relación con la cimentación y la estructura*

El proyecto de edificación define las obras proyectadas con el detalle adecuado a sus características, de tal modo que pueda comprobarse que las soluciones propuestas cumplen las exigencias básicas del CTE y demás normativa aplicable.

Se definen por vez primera con suficiente detalle las figuras del proyecto básico y del proyecto de ejecución: 1) El proyecto básico será suficiente para solicitar la licencia municipal de obras, las concesiones u otras autorizaciones administrativas, pero insuficiente para iniciar la construcción del edificio. 2) El proyecto de ejecución desarrollará el proyecto básico y definirá la obra en su totalidad sin que en él puedan rebajarse las prestaciones declaradas en el básico, ni alterarse los usos y condiciones bajo las que, en su caso, se otorgaron la licencia municipal de obras, las concesiones u otras autorizaciones administrativas, salvo en aspectos legalizables. El proyecto de ejecución incluirá los proyectos parciales...".

En el anexo I del Real Decreto 314/2006, de 17 de marzo, se determina el contenido del proyecto de edificación, "sin perjuicio de lo que, en su caso, establezcan las Administraciones competentes". Lo marcado con un asterisco (*) corresponde al contenido mínimo del proyecto básico y lo remarcado en negrilla, al contenido del proyecto de ejecución relativo a la cimentación y estructuras, En una pericial sobre una edificación en concreto, los componentes del proyecto que establece el CTE sirven para establecer con precisión el objeto de la prueba pericial y las eventuales responsabilidades del proyectista o proyectistas y de los demás agentes de la edificación porque el proyecto de edificación es la pauta para establecer si ha habido incumplimiento de los contratos formalizados por los agentes de la edificación (contratos de obra, de arquitecto, de compraventa de viviendas en construcción...), así como para determinar eventuales responsabilidades del constructor y del director de la obra.

En este sentido, una fuente muy usual de discrepancias y, por tanto, de conflictos en la práctica sobre el precio del contrato de obra procede de la defectuosa o imprecisa *descripción proyectual de la unidades de obra y de las mediciones*, que dan lugar a muchos pleitos y a evidentes abusos económicos de constructor que, por las circunstancias del caso, es objeto de escaso control por el promotor (*contratos administrativos: los reformados*) o se encuentra en una posición de dominio respecto al dueño de la obra no profesional (*comunidades de propietarios, personas que rehabilitan o encargan la construcción de su vivienda, etc.*).

PROYECTO DE EDIFICACIÓN

I. MEMORIA

1. *Memoria descriptiva:*

1.1. Agentes*:

1.2. Información previa*:

1.3. Descripción del proyecto*:

Descripción general de los parámetros que determinan las previsiones técnicas a considerar en el proyecto respecto al sistema estructural (cimentación, estructura portante y estructura horizontal), el sistema de compartimentación, el sistema envolvente, el sistema de acabados, el sistema de acondicionamiento ambiental y el de servicios. .

1.4. Prestaciones del edificio*:

Por requisitos básicos y en relación con las exigencias básicas del CTE.

Se indicarán en particular las acordadas entre promotor y proyectista que superen los umbrales establecidos en el CTE.

Se establecerán las limitaciones de uso del edificio en su conjunto y de cada una de sus dependencias e instalaciones.

2. *Memoria constructiva (describe las soluciones adoptadas).*

2.1. Sustentación del edificio*:

Justificación de las características del suelo y parámetros a considerar para el cálculo de la parte del sistema estructural correspondiente a la cimentación.

PROYECTO DE EDIFICACIÓN

2.2. Sistema estructural (cimentación, estructura portante y estructura horizontal):

Se establecerán los datos y las hipótesis de partida, el programa de necesidades, las bases de cálculo y procedimientos o métodos empleados para todo el sistema estructural, así como las características de los materiales que intervienen.

2.3. Sistema envolvente.

2.4. Sistema de compartimentación.

2.5. Sistemas de acabados.

2.6. Sistemas de acondicionamiento e instalaciones.

2.7. Equipamiento.

3. *Cumplimiento del CTE:*

Se refiere a la justificación de las prestaciones del edificio por requisitos básicos y en relación con las exigencias básicas del CTE. La justificación se realizará para las soluciones adoptadas conforme a lo indicado en el CTE. Y a las prestaciones del edificio que mejoren los niveles exigidos en el CTE.

3.1. Seguridad Estructural.

3.2. Seguridad en caso de incendio*.

3.3. Seguridad de utilización.

3.4. Salubridad.

3.5. Protección contra el ruido.

3.6. Ahorro de energía.

Anejos a la memoria:

- *Información geotécnica.*
- *Cálculo de la estructura.*
- Protección contra el incendio.
- Instalaciones del edificio. Eficiencia energética.
- Estudio de impacto ambiental.
- *Plan de control de calidad.*
- Estudio de Seguridad y Salud o Estudio Básico, en su caso.

PROYECTO DE EDIFICACIÓN

II. PLANOS

Plano de situación *: Referido al planeamiento vigente, con referencia a puntos localizables y con indicación del norte geográfico.

Plano de emplazamiento*: Justificación urbanística, alineaciones, retranqueos, etc.

Plano de urbanización*: Red viaria, acometidas, etc.

Plantas generales*: Acotadas, con indicación de escala y de usos, reflejando los elementos fijos y los de mobiliario cuando sea preciso para la comprobación de la funcionalidad de los espacios.

Planos de cubiertas*: Pendientes, puntos de recogida de aguas, etc.

Alzados y secciones*: Acotados, con indicación de escala y cotas de altura de plantas, gruesos de forjado, alturas totales, para comprobar el cumplimiento de los requisitos urbanísticos y funcionales.

Planos de estructura: Descripción gráfica y dimensional de todo del sistema estructural (cimentación, estructura portante y estructura horizontal). En los relativos a la cimentación se incluirá, además, su relación con el entorno inmediato y el conjunto de la obra.

Planos de instalaciones: Descripción gráfica y dimensional de las redes de cada instalación, plantas, secciones y detalles.

Planos de definición constructiva: Documentación gráfica de detalles constructivos.

Memorias gráficas: Indicación de soluciones concretas y elementos singulares: carpintería, cerrajería, etc.

III. PLIEGO DE CONDICIONES (ninguno).

Pliego de condiciones técnicas particulares:

— *Prescripciones sobre los materiales:* Características técnicas mínimas que deben reunir los productos, equipos y sistemas que se incorporen a las obras, así como sus condiciones de suministro, recepción y conservación, almacenamiento y manipulación, las garantías de calidad y el control de recepción que deba realizarse incluyendo el muestreo del producto, los ensayos a realizar, los criterios de aceptación y rechazo, y las acciones a adoptar y los criterios de uso, conservación y mantenimiento. Estas especificaciones se pueden hacer por referencia a pliegos generales que sean de aplicación, Documentos Reconocidos u otros que sean válidas a juicio del proyectista.

PROYECTO DE EDIFICACIÓN

— *Prescripciones en cuanto a la ejecución por unidades de obra:* Características técnicas de cada unidad de obra indicando su proceso de ejecución, normas de aplicación, condiciones previas que han de cumplirse antes de su realización, tolerancias admisibles, condiciones de terminación, conservación y mantenimiento, control de ejecución, ensayos y pruebas, garantías de calidad, criterios de aceptación y rechazo, criterios de medición y valoración de unidades, etc. Se precisarán las medidas para asegurar la compatibilidad entre los diferentes productos, elementos y sistemas constructivos.

— *Prescripciones sobre verificaciones en el edificio terminado:* Se indicarán las verificaciones y pruebas de servicio que deban realizarse para comprobar las prestaciones finales del edificio.

IV. MEDICIONES

V. PRESUPUESTO

3. El control durante la ejecución de la obra

La ejecución de las obras, dice el CTE, se llevará a cabo "con sujeción al proyecto y sus modificaciones autorizadas por el director de obra previa conformidad del promotor, a la legislación aplicable, a las normas de la buena práctica constructiva, y a las instrucciones del director de obra y del director de la ejecución de la obra" (art. 7) ; estableciéndose que durante esa fase del proceso edificatorio "el director de obra y el director de ejecución, según sus respectivas competencias, realizarán los siguientes controles: a) Control de recepción de productos, equipos y sistemas; b) Control de ejecución de la obra, y c) Control de la obra terminada.

Las deficiencias en los referidos controles puede dar origen a responsabilidades de la dirección facultativa, en función de sus respectivas obligaciones profesionales, estableciendo el CTE (art. 7.3.1, sobre el control de ejecución de la obra), en la misma línea que la LOE (art. 13.2 b) y c)), que el director de ejecución de la obra "*controlará la ejecución de cada unidad de* *obra, verificando su replanteo, los materiales que se utilizan, la correcta ejecución y disposición de los elementos constructivos y de las instalaciones, así como las verificaciones y demás controles a realizar para comprobar su conformidad con lo indicado en el proyecto, la legislación aplicable, las normas de buena práctica constructiva y las instrucciones de la dirección facultativa"(*debe entenderse por tal al director de la obra, que forma parte de la dirección facultativa junto con el director de la ejecución de la obra).

El arquitecto director de obra aprueba cada unidad de obra en función de lo que dice el proyecto, aclarando los campos de duda que toda descripción proyectual lleva consigo porque no hay descripción perfecta ninguna; luego, la responsabilidad de que las series integras de esa unidad se hagan idénticas a la muestra la tiene el director de ejecución de la obra.El arquitecto que lleva la dirección de obra está para que el proyecto se ejecute como está redactado y para que se despejen los campos de interpretación o dudas que todo documento implica; por eso lo esencial es aprobar un muestra de cada unidad de obra, siendo responsabilidad del director de ejecución el que se repita la muestra en las series de cada unidad de obra. Existen casos, como el del hormigón, en el que el muestreo es porcentual, correspondiendo al director de ejecución el control de ejecución en la fábrica de mortero o del hormigón.

Para determinar si el control de ejecución se llevó a la práctica como es debido, resultará de gran utilidad para designar al responsable la documentación obligatoria del seguimiento de la obra que se relaciona en el Anexo II CTE).

Se trata en suma de una novedosa aportación del CTE que permitirá disponer de elementos de prueba fundamentales en los procesos que tengan por objeto cuestiones relacionadas con la aplicación de la LOE y del CTE. Se establece, por cierto, el depósito de dicha documentación (II.2 y 3) en el Colegio profesional correspondiente o, en su caso, en la Administración Pública competente, quienes tendrán obligación de conservarla y emitir certificaciones sobre su contenido a quienes acrediten un interés legítimo.

En general, las posibilidades de que ocurra una catástrofe durante la construcción de un edificio por problemas de estructura son muy escasas ya que la normativa técnica contiene márgenes de seguridad que se solapan o superponen en un mismo hecho constructivo. Tienen que darse muchos disparates para que ocurra un desastre. Si surgen problemas relacionados con la estructura, pueden ser debidos al proyecto, a su mala ejecución e incluso al mal uso del edificio.

Pueden incluso darse casos incontrolables como cuando se tira un bote de cerveza en un mortero de hormigón que produce una coquera: si ésta se queda en un punto delicado pueden haber grietas.

4. *Cuestiones sobre el uso y conservación del edificio*

Los usuarios del edificio (art. 8) deberán disponer de un plan de mantenimiento, encargar a un técnico competente las operaciones programadas para su mantenimiento y el de sus instalaciones, realizar las inspecciones reglamentarias y documentar a lo largo de la vida útil del edificio todas las intervenciones habidas, consignándolas en el Libro del Edificio.

En caso de problemas estructurales durante la vida útil del edificio, habrá que tener en cuente su uso porque, por ejemplo, si se colocan varios pianos en una habitación proyectada para una sobrecarga de 200 Kg/m^2 o la utilizamos como almacén de libros o de papel, que pesan una enormidad, la causa del problema habrá que achacarse al usuario del inmueble.

5. *La exigencia básica sobre seguridad estructural*

A) *Las patologías*

La ponencia del profesor AROCA contiene una excelente síntesis de las patologías que puede presentar la base estructural de los edificios, por lo que resulta esencial como complemento de las consideraciones estrictamente jurídicas de esta ponencia.

Se exponen, no obstante, algunos problemas estructurales inferidos del análisis de casos jurisprudenciales, de la información dada por arquitectos e incluso de la experiencia personal como magistrado:

— La cimentación puede ser la causa de defectos estructurales por no haberse efectuado un análisis correcto del suelo, aunque se ha de tener en cuenta, a los efectos de la responsabilidad del proyectista, que el estado del suelo es un dato que le suele venir dado por otro técnico.

— Errores de cálculo por la inadecuación de la solución constructiva a la naturaleza del suelo a pesar estar correctamente realizado el estudio de suelo, situación en la que el objeto de la prueba pericial es determinar si la estructura está correctamente dimensionada.

— Otra cuestión de relevancia es la normativa técnica sobre el grosor de los muros de carga de las edificaciones, que es la relación entre la altura y la anchura (esbeltez). La esbeltez juega contra la estabilidad estructural (terremoto) y puede ser causa de fisuras o grietas en el futuro, si se trata de muros de fábrica de ladrillo o de bloque de hormigón. En las casas bajas, hay que cuidar la resistencia de los muros, el pandeo, consecuencia de la esbeltez (un muro alto con poca sección, se dobla), el arriostramiento, etc.

— De los anteriores factores pueden derivar fisuras por falta de rigidez o por asiento de la cimentación. Un tabique puede agrietarse por problemas de la estructura y de los materiales empleados.

— Errores de ejecución de la obra por insuficiencias de los controles a los que nos hemos referido con anterioridad. Pudiera darse el caso que el director de obra haya decidido modificar algunas de las características del proyecto en lo relativo al sistema estructural (cimentación, estructura portante y estructura horizontal), que es la parte del proyecto donde se establecen "los datos y las hipótesis de partida, el programa de necesidades, las bases de cálculo y procedimientos o métodos empleados para todo el sistema estructural, así como las características de los materiales que intervienen" (Anexo I CTE). También cabe la utilización de hormigones de calidades inadecuadas, dado que la calidad del hormigón está en función de en qué partes estructurales se va a utilizar y del ambiente (hormigón de alta o baja resistencia). En el caso de la aluminosis, esta patología procede de la mala calidad del cemento, que es un componente de un elemento constructivo como es hormigón armado. O un defecto de soldadura de las estructuras metálicas, cuyo punto delicado no es el acero, que viene de fábrica con controles de calidad superiores a los que se pueden tener en una obra, sino las soldaduras o las uniones por roblones (tornillos gordos, en puentes), aunque lo más usual en la edificación son las soldaduras. Una fachada que no está bien apoyada y se cae, más que de un problema de estructura es un asunto constructivo responsabilidad del arquitecto director de obra.

— Existen, en fin, imponderables sobre el funcionamiento estructural del hormigón armado a largo plazo, aunque ya existe una experiencia de cien años, en cuyo caso, si se ha cumplido la norma, no habría en principio responsabilidad a largo plazo por estar en un supuesto de exoneración por caso fortuito.

En definitiva, se trata de situaciones que han de ser tratadas en una eventual prueba pericial por perito especialmente idóneo, más que por sus conocimientos, que la legislación presume en función del titulo académico, por su experiencia, que resulta fundamental en la materia.

B) La normativa técnica sobre la seguridad estructural.

Las exigencias básicas que deben cumplir los edificios (arts. 9 a 15 CTE) para alcanzar los objetivos de calidad de la edificación en cuanto a los requisitos básicos de seguridad y habitabilidad de la LOE (art.3) son aquellas "*prestaciones de carácter cualitativo que los edificios deben cumplir para alcanzar la calidad que la sociedad demanda. Su especificación y, en su caso, cuantificación establecidas en los Documentos Básicos que se incluyen en la Parte II de este CTE, determinan la forma y condiciones en las que deben cumplirse las exigencias, mediante la fijación de niveles objetivos o valores límite de la prestación u otros parámetros. Dichos niveles o valores límite serán de obligado cumplimiento cuando así lo establezcan expresamente los Documentos Básicos correspondientes. Además, los DB incluyen procedimientos, no excluyentes, cuya aplicación implica el cumplimiento de las exigencias básicas con arreglo al estado actual de los conocimientos*".

En el anexo III del CTE, se definen las exigencias básicas de calidad de los edificios de la siguiente forma: "características genéricas, funcionales y técnicas de los edificios que permiten satisfacer los requisitos básicos de la edificación".

Las exigencias básicas se refieren a las siguientes materias:

1. Seguridad estructural (SE).

2. Seguridad en caso de incendio (SI).

3. Seguridad de utilización (SU).

4. Salubridad (HS " Higiene, salud y protección del medio ambiente).

5. Protección contra el ruido (HR), y

6. Exigencias básicas de ahorro de energía (HE), a las que se refieren los arts. 11 a 15 CTE.

Sobre las exigencias básicas de seguridad estructural (SE), el art. 10 CTE dispone textualmente lo siguiente:

> «1. El objetivo del requisito básico "Seguridad estructural" consiste en asegurar que el edificio tiene un comportamiento estructural adecuado frente a las acciones e influencias previsibles a las que pueda estar sometido durante su construcción y uso previsto.
>
> 2. Para satisfacer este objetivo, los edificios se proyectarán, fabricarán, construirán y mantendrán de forma que cumplan con una fiabilidad adecuada las exigencias básicas que se establecen en los apartados siguientes.
>
> 3. Los Documentos Básicos "DB SE Seguridad Estructural", "DB-SE-AE Acciones en la edificación", "DBSE-C Cimientos", "DB-SE-A Acero", "DB-SE-F Fábrica" y "DB-SE-M Madera", especifican parámetros objetivos y procedimientos cuyo cumplimiento asegura la satisfacción de las exigencias básicas y la superación de los niveles mínimos de calidad propios del requisito básico de seguridad estructural.
>
> 4. Las estructuras de hormigón están reguladas por la Instrucción de Hormigón Estructural vigente.
>
> 10.1. Exigencia básica SE 1: Resistencia y estabilidad: la resistencia y la estabilidad serán las adecuadas para que no se generen riesgos indebidos, de forma que se mantenga la resistencia y la estabilidad frente a las acciones e influencias previsibles durante las fases de construcción y usos previstos de los edificios, y que un evento extraordinario no produzca consecuencias desproporcionadas respecto a la causa original y se facilite el mantenimiento previsto.
>
> 10.2. Exigencia básica SE 2: Aptitud al servicio: la aptitud al servicio será conforme con el uso previsto del edificio, de forma que no se produzcan deformaciones inadmisibles, se limite a un nivel aceptable la probabilidad de un comportamiento dinámico inadmisible y no se produzcan degradaciones o anomalías inadmisibles.»

Existen, al parecer, prescripciones del CTE de difícil cumplimiento por contener contradicciones puntuales entre los DB y por la falta de una lectura trasversal de los mismos. Por otra parte, las frecuentes remisiones a las normas UNE de AENOR puede ser causas de complicaciones en su aplicación.

IV. Responsabilidades de los técnicos por defectos de la estructura

La LOE regula las distintas funciones de los agentes de la edificación (arts. 8 a 16) de forma mucho más detallada y completa que el art. 1591 CC, que sólo se refiere al constructor y al arquitecto, y regula con discutible imprecisión el régimen de sus responsabilidades (art. 17).

Sentado lo anterior, el art. 5.1 CTE establece que "son responsables de la aplicación del CTE los agentes que participan en el proceso de la edificación, según lo establecido en el capítulo III de la LOE", que lleva por titulo "Agentes De La Edificación" y comprende los arts. 8 a 16, donde se definen y establecen sus obligaciones en el proceso de edificación.

Por otra parte, para asegurar que un edificio satisface los requisitos básicos de la LOE mencionados en el art. 1 del CTE y cumple las correspondientes exigencias básicas, los agentes que intervienen en el proceso de la edificación, en la medida en que afecte a su intervención, deben cumplir las condiciones que el CTE establece para la redacción del proyecto, la ejecución de la obra y el mantenimiento y conservación del edificio (5.2).

Examinemos, a continuación, con la excepción de los suministradores de productos y de los propietarios y usuarios, las nociones básicas sobre la responsabilidad de los agentes de la edificación poniendo el énfasis en la seguridad estructural:

1. El promotor

El promotor responde "en todo caso" solidariamente con los demás agentes intervinientes (art. 17.3, inciso segundo), convirtiéndose así en el garante incondicional de la correcta ejecución de la edificación frente a los terceros adquirentes.

2. *El proyectista*

El proyectista, dice el art. 10 LOE, "es el agente que, por encargo del promotor y con sujeción a la normativa técnica y urbanística correspondiente, redacta el proyecto. Podrán redactar proyectos parciales del proyecto, o partes que lo complementen, otros técnicos, de forma coordinada con el autor de éste. Cuando el proyecto se desarrolle o complete mediante proyectos parciales u otros documentos técnicos según lo previsto en el apartado 2 del art. 4 de esta Ley, cada proyectista asumirá la titularidad de su proyecto.

Son obligaciones del proyectista: a) Tener la titulación adecuada... b) Redactar el proyecto con sujeción a la normativa vigente y a lo que se haya establecido en el contrato y entregarlo, con los visados que en su caso fueran preceptivos; c) Acordar, en su caso, con el promotor la contratación de colaboraciones parciales".

Sobre la responsabilidad del proyectista, el art. art. 17. 5 LOE dispone que "cuando el proyecto haya sido contratado conjuntamente con más de un proyectista, los mismos responderán solidariamente. Los proyectistas que contraten los cálculos, estudios, dictámenes o informes de otros profesionales, serán directamente responsables de los daños que puedan derivarse de su insuficiencia, incorrección o inexactitud, sin perjuicio de la repetición que pudieran ejercer contra sus autores.

Como dice M. YZQUIERDO TOLSADA, la LOE "deja en la penumbra la responsabilidad derivada de deficiencias en proyectos parciales, que no es el mismo caso, y que habrá de admitir distintas soluciones en función de quien haya encargado la confección de los mismos: no puede ser igual el caso del promotor que ha encargado el proyecto en su integridad a una persona jurídica de la que son dependientes el proyectista principal y los proyectistas parciales, que el de los proyectistas parciales dependientes del proyectista principal, o el de los no dependientes de éste, o el de los designados directamente por el promotor. La LOE sólo dice que cada proyectista parcial asume la autoría de su proyecto y que han de hacerse todos de forma coordinada (art. 10.1), pero eso no es propiamente una regla de atribución de responsabilidades".

En el Decreto 462/1971, de 11 de marzo, por el que se dictaron normas sobre la redacción de proyectos y la dirección de obras de edificación, se establecía que el técnico encargado de la redacción del proyecto podrá exigir previamente, cuando lo considere necesario, un estudio del suelo y subsuelo que, formulado por Técnico competente, deberá ser aportado por el propietario o promotor. Sin embargo, el CTE establece que en la memoria constructiva que forma parte del proyecto de ejecución se incluya (apartado 2.1) la justificación de las características del suelo y parámetros a considerar para el cálculo de la parte del sistema estructural correspondiente a la cimentación (sustentación del edificio) y, entre sus anejos, la "información geotécnica".

De los vicios del suelo, responderá el proyectista e incluso el director de la obra, sin perjuicio de la acción de repetición contra el autor del informe geotécnico del terreno en el caso de que lo haya realizado un tercero, porque podría darse el caso de que el proyectista considere que no es necesario elaborar un informe externo, aunque hay CCAA que lo exigen (Asturias, por ejemplo).

3. *El constructor*

El constructor está obligado a "ejecutar la obra con sujeción al proyecto, a la legislación aplicable y a las instrucciones del director de obra y del director de la ejecución de la obra, a fin de alcanzar la calidad exigida en el proyecto" [art. 11.2.a) LOE].

Responderá directamente de los daños materiales causados en el edificio por vicios o defectos derivados de la impericia, falta de capacidad profesional o técnica, negligencia o incumplimiento de las obligaciones atribuidas al jefe de obra y demás personas físicas o jurídicas que de él dependan. Cuando el constructor subcontrate con otras personas físicas o jurídicas la ejecución de determinadas partes o instalaciones de la obra, será directamente responsable de los daños materiales por vicios o defectos de su ejecución, sin perjuicio de la repetición a que hubiere lugar. Asimismo, el constructor responderá directamente de los daños materiales causados en el edificio por las deficiencias de los productos de construcción adquiridos o aceptados por él, sin perjuicio de la repetición a que hubiere lugar (art. 17. 6 LOE).

4. *La dirección facultativa*

A) *El director de obra (art. 12 LOE)*

Dirige el desarrollo de la obra en los aspectos técnicos, estéticos, urbanísticos y medioambientales, de conformidad con el proyecto que la define, la licencia de edificación y demás autorizaciones preceptivas y las condiciones del contrato, con el objeto de asegurar su adecuación al fin propuesto. Podrán dirigir las obras de los proyectos parciales otros técnicos, bajo la coordinación del director de obra.

Las obligaciones del director de obra son, entre otras, verificar el replanteo y la adecuación de la cimentación y de la estructura proyectada a las características geotécnicas del terreno, así como resolver las contingencias que se produzcan en la obra y consignar en el Libro de Órdenes y Asistencias las instrucciones precisas para la correcta interpretación del proyecto.

B) El director de la ejecución de la obra

Asume la función técnica de dirigir la ejecución material de la obra y de controlar cualitativa y cuantitativamente la construcción y la calidad de lo edificado. 2. Son obligaciones del director de la ejecución de la obra: b) Verificar la recepción en obra de los productos de construcción, ordenando la realización de ensayos y pruebas precisas. c) Dirigir la ejecución material de la obra comprobando los replanteos, los materiales, la correcta ejecución y disposición de los elementos constructivos y de las instalaciones, de acuerdo con el proyecto y con las instrucciones del director de obra.

C) Responsabilidades (art. 17.7 LOE)

Ya hemos tratado en el apartado III, letra C), el papel asignado al director de obra y al director de la ejecución de la obra en el proceso de construcción de una edificación. Añadamos ahora lo siguiente:

— Quien acepte la dirección de una obra cuyo proyecto no haya elaborado él mismo, asumirá las responsabilidades derivadas de las omisiones, deficiencias o imperfecciones del proyecto, sin perjuicio de la repetición que pudiere corresponderle frente al proyectista.

— Cuando la dirección de obra se contrate de manera conjunta a más de un técnico, los mismos responderán solidariamente sin perjuicio de la distribución que entre ellos corresponda.

— Por último, el director de obra y el director de la ejecución de la obra que suscriban el certificado final de obra serán responsables de la veracidad y exactitud de dicho documento.

5. Entidades y laboratorios de control de calidad de la edificación

El art. 14 LOE describe la función de cada uno de ellos en los siguientes términos:

1. Son entidades de control de calidad de la edificación aquéllas capacitadas para prestar asistencia técnica en la verificación de la calidad del proyecto, de los materiales y de la ejecución de la obra y sus instalaciones de acuerdo con el proyecto y la normativa aplicable.

2. Son laboratorios de ensayos para el control de calidad de la edificación los capacitados para prestar asistencia técnica, mediante la realización de ensayos o pruebas de servicio de los materiales, sistemas o instalaciones de una obra de edificación.

3. Son obligaciones de las entidades y de los laboratorios de control de calidad: a) Prestar asistencia técnica y entregar los resultados de su actividad al agente autor del encargo y, en todo caso, al director de la ejecución de las obras. b) Justificar la capacidad suficiente de medios materiales y humanos necesarios para realizar adecuadamente los trabajos contratados, en su caso, a través de la correspondiente acreditación oficial otorgada por las Comunidades Autónomas con competencia en la materia.

La LOE no dice nada sobre la responsabilidad civil de las entidades y los laboratorios de control de calidad de la edificación, ni sobre la de los suministradores de productos (art. 15 LOE), aunque evidentemente pueden tenerla.

De la literalidad del art. 14 LOE se infiere que las funciones de las "Entidades de Control y Calidad de la Edificación" (ECCE) son distintas a las de los "Laboratorios de Ensayos para el Control de Calidad en la Edificación".

En el caso de las ECCE, también llamadas en el ámbito del seguro decenal Organismos de Control Técnico (OCT), la ley no establece la obligatoriedad de su intervención en el proceso edificatorio; sin embargo, las aseguradoras imponen en la práctica a los promotores la intervención de los OTC con el fin de reducir los riesgos del seguro decenal y, teóricamente, aquilatar la prima, lo que hace que sean las aseguradoras las verdaderas clientas de los OCT.

Es importante señalar que los informes de los OCT son independientes de los controles que, conforme al art. 7 CTE, están obligados a realizar el director de obra y el director de la ejecución de la obra, según sus respectivas competencias, durante la ejecución de las obras.

La obligatoriedad del seguro decenal para las obras de edificación comprendidas en el art. 2 LOE afecta a los edificios de vivienda, que constituyen la mayor parte de las edificaciones, no pudiendo inscribirse en el Registro de la Propiedad la escritura de obra nueva sin acreditarse la formalización del seguro.

Corresponde a las CCAA otorgar las acreditaciones a las ECCE y regular las condiciones para su otorgamiento, lo que da lugar a la existencia de diferencias de regulación en la materia entre una parte y otra del territorio nacional (art. 14.3.b) LOE). Además, las aseguradoras pueden imponer condiciones más restrictivas a los organismos de control técnico (OCT) que los requeridos para la acreditación oficial de las ECCE en las CCAA respectivas.

En definitiva, todo edificio predominantemente de viviendas está sometido a un control de calidad que afecta al proyecto y a la ejecución de la obra y se centra fundamentalmente a la cimentación y la estructura del edificio, aunque es ampliable a otros elementos constructivos, como la estanqueidad.

Las ECCE o los OCT emiten Informes que pueden incluir Reservas Técnicas poniendo de relieve las deficiencias o anomalías del proyecto y su ejecución que, a su criterio, suponen un mayor riesgo para la compañía de seguros.

Evidentemente, si en la práctica el criterio de los OCT prevalece frente al de los técnicos que intervienen en determinada promoción, resulta evidente que aquéllas y los profesionales que los suscriban asumen responsabilidades jurídicas de todo tipo aunque la LOE no se refiere a la cuestión.

Sobre el alcance de la cobertura del seguro decenal, se ha observado un matiz gramatical entre los arts. 17.1, a) y 19.1.c) LOE.

El art. 17.1.a), sobre responsabilidad civil de los agentes que intervienen en el proceso de edificación, dispone que responderán "durante diez años, de los daños materiales causados en el edificio por vicios o defectos que afecten a la cimentación, los soportes, las vigas, los forjados, los muros de carga u otros elementos estructurales, y que comprometan directamente la resistencia mecánica y la estabilidad del edificio".

Mientras que el art. 19.1.c) (Garantías por daños materiales ocasionados por vicios y defectos de la construcción) establece un "seguro de daños materiales o seguro de caución, para garantizar, durante diez años, el resarcimiento de los daños materiales causados en el edificio por vicios o defectos que tengan su origen o afecten a la cimentación, los soportes, las vigas, los forjados, los muros de carga u otros elementos estructurales, y que comprometan directamente la resistencia mecánica y estabilidad del edificio".

El matiz en la redacción de ambos preceptos podría tener su importancia para la efectividad de la cobertura del seguro. Además, en la mayoría de los casos, no quedarán cubiertas por el seguro las fisuras de la tabiquería producidas por deformación estructural porque sólo excepcionalmente comprometen la resistencia mecánica o la estabilidad del edificio.

Por último la LOE establece que las "Entidades y los Laboratorios de Control de Calidad de la Edificación" tienen que entregar los resultados de su actividad al agente autor del encargo y, en todo caso, al director de la ejecución de las obras [art. 14.3 a) LOE].

La oficina de control técnico no interviene en ningún caso en las decisiones de los técnicos de la dirección de la obra ni los sustituye en sus funciones y obligaciones.

V. CASOS-TIPO EN LA JURISPRUDENCIA

1.°) Caída de un muro de contención y de fachada (AP de Málaga, Sección 1.ª, de 28 de julio de 2000).

La referida sentencia condenó al arquitecto, absolviendo a los demás acusados (al encargado de la obra, constructor, etc.), como autor de un delito de imprudencia profesional grave con resultado de muerte de dos personas, lesiones graves a una tercera y daños materiales por efecto de la caída de un muro de contención tras romperse por la unión del pié a la zapata debido a la "insuficiente armadura" de ésta.

Entendió el tribunal que había existido una clara trasgresión de la " lex artis", porque (...), aunque la cimentación fue correcta, así como los hierros y el hormigón empleados, el muro resultaba insuficiente para soportar el peso del terrero en las condiciones más desfavorables, habida cuenta de la escasa anchura que en el diseño se dio a la zapata sin haber hecho un estudio geotécnico previo, sin los adecuados cálculos de empuje del terreno, sin prever un adecuado sistema de drenaje y omitiéndose, en suma, por el arquitecto las precauciones y cautelas propias de su profesión.

En diciembre de 1995 se produjeron precipitaciones de lluvia de enorme cantidad de litros por metro cuadrado, lo que produjo una acumulación de aguas en el terreno que se tradujo en un aumento de carga superior al que el muro podía resistir, y ello dio lugar a que... se rompiera la unión de la zapata con el alzado derrumbándose unos 30 m. del mismo sobre la calle sepultando el vehículo que en ese momento pasaba por allí con varias personas de una misma familia dentro.

La sentencia declaró que el arquitecto era el único responsable penal, en base, entre otras, a la prueba pericial practicada, que determinó que el hormigón trabaja a compresión, que el muro es un cálculo relacionando zapata y alzada, que el punto débil es la línea de armadura y que el fallo estuvo en no calcular el empuje que las casas de arriba transmitirían al muro en las condiciones más desfavorables incluida la previsión de lluvias fuertes. El alzado era mayor al que podía soportar la línea de armadura, y el cálculo ha de ser siempre relacionando zapata y alzada sin olvidar que el punto más débil es la línea de armadura. En resumen, la armadura del muro fue insuficiente (…).

2.°) Eliminación de la tabiquería de un edificio como causa de derrumbe (AP de Valencia, Sección 5.ª, Sentencia 192/2001, de 15 oct.).

La sentencia estudia de manera muy detallada la delimitación y los elementos del tipo del delito contra la seguridad de los trabajadores del art. 316 del Código Penal, así como el concurso de dicho tipo penal con los delitos de homicidio imprudente y lesiones por imprudencia grave de los arts. 142: 1.° y 152, 1.° del Código Penal, respectivamente.

Los hechos enjuiciados se referían al derrumbe de un edificio de más de setenta años de antigüedad, en Valencia, sometido a unas obras de rehabilitación consistentes principalmente en el derribo de tabiques en las plantas baja y primera del edificio, levantamiento del suelo, y apertura de troneras en los huecos del forjado para la evacuación de los escombros de la primera planta, sin un apuntalamiento general y suficiente del edificio.

Cuando un operario procedía al derribo del tabique que iba desde el pilar central del bajo y que cruzaba la galería se produjo el hundimiento parcial del inmueble, debido al fallo de determinados elementos estructurales por colapso del pilar central. Ello produjo el derrumbamiento de todos los elementos estructurales superiores e incluso el vuelco hacia el exterior del muro de carga de fachada de la planta segunda en toda su longitud por el movimiento de giro provocado hacia el interior al caer la cubierta.

Las condiciones administrativas y técnicas en que se hacía la obra eran, entre otras, las siguientes:

— No existía proyecto de ejecución de obra por un arquitecto superior.

— Tampoco había proyecto de seguridad y salud en el trabajo redactado por arquitecto superior o arquitecto técnico.

— La dirección de obra no estaba a cargo de un arquitecto superior, como correspondía a su complejidad, sino de un aparejador.

— El constructor no realizó un plan de prevención de riesgos laborales, a pesar de contar el inmueble con más de setenta años de antigüedad; ni se realizaron cursos o charlas de formación a los trabajadores, aun cuando dos de ellos era la primera vez que trabajaban como albañiles.

— Los dueños del inmueble solicitaron del Ayuntamiento solamente una licencia de obra menor para el "acondicionamiento" de bajos comerciales del inmueble.

— La empresa constructora empezó las obras en esas condiciones e incumpliendo además otras obligaciones legales de carácter laboral.

Sobre la base de la prueba pericial, se dice en la sentencia "que la eliminación de la tabiquería del edificio es un tema importante en el suceso. Bien es sabido que con el tiempo en esta clase de edificios antiguos, la tabiquería pasa a ser un elemento estructural sustentante importante, además de realizar funciones de arriostramiento entre los elementos fundamentales. Su eliminación provoca una variación en el reparto de cargas en los elementos estructurales fundamentales, susceptibles de ser causa que coadyuve a la producción del desplome, sin ser, claro está la única. En una buena práctica constructiva se podría haber eliminado la tabiquería pero adoptando las medidas provisionales que paliaran el hecho; en este caso el apuntalamiento de todos los elementos estructurales fundamentales en todas y cada una de las plantas (cosa que no se hizo). La falta de apuntalamiento puede considerarse como uno de los factores determinantes del suceso, sin ser el único".

3.°) Desplome de un edificio en el que se realizaban labores de derribo y desescombro (AP Badajoz, Sección 1.ª, Sentencia 123/2004, de 29 nov. 2004).

La sentencia contempla un caso muy parecido al anterior y relativamente frecuente en la práctica, condenando al arquitecto técnico municipal que dirigía las obras como único responsable de de lo sucedido e incumplimiento de las normas de seguridad durante su ejecución.

Se trata de nuevo de un caso de rehabilitación de un inmueble, cuyo edificio se desplomó por completo comenzando por la terraza, que se derrumbó debido a la acumulación, y consiguiente sobrecarga, de escombros procedentes del edificio colindante; a la lluvia de los días precedentes, que había traspasado en parte la terraza hasta alcanzar el segundo y primer forjado.

En suma, a la "debilidad estructural del edificio, la sobrecarga a la que estaba sometido, la antigüedad de los materiales y las filtraciones ocasionadas por las lluvias, y que no se adoptaron las medidas de seguridad adecuadas a tales riesgos".

Las condiciones técnicas y administrativas:

— No se había elaborado un plan de prevención de riesgos laborales.

— Tampoco el estudio básico de seguridad.

— No se había procedido al apuntalamiento de los forjados.

— Los trabajadores carecían de de arneses de seguridad y cables fractores.

— Las labores encomendadas excedían de las de limpieza y retirada de basura comprendiendo en realidad las de desescombro y derribo.

— El estado del edificio era ruinoso.

Fue el propio acusado, dice la sentencia, "quien decidió que las tareas encomendadas a los trabajadores afectados por el accidente se realizaran al margen de cualquier estudio básico de seguridad, por considerar que tales tareas, consideradas unilateralmente como preliminares, no lo precisaban; y quien como técnico competente realizó una inspección ocular del inmueble para evaluar los riesgos y determinó las medidas de protección individuales que correspondía proporcionar a los trabajadores y que se revelaron absolutamente insuficientes e ineficaces dada la naturaleza de los trabajos efectivamente realizados.

4.°) Desplome de los forjados (AP de Alicante, Sección 2.ª, Sentencia 565/2005, de 27 sep.).

Las tareas de demolición de edificios es una de las más peligrosas en el campo de la construcción precisamente por el riesgo de desplomes totales o parciales del edificio.

En el caso planteado en la sentencia, la entidad mercantil propietaria de dos edificios contrató su demolición con una empresa constructora, que la inició, continuándola la promotora mediante la contratación de tres operarios.

El arquitecto condenado tenía a su cargo la dirección técnica de la obra y la coordinación en materia de seguridad, siendo el autor tanto del proyecto de demolición como del estudio básico de seguridad. El plan de seguridad del constructor se limitaba a ser copia del anterior; y en ambos no se especificaban ni el tipo de cinturones de seguridad ni los puntos de anclaje.

Las vigas no habían sido apuntaladas. Tampoco se había instalado el sistema denominado "línea de vida" consistente en una cuerda o cable tenso y colocado por encima de la cabeza de los trabajadores. Y no existían cinturones que se ciñeran al cuerpo por más puntos que la cintura y que tuvieran sistemas retenedores de energía.

El derrumbamiento se produjo cuando una de las vigas cayó al ceder su apoyo en el pilar, que asimismo se vino abajo así como los dos tramos de forjado que en esa viga se apoyaban, debido a la falta de apeo, arrastrando a dos trabajadores, debido a la ausencia de un sistema de "línea de vida", con el resultado de un operario muerto y otro gravemente herido.

La jurisprudencia del Tribunal Supremo manifiesta que "cuando como consecuencia de la infracción de normas de prevención de los riesgos laborales se produzca el resultado que se pretendía evitar con ellas (la muerte o las lesiones del trabajador), el delito de resultado absorberá al de peligro (art. 8.3 CP), como una manifestación lógica de la progresión delictiva; más cuando el resultado producido constituye solamente uno de los posibles resultados de la conducta omisiva del responsable de las medidas de seguridad al encontrarse en situación de peligro más trabajadores de la obra que no resultaron lesionados, debe apreciarse el concurso ideal de delitos.

En el presente caso, "con independencia de los dos trabajadores que se precipitaron a consecuencia del desplome de los forjados, habían en la obra más trabajadores que no resultaron afectados por el derrumbe pero si por la situación de peligro derivada de la omisión de las medidas de seguridad por parte del acusado, circunstancia que no queda absorbida por los delitos de homicidio y lesiones por imprudencia".

5.°) Mala ejecución de la estructura y desprendimiento de un forjado mal apuntalado (AP de Sevilla, Sección 4.ª, Sentencia 61/2003, de 31 ene.).

En junio de 2002, se dictó sentencia en juicio de faltas declarando probados los siguientes hechos: un trabajador hormigonando un forjado de lo que iba a ser el salón de actos de un Centro Cívico en Sevilla, a unos ocho metros de altura del suelo.

El encofrado se hallaba apeado sobre tres andanadas superpuestas de puntales que quedaban arriostradas horizontalmente en el plano de superposición mediante un entablado. Algunos de los puntales utilizados carecían del correspondiente pasador de acero que había sido sustituido por puntillas.

En un momento determinado, oyó un ruido extraño, paró el trabajo y descendió a la planta de abajo para comprobar de qué se trataba, produciéndose el colapso de todo el sistema de apuntalamiento porque varios puntales se habían desprendido, quedando el trabajador atrapado entre los materiales.

El titular de la obra era el Ayuntamiento de Sevilla que adjudicó por contrato la obra a una constructora, que a su vez subcontrató la ejecución de la cimentación, estructura y albañilería. Se produjeron otras subcontrataciones.

La Dirección Facultativa de la Obra había sido encomendada por la Gerencia Municipal de Urbanismo del Ayuntamiento de Sevilla a un arquitecto y un aparejador. Había un Jefe de Obra y un encargado de la misma, ambos dependían de la constructora, porque aquél "no revisó el apuntalamiento después de haberse suspendido 5 días antes el hormigonado ya iniciado. Y pese a ello y sin solicitar el visto bueno nuevamente a la dirección facultativa de la obra, ordenó la continuación del hormigonado, sin revisar el apuntalamiento, revisión que dice había dejado en manos del encargado de la obra".

Se absolvió al arquitecto y al aparejador y a los representantes legales del contratista principal y de los subcontratistas.

Pericial sobre la tarea de hormigonar:

— Los técnicos de la Dirección Facultativa han de comprobar el apuntalamiento, antes de hormigonar, no pudiendo autorizarlo el Jefe de Obra.

— No es admisible que se paralice el hormigonado y luego los constructores decidan unilateralmente volver a hormigonar, pues se pueden producir fisuras.

— Se había apuntalado indebidamente, porque se habían sustituido en algunos puntales, puntillas por pasadores, siendo esta la causa determinante del accidente, añadiendo el perito que el sistema diseñado pudo ser correcto, pero estaba mal ejecutado.

— Había puntales que carecían de pasadores, lo que implica, que el acusado D. Rodolfo no realizó correctamente su cometido, y es por tanto, al igual que el Jefe de Obra, responsable de la falta de lesiones por imprudencia prevista y penada en el art. 621 del CP.

Sobre la posible responsabilidad penal en los hechos de los miembros de la dirección facultativa de la obra, la acusación particular del accidentado solicitaba la condena del Arquitecto y Aparejador municipales integrantes de la dirección facultativa de la obra, junto con la de los que ya vienen condenados, basándose en síntesis en que hicieron dejación de sus funciones en la revisión de la seguridad del sistema de apeo del encofrado.

Sin embargo, se dice en la sentencia, que del análisis del fundamental informe técnico en este punto "no resulta con claridad, ni la responsabilidad penal del arquitecto, ni la del aparejador". El perito manifestó en el acto del juicio la causa del derrumbe fue la mala ejecución del apuntalamiento, especificando que el apuntalamiento es medio auxiliar para ejecutar la obra, y no forma parte de la estructura.

También dijo que antes de hormigonar tiene que obtenerse la autorización de la dirección técnica, previo control. Y que si se paraliza el hormigonado, el Jefe de Obras tiene que comunicar a la dirección técnica su reanudación, para una nueva autorización, explicando que el hormigonado hay que empezarlo y acabarlo sin interrupción, porque en caso contrario puede haber fisuras.

Sobre esta base, se absolvió al arquitecto y al aparejador, cuando lo lógico hubiera sido condenar al aparejador porque la estructura del apuntalamiento es un medio auxiliar de una unidad de obra que no forma parte del proyecto elaborado por el arquitecto, no correspondiendo a éste el control inmediato de la ejecución del apuntalamiento, por lo que no cabe imputársele negligencia si tal apuntalamiento no se ejecuta correctamente.

Le corresponde al aparejador la vigilancia inmediata de la ejecución de la obra y la comprobación de que se cumplen las previsiones del plan de seguridad.

Sin embargo, y ésta fue evidentemente la causa absolución, quedó probado en el juicio que el aparejador había estado en la obra revisando el apuntalamiento unos días antes, cuando se inició el hormigonado, luego interrumpido por falta de determinado material, reanudándose 5 días después, sin pedir nueva revisión y autorización a la dirección facultativa, contraviniéndose así por el encargado y jefe de obras las normas de buena construcción ya apuntadas.

En tales circunstancias, como señala, la sentencia de instancia, no cabe imputar responsabilidad penal en el accidente de autos al aparejador, a quien no cabe exigir estar permanentemente a pie de obra, cometido que compete al Jefe y al encargado de obras correspondiente.

El aparejador fue absuelto, en definitiva, por no estar en la obra. "Sin duda, la conclusión hubiera sido muy distinta si el derrumbe se hubiera producido al hormigonar, de modo inmediato, tras la autorización del aparejador. Por el contrario, habiéndose producido el accidente transcurridos 5 días desde el visto bueno del aparejador, y habiéndose hormigonado parcialmente en dicho intervalo con el riesgo de fisuras, la responsabilidad del de aquel no resulta con la certeza que en materia penal requiere una sentencia condenatoria".

6.º) Derrumbe del Hotel Bahía de Santander (STS, Sala 2.ª, 253/1998, de 28 de febrero).

Se condenó al presidente del consejo de administración de la empresa propietaria del hotel (promotor) y al arquitecto técnico encargado de la dirección de la obra y de la coordinación de las empresas intervinientes, acudiendo a las obras todos los días desde su inicio para dar las órdenes de ejecución.

Se absolvió a un aparejador, a dos arquitectos que redactaron un proyecto de ejecución que incluía la elevación de dos plantas, que en principio iban destinadas a salones y posteriormente a habitaciones, no firmando el promotor la hoja de encargo por no gustarle la solución dada al muro de cortina; asimismo se absolvió a un tercer arquitecto que realizó el último de los estudios sobre la estructura del hotel.

El Proyecto Básico de Reforma afectaba planta baja, 1.ª, 7.ª y Cubierta. El proyecto de ejecución comprendía, planta baja, planta primera y séptima, ampliación de las mismas incorporando la terraza exterior, y una nueva planta bajo cubierta.

Los hechos probados de la sentencia fueron, en síntesis, los siguientes:

— En el año 1987, el Presidente del Consejo de Administración de la empresa propietaria del hotel decide realizar obras de remodelación y encarga un estudio de la estructura a un Ingeniero Industrial para ver si se podían elevar dos plantas más al edificio.

— El ingeniero industrial emitió en el año 1991 el referido estudio, que consistió básicamente en las Gammagrafías de treinta columnas, la comprobación del estado de cinco zapatas que incluyó el análisis de la calidad del hormigón por un Laboratorio de Calidad de la Edificación, extrayéndose seis probetas testigos en pilares de la planta baja y tres en encepados de cimentación con reconocimientos ultrasónicos en los pilares, dando una resistencia a roturas muy dispersas.

— El informe sobre la estructura contenía un estudio comparativo entre las cargas del hotel en el momento de su realización y las futuras cargas tras su remodelación, expresando la sentencia el resultado numérico de los cálculos realizados. Llegándose a la conclusión de la necesidad de reforzar pilares, vigas de los salones y zapatas, y que las operaciones de desmantelamiento de tabiques, no se realizaran de forma continua, sino alternada, con espacios de tiempo para que la tabiquería adquiriera resistencia suficiente.

— El informe sobre la estructura fue entregado por el ingeniero industrial al presidente de la empresa, que lo rechazó y prescindió de sus servicios, encargando a un arquitecto la redacción de un "Proyecto Básico de Reforma" que afectaba planta baja, 1.ª, 7.ª y Cubierta, proyecto que fue visado por el Colegio Oficial de Arquitectos de Cantabria y sirvió para el otorgamiento de la licencia municipal de obras.

— El arquitecto autor del proyecto básico y otro arquitecto emprenden entonces la redacción del Proyecto de Ejecución, que incluía las plantas primera y séptima, con ampliación de ellas y una nueva planta bajo cubierta.

— El presidente de la empresa dueña del hotel pide al Ayuntamiento en 1991 autorización para sustituir la cubierta por dos plantas dedicadas a Salones, a lo que se accede con la condición de la aprobación del correspondiente proyecto de ampliación y de que no se rebase la altura de coronación.

— Se encarga a los dos arquitectos autores del Proyecto de Ejecución la redacción de Proyecto Reformado para la elevación de dos plantas, que en principio iban destinadas a salones y posteriormente a habitaciones, proyecto que es rechazado por el presidente de la empresa por no gustarle estéticamente la solución dada al muro cortina, decidiendo los arquitectos no aceptar la redacción de otro proyecto propuesto por el presidente de la empresa y renunciar a la relación profesional con él por discrepancias económicas.

— El octubre de 1991, y una vez rechazados los estudios estructurales realizados por el Ingeniero Industrial, se encarga otro estudio de la estructura a un Ingeniero de Caminos, que debía ser previo a la ejecución del proyecto de elevación de las dos plantas, comunicando dicho técnico informalmente al presidente de la empresa que tenía que reforzar la estructura, debido a la época en que se construyó el hotel y a la calidad de los hormigones que se utilizaban entonces y estudiar todos los pilares del edificio.

— La respuesta no gustó al presidente de la entidad, que decidió no contratar los servicios del Ingeniero de Caminos y encargar el nuevo estudio sobre la estructura a otro técnico que realiza un sondeo ultrasónico esclerométrico de todos los pilares, de todas las plantas, eligiéndose ocho pilares de la planta sexta y ocho pilares de la planta cuarta para extraer testigos mediante sondas de diez centímetros, con los resultados que se expresan en los hechos probados de la sentencia (pilar n.° 49, 41 kp/cm^2 ; pilar n.° 51, 31 kp/cm^2).

— Sobre la base de tales ensayos, el técnico emite un informe previo donde se hace constar que a la vista de la resistencia tan baja en los pilares de la planta sexta de incluso 32 kp/cm^2, es preciso proceder al refuerzo de todos ellos; como el refuerzo de los pilares incidirá en los de las plantas superior e inferior, será preciso esperar a los resultados restantes, entregándose a Armando un proyecto de reforzado de un pilar. También se hacen estudios sobre la cimentación, con extracciones de muestras de las zapatas.

— Una vez efectuado lo anterior, se inician las obras dirigidas por un Aparejador, que el día en que se derrumbó el edificio estaba fuera de Santander, y un Arquitecto Técnico Antonio, a quién además de la dirección de la obra se le encarga la coordinación entre las diversas empresas que iban a realizar trabajos en el Hotel Bahía, acudiendo a la obra todos los días desde su inicio, dando órdenes en la ejecución de obra. El hotel quedó cerrado al público en diciembre de 1991.

— Las obras ejecutadas por la constructora se relacionan en la sentencia (Retirada de muebles y enseres; picado de pilares a fin de abrir ventanas en los mismos que permitiesen coger las muestras en probetas; desmantelado de puertas, marcos, rodapiés y picado de solares; tirar tabiques, por orden y bajo la dirección del arquitecto técnico con autorización del presidente de la empresa propietaria del hotel…).

La tirada de tabiques afectó casi simultáneamente a las plantas octava, séptima y sexta, realizándose sin dirección técnica superior, produciéndose la catástrofe el día 27 de enero de 1992 cuando los trabajadores se distribuyen entre las plantas 8.ª, 7.ª y 6.ª a eso de la 06:00 horas de la mañana, produciéndose el derrumbamiento del hotel a la 07:10 por fallo o rotura de uno de los pilares registrados en el plano como n.° 22 o 23 de la esquina confluencia de dos calles, bien porque la rotura fue en el 23 y arrastró en el colapso al 22, bien porque fue éste el que colapsó.

Las causas de dicho colapso, se concluye en la sentencia, sobre la base de la pericial efectuada, fueron las siguientes:

A) Una estructura precaria, con algunos pilares con resistencias de 32 kp/cm^2, debido a la mala calidad del hormigón y a la mala ejecución de los mismos.

B) Retirada indiscriminada y sin ninguna precaución de tabiques, que eran no sólo elementos de distribución, sino parte integrante de la estructura al tener una resistencia el ladrillo de 80 kg/cm^2.

C) Peso de los escombros en determinadas zonas así como las vibraciones propias de las obras que se ejecutaban.

La altura a la que se inició el derribo no está determinada pero pudo producirse a nivel de la segunda, o tercera planta, por la formación del derrumbe en cono, y luego, el peso de los escombros hundió la zona del accidente hasta la base.

La condena del presidente del consejo de administración de la sociedad dueña del hotel y del arquitecto técnico director de la obra se fundamentó de la siguiente forma:

1) El Presidente del Consejo de Administración de la empresa propietaria del edificio alegaba que no era un técnico y que contó con asistencia técnica, informes técnicos y con una empresa constructora que intervinieron en la obra, lo que le libera de cualquier responsabilidad.

El argumento fue rechazado por el Tribunal Supremo, porque "en la valoración de todos los comportamientos culposos o imprudentes se ha de partir de la estructura señalada por la más autorizada doctrina científica española: 1) La parte objetiva del tipo supone la infracción de la norma de cuidado (desvalor de la acción) y la resultancia de la parte objetiva de un hecho previsto en un tipo doloso (desvalor del resultado). 2) La parte subjetiva del tipo requiere el elemento positivo de haber querido la conducta descuidada, ya sea con conocimiento del peligro que en general entraña (culpa consciente) o sin él (culpa inconsciente), y el elemento negativo de no haber querido el autor cometer el hecho resultante.

A su vez el desvalor o disvalor de la acción supone que la infracción de esa norma que impone el deber de cuidado se descomponga en dos: a) El deber de cuidado interno obliga a advertir la presencia del peligro en su gravedad aproximada, como presupuesto de toda acción prudente. Precisamente por la existencia de este deber de advertir el peligro puede castigarse la culpa inconsciente, que supone la imprudente falta de previsión del peligro del resultado: en ella se castiga la infracción de la norma de cuidado que obliga a advertir el riesgo. b) El deber de cuidado externo consiste en el deber de comportarse externamente conforme a la norma de cuidado previamente advertida. Puesto que presupone haberla advertido, sólo puede imputarse subjetivamente en la culpa consciente. De ahí que, ante conductas igualmente peligrosas, la culpa consciente sea más grave que la inconsciente.

Por otra parte, hay que partir de la existencia de una imputación objetiva del resultado. Con arreglo a ella, sólo se produce la irrelevancia causal de la imprudencia cuando el resultado producido habría sido exactamente el mismo. Y esta doctrina ha sido acogida por la doctrina jurisprudencial de esta Sala (...), según la cual en el plano que se pudiera denominar "ontológico" se atiende a la equivalencia de las condiciones y en el plano "normativo" esta imputación objetiva, que actúa como correctivo de las teorías naturalistas de la causalidad, toma en cuenta el riesgo creado (el peligro jurídicamente desaprobado) y el fin de protección de la norma. Un nexo causal sólo será típico cuando el resultado sea la realización de un riesgo o peligro desaprobado para la acción.".

2) El arquitecto técnico que dirigía las obras alegaba que el derrumbe del edificio era objetivamente imprevisible. El motivo se desestimó porque... "nos hallamos ante un profesional contratado por (la empresa dueña del hotel) a quien se le encomienda la dirección de la obra y la coordinación de las empresas que trabajaban en ella...; acudía todos los días a la obra, dando órdenes para su ejecución, al capataz de (de la empresa que hacía la demolición) y era conocedor del informe inconcluso que... reflejaba la resistencia tan baja en los pilares del edificio y necesidad de refuerzo.

Sabía que las obras que se realizaban excedían de las previstas en el proyecto inicial aprobado por el Ayuntamiento, proyecto que en su condición de arquitecto técnico debe interpretar, sabiendo que lo ejecutado excedía de lo proyectado. Que no existía dirección técnica superior se deduce por lógica y no sólo por inexistencia de los requisitos formales de acta de replanteo ni libro de órdenes, no se correspondía el proyecto con la envergadura de la obra ni recibió dirección o recomendación alguna de titulado superior".

7.°) Problemas de cimentación (Jurisdicción civil).

Tribunal Supremo, Sala Primera, de lo Civil, Sentencia de 28 feb. 2006, rec. 2284/1999.

Acción de repetición por la constructora asegurada, frente a la aseguradora, del importe de las reparaciones que fue condenada a realizar en un proceso anterior, por los daños que unas obras de excavación y cimentación defectuosas causaron en las propiedades de los perjudicados.

Tribunal Supremo, Sala Primera, de lo Civil, Sentencia de 16 feb. 2006, rec. 2194/1999.

Reclamación de daños por el fuerte asentamiento de una parte de la cimentación de dos edificios por acción del agua procedente de la rotura de la red interior de agua potable. Responsabilidad de la empresa municipal que tiene a su cargo la red de abastecimiento de agua de la ciudad. Aplicación de las reglas de la responsabilidad contractual.

Tribunal Supremo, Sala Primera, de lo Civil, Sentencia de 15 feb. 2006.

Daños sufridos en viviendas construidas bajo proyecto del arquitecto asegurado, por mala proyección de la cimentación.

Audiencia Provincial de Badajoz, Sección 2.ª, Sentencia de 22 jul. 2005.

Responsabilidad decenal del constructor, por defectos en la construcción. Obligación de reparar los daños causados. Variación de volumen con la humedad de arcillas en la cimentación y defectos en la impermeabilización exterior. Legitimación de los promotores para exigir el correcto cumplimiento del contrato con base en el vínculo nacido del mismo, en defensa del interés propio de que la prestación sea correctamente cumplida.

8.°) Grietas y Fisuras (Jurisdicción Civil).

Tribunal Supremo, Sala Primera, de lo Civil, Sentencia de 3 abr. 2002.

Condena a pagar el importe de las obras de sustitución del forjado de techo de la planta sótano y refuerzo de la estructura metálica de pilares, y jácenas, realizadas en determinada finca, incluidos los honorarios profesionales y demás gastos que traen causa directa de las mencionadas obras, quedando la determinación de su importe para ejecución de sentencia.

Los compradores de partes indivisas de un local destinado a aparcamiento que se materializan en espacios delimitados para esa finalidad, se les entregó un objeto absolutamente inidóneo e inhábil para el uso que se pretendía, pues no revestía las condiciones de capacidad, idoneidad y aptitud necesarias.

No pueden calificarse de "vicios ocultos de la cosa vendida los gravísimos que afectaban a la estructura y piso de la planta, que hacían inhábil su destino a parking de vehículos, y que, ante el peligro que suponían para la estabilidad del edificio las grietas y fisuras en la planta, que se iban agrandando con el paso del tiempo, la autoridad municipal hubo de ordenar su urgente reparación a los propietarios, lo que hicieron a su costa. (...) Los compradores no sólo tienen las acciones protectoras de los vicios ocultos, sino también las que nacen del incumplimiento o defectuoso cumplimiento del contrato...

No hay duda alguna de que los compradores de plazas de garaje (prescindiendo de la instrumentación jurídica que para que ello se adopte) recibieron del vendedor una prestación defectuosa, que les ha obligado ante su pasividad y por mandato de la autoridad, a realizar las cuantiosas obras de reparación cuyo importe reclaman, y el art. 1101 protege esa reclamación imponiendo al deudor la obligación de indemnizar daños y perjuicios.

El vendedor (hoy sus herederos) cumplió defectuosamente su obligación de entrega. Estos defectos sobrepasan manifiestamente el concepto de vicios ocultos, cuya disciplina no puede aplicarse en vicios o defectos constructivos que, por su propia naturaleza, no se manifiestan en el corto espacio de tiempo que señala el art. 1490 CC. Tales defectos, según informe pericial detallado, impedían que la construcción soportase cualquier tráfico rodado, que de no haberse reparado a tiempo podían haber culminado en el hundimiento definitivo del forjado.

Audiencia Provincial de Madrid, Sección 13.ª, Sentencia de 19 abr. 2000.

Responsabilidad decenal del contratista, promotor y arquitecto, por defectos en la construcción No siendo posible especificar si el origen de los defectos estuvo en fallos de proyecto, de dirección, de ejecución o construcción, se ha de declarar la solidaridad en la responsabilidad de todos los intervinientes en la obra.

A la vista de la sentencia de instancia y de los términos en que se ha planteado el recurso, parece que no hay discusión alguna sobre la realidad y certeza de los defectos (fisuras y grietas) existentes en el inmueble de la parte actora. Cosa distinta es la valoración que se haga sobre el origen o las causas de esos defectos, cuya realidad nadie discute.

En el informe del perito judicial Sr... se atribuye la existencia de tales grietas y fisuras a " causas accidentales consistentes en aportaciones excesivas de aguas exteriores como fugas en instalaciones, riego de jardines, etc. que lógicamente alteraron las condiciones del terreno, con presumibles cambios de volumen (expansividad), e incluso retracciones (pérdida de volumen por desecación), típicas de este tipo de suelos". Añade luego, como consecuencia de esas accidentalidad, que "las causas de los daños originados son ajenas a la construcción de la edificación y a la concepción del proyecto, y en particular a su cimentación".

En la sentencia recurrida se observa que la Juez de instancia se apoya de modo decisivo en dicho informe pericial, desechando informes anteriores...

Este Tribunal, sin embargo, entiende que en este asunto (en el que han concurrido tantos informes técnicos, con algunas contradicciones entre ellos mismos) una correcta valoración de la prueba pericial exige ponerla en correlación con el resto de los medios probatorios traídos a las actuaciones, teniendo en cuenta, sobre todo, que la realidad de los daños ha sido indiscutida. Lo que nos llevaría no tanto al error en la valoración de la prueba pericial (siempre sometida a la libre valoración del Juez a la luz de los criterios de la sana crítica...), sino a la ponderación insuficiente de lo que viene a indicar el perito respecto de las causas que pudieron dar origen a esos defectos indiscutidos.

Se ha de insistir en que los daños o defectos sobre los que se basa la demanda son ciertos y reales. Y sobre esa realidad surge la cuestión de si los técnicos y los constructores tuvieron o no responsabilidad en la aparición de dichos defectos.

Sobre la responsabilidad de técnicos constructores, se argumenta en la sentencia en los siguientes términos: "A este Tribunal le resulta difícil de aceptar, a la vista de todos los informes técnicos que han concurrido en la presente litis (y en la anterior a que se ha hecho referencia), que unos defectos tan evidentes y persistentes queden fuera del ámbito de la responsabilidad de arquitectos, arquitectos técnicos y compañía constructora. Podrá admitirse, si acaso, la dificultad de especificar si el origen de tales defectos estuvo en fallos de proyecto, o en fallos de dirección, o en fallos de ejecución o construcción. Tal duda a lo que conduce es a la confirmación de la solidaridad en la responsabilidad de los codemandados...

Lo que parece obvio es que algún fallo hubo a lo largo del proceso de estudio del suelo, de proyecto, de ejecución y construcción de la obra, puesto que no se tuvo en cuenta eso que el perito judicial denomina "causas accidentales" (fugas en instalaciones, riego en jardines... etc.). Y no parece ilógica esta previsión, cuando el propio perito hace, al final de su informe, la recomendación de que se cree "una acera exterior perimetral impermeable que rodee la edificación con un mínimo de 1,50 m, con pendiente no menor del 2% hacia el drenaje exterior y la realización de un sellado estanco en las juntas de encuentro entre aquélla y los muros de cerramiento para así reducir las infiltraciones de agua de lluvia en el terreno". Si esa solución se ha podido apuntar ahora, no hay razón (o al menos no se ha dado alguna a lo largo del proceso) para que no pudiera haber sido tenida ya en cuenta al momento del proyecto o de la ejecución de la obra.

No cabe, pues, invocar la figura jurídica del caso fortuito del art. 1.105 del Código civil, por cuanto que, a la vista de los distintos informes técnicos, no se puede decir que los defectos (fisuras y grietas) aparecidos en el inmueble de la comunidad demandante "no hubieran podido preverse, o que, previstos, fueran inevitables".

Estamos precisamente en un ámbito, el de la construcción, en el que intervienen personas específicamente expertas en el estudio y valoración de las condiciones del suelo, de la resistencia de los materiales de construcción, de los sistemas de construcción, y de las previsiones de seguridad y funcionamiento de las edificaciones. Y no se han traído a las actuaciones datos que indiquen que, a pesar del estado de la ciencia y de la técnica en estas materias, hubiera sido imposible prever la aparición de esas grietas y su posterior reparación y evitación.".

Tribunal Supremo, Sala Primera, de lo Civil, Sentencia de 6 abr. 2006.

Responsabilidad decenal del contratista, promotor y arquitecto por defectos en la construcción. Vicios ruinógenos motivados por la deficiente impermeabilización de la cubierta y áticos, que no pueden evitar la entrada de agua pluvial exterior, provocando humedades en los sótanos y en la fachada.

Excluyendo el tema de las humedades que se analizan en la sentencia, se dice que "en cuanto a los defectos constructivos ocurridos en la cubierta, por el cambio de ésta (de deber ser con vertiente de tejado, que fue la en principio prevista, a cubierta plana transitable, con petos defensivos al exterior), ..., en cuanto consisten en la falta de junta de dilatación perimetral, así como en el consiguiente abombamiento de la placa cerámica por las humedades y la influencia térmica, difícilmente observable por estar tapados los encuentros entre el suelo de la terraza y los petos exteriores por un rodapié, hay que constatar, conforme a la prueba valorada por el Tribunal de instancia, que aquí debe seguirse al no estar impugnada, que no se realizó proyecto básico adicional al efecto, y que se fue proyectando y dirigiendo este cambio por las notas del Arquitecto escritas en el Libro de Ordenes, tratándose, pues, de defectos de ejecución y dirección, que, al referirse a concretos puntos sobre terminaciones (juntas de dilatación e impermeabilización), corresponden, también, por ello, tanto al Aparejador, como al Arquitecto y al Constructor, solidariamente, por no poder individualizarse, en este caso, el grado de su responsabilidad por esta inadecuada ejecución, y por ello debe desestimarse este motivo del Recurso.".

La sentencia manifiesta "la imposibilidad de imputar esa responsabilidad a la Comunidad actora, ya que la prueba pericial, aquí acogida, aclara que, tanto el exterior (urbanización, jardinería), como las zonas comunes (escaleras), estaban en perfectas condiciones de mantenimiento, del que carecía sólo la cubierta, pero que faltaba la concreta relación de causalidad entre ese defectuoso mantenimiento y los vicios ruinógenos de que se trata, y que aunque se apreciara la "concurrencia de culpas", sería de tal magnitud la de los profesionales, como responsables de esos defectos de la cubierta, que la posible falta de mantenimiento (que se concretaba en la defectuosa instalación de aparatos de aire acondicionado y en el deficiente estado de la puerta de acceso) quedaría absorbida en aquélla".

CRITERIOS DE INTERPRETACIÓN PERICIAL: ESTRUCTURAS (II)

Ricardo Aroca Hernández-Ros
Doctor Arquitecto Catedrático
del Departamento de Estructuras
de Edificación de la UPM
CETSAM

CRITERIOS DE INTERPRETACIÓN PERICIAL: ESTRUCTURAS (II)

SUMARIO: I. LAS ACCIONES. II. LOS MATERIALES. III. EL SUELO. IV. LA SEGURIDAD. V. LA RIGIDEZ (APTITUD PARA EL SERVICIO). VI. OTROS FACTORES. 1. Corrosión. 2. La normativa. 3. Normativas anteriores. 4. La reducción de la imprecisión. 5. Edificios antiguos.

A diferencia del *proyecto* que implica la toma de decisiones, el *peritaje* es en esencia una comprobación de:

a) Un edificio (o una parte) que tiene una realidad física.

b) Un proyecto definido, haya sido o no ejecutado.

En el ámbito de las estructuras, el peritaje gira en torno al cumplimiento de los requisitos estructurales básicos:

— Resistencia.
— Rigidez (aptitud para el servicio).
— Estabilidad.

Aunque pueden estar en juego otros aspectos, como el comportamiento ante el fuego o la durabilidad y su objeto suele ser la comprobación de:

A) El cumplimiento de los requisitos estructurales con suficiente nivel de seguridad.

B) Si es necesaria o no una actuación correctora, bien porque la seguridad pudiera ser insuficiente, bien porque se proyecte un cambio de uso.

C) Si la aparición de síntomas patológicos está relacionada con una insuficiencia o inadecuación del sistema estructural.

Cualquier comprobación de un sistema estructural conlleva:

a) La formulación de un modelo geométrico y la determinación de sus parámetros, tanto los de la sustentación como los relevantes para definir un cambio de firma.

b) La determinación de:

b1) Las acciones a considerar así como sus posibles combinaciones.

b2) Los modelos de comportamiento de los materiales y sus parámetros característicos.

c) Los márgenes de seguridad y las circunstancias que podrían afectarlos.

Disponemos afortunadamente de una serie de procedimientos de análisis generalmente aceptados que aplicados a un modelo de estructura permiten deducir:

— Las relaciones entre las acciones y las solicitaciones.

— Los cambios de forma en función de la rigidez del o los materiales, así como comprobar la estabilidad.

Las comprobaciones pueden ser manuales mediante programas de ordenador.

Mientras que la teoría general del análisis de estructuras goza de general aceptación y no ha tenido cambios apreciables en el último siglo, salvo en lo relativo al refinamiento de los procesos de tratamiento de la información.

I. Las acciones

La naturaleza y magnitud de las acciones a considerar, ha estado fijada por decreto desde la publicación en 1961 de la norma MV101 y ha sido objeto de sucesivas modificaciones, la más reciente la correspondiente el CTE vigente desde el 29 de marzo de 2007, completada con la Norma de acciones sísmicas vigente.

II. Los materiales

El manejo de los materiales en los procesos de análisis requiere la formulación de un modelo de comportamiento y la determinación de los parámetros característicos.

Mientras que para el acero está generalmente admitido el modelo elastoplástico, para hormigón, madera y fábricas, pueden encontrarse en la normativa variantes y matices.

En cuanto a la determinación de los parámetros característicos de los materiales en el caso de estructuras existentes puede hacerse por via experimental (aunque en el caso de las fábricas la cosa puede ser extremadamente complicada), y en todo caso la normativa es necesaria para calcular algunos valores de difícil determinación experimental a partir de aquellos que pueden obtenerse de forma sencilla.

En el caso de que el peritaje se efectúe sobre un proyecto, los valores de los parámetros de los materiales serán los prescritos en el mismo.

III. El suelo

Debe hacerse mención aparte del comportamiento de los suelos, origen de una buena parte de los problemas estructurales.

Salvo las indicaciones de las normas MV, la única forma de obtener información es la toma de datos directa, o indirecta por observación del comportamiento de edificios similares ubicados en la proximidad del que sea objeto del peritaje.

En la medida en la que el suelo puede no ser uniforme y que los estudios geotécnicos tienen un margen de interpretación, si aparecen problemas en un edificio no cabe descartar, aunque hubiera informe geotécnico, que éste no sea acertado.

IV. La seguridad

La determinación de la seguridad exigible en una obra no es un problema trivial. Sólo desde la promulgación del Código Técnico, contamos con unos criterios uniformes independientes del material de la estructura que especifican las combinaciones de acciones y los coeficientes de ponderación que deben considerarse para cubrir una posible imprevisión.

Por otra parte, las resistencias de los materiales deben ser ponderados por el mismo motivo.

Hasta los años setenta, se empleaba el criterio de tensión admisible englobando todas las precauciones en un único coeficiente que era fijado por el proyectista, según su criterio.

V. La rigidez (aptitud para el servicio)

La manifestación más frecuente de falta de rigidez es la fisuración de los elementos de compartimentación y los cerramientos no estructurales; la fisuración de la tabiquería puede tener tanto que ver con una falta de rigidez de la estructura, como con una desafortunada combinación de estructura y sistema de compartimentación.

VI. Otros factores

Cada material estructural puede presentar problemas específicos de degradación que afectan a una resistencia, rigidez o durabilidad.

1. Corrosión

— La corrosión en el acero.

— La fisuración, la corrosión de armaduras, la degradación, por ataques químicos, etc. en el hormigón.

— La degradación de morteros, ladrillos, piedra... en las fábricas.

— Los ataques por xilófagos u hongos... en la madera.

— El cambio de características del suelo como consecuencia de rotura de canalizaciones o cambios de humedad.

Obviamente, el conocimiento del estado real de la estructura que no siempre puede ser determinado con la precisión deseable es esencial para un peritaje.

2. La normativa

Desde el valor de las acciones hasta los márgenes de seguridad, pasando por los modelos de comportamiento de los materiales, han venido siendo objeto en España a partir de los años 60, de un proceso de objetivación conveniente para proporcionar a la sociedad una seguridad efectiva y a constructores, proyectistas, directores de obra y peritos, una seguridad jurídica ya que pueden basar sus actuaciones en criterios externos generalmente admitidos y limitar su responsabilidad profesional a la correcta aplicación de los mismos. La normativa actual es el Código Técnico de la Edificación y en principio cualquier peritaje debe realizarse según sus criterios; si una construcción, sea de la época que sea, cumple los criterios de seguridad, etc. del CTE, puede obviamente certificarse su idoneidad.

3. *Normativas anteriores*

Normativas anteriores podrían haber sido menos restrictivas en algunos aspectos, una estructura que cumpla la normativa vigente en el momento de su proyecto o construcción, debe ser dada por buena a menos que la experiencia haya demostrado que la normativa en cuestión contenía graves errores (no se ha dado el caso) a no ser que presente daños reales, en cuyo caso deberá investigarse la causa de todos los daños y ponerse de manifiesto si son consecuencia de errores de la Normativa.

4. *La reducción de la imprecisión*

Los coeficientes de ponderación cubren en parte posibles discrepancias entre lo proyectado y lo construido, la exacta determinación de las acciones correspondientes a la construcción realmente ejecutada permiten reducir e incluso eliminar la imprecisión, aunque si la validez de la estructura depende de esos datos, debe advertirse expresamente, para evitar que modificaciones posteriores reduzcan la seguridad.

La toma de datos reales puede permitir igualmente considerar parámetros más favorables (u obligar a tomar los casos desfavorables) en lo relativo a los modelos de materiales.

5. *Edificios antiguos*

Por último, subsiste siempre el problema de los edificios anteriores al año 61:

Si van a ser un objeto de cambio de uso o de una remodelación importante, el resultado deberá adecuarse en cuanto a seguridad y aptitud para el servicio a la normativa vigente, a menos que haya una dificultad insalvable que dimana de una protección al patrimonio histórico, en cuyo caso deberán advertirse de forma eficaz las limitaciones de uso que sean precisas por motivos de seguridad (a mi juicio las limitaciones deben fijarse utilizando la normativa actualmente vigente).

Si no hay cambio de uso ni se proyecta una remodelación importante, los procedimientos de comprobación quedan a criterio del perito que razonablemente concederá la adecuada importancia al comportamiento real del edificio bajo las condiciones reales de uso, como complemento a la simulación de uso que suponen los procesos teóricos de análisis.

(Cabe indicar en este apartado, la carencia de instrumentos del Código Técnico para analizar las construcciones antiguas, sobre todo en lo relativo a las fábricas).

Las carencias de la normativa vigente pueden ser paliados recurriendo a otras fuentes, aunque deberían ser subsanados con urgencia, utilizando la vía de los documentos reconocidos.

CRITERIOS DE INTERPRETACIÓN PERICIAL DEL CTE. INSTALACIONES (III)

Francesc Labastida Azemar
Arquitecto

CRITERIOS DE INTERPRETACIÓN PERICIAL DEL CTE. INSTALACIONES (III)

SUMARIO: I. Consideraciones generales de la LOE y el Código Técnico de la Edificación y su relación con el sistema de instalaciones. 1. LOE 38/1999. 2. Ámbito de aplicación. 3. Definición del proyecto. 4. Real Decreto 314/2006. II. Alcance de las instalaciones en el CTE. III. Contenido orientativo del proyecto básico en general y de las instalaciones en concreto. IV. Contenido orientativo del proyecto de ejecución. V. Análisis de las exigencias básicas y los DB correspondientes referidos a instalaciones que se contemplan en el CTE. 1. Seguridad en caso de incendio (SI). 2. Seguridad de utilización (SU). 3. Ahorro de energía (HE). 4. Salubridad (HS).

I. Consideraciones generales de la LOE y el Código Técnico de la Edificación y su relacion con el sistema de instalaciones

1. LOE 38/1999

En la LOE: Ley 38/1999, de 5 de noviembre, de Ordenación de la Edificación (CTE) y concretamente en la exposición de motivos se cita:

— Fomentar la calidad.

— Requisitos básicos de calidad.

— Obligaciones de los distintos agentes.

— Fijar las responsabilidades y las garantías que protejan al usuario.

— Dar cumplimiento al derecho a una vivienda digna y adecuada.

En el art. 1. *Objeto.*
Esta ley tiene por objeto regular en sus aspectos esenciales el proceso de edificación, estableciendo las obligaciones y responsabilidades de los agentes que intervienen en dicho proceso, así como las garantías necesarias para el adecuado desarrollo del mismo, con el fin de asegurar la calidad mediante el cumplimiento de los requisitos básicos de los edificios y la adecuada protección de los intereses de los usuarios.

2. Ámbito de aplicación

a) *Obras de edificación de nueva construcción,* excepto aquellas construcciones de escasa entidad constructiva y sencillez técnica que no tengan, de forma eventual o permanente, carácter residencial ni público y se desarrollen en una sola planta.

b) *Obras de ampliación, modificación o reforma o rehabilitación* que alteren la configuración arquitectónica de los edificios, entendiendo por tales las que tengan carácter de intervención total o las parciales que produzcan una variación esencial de la composición general exterior, la volumetría, o el conjunto del sistema estructural, o tengan por objeto cambiar los usos característicos del edificio.

c) *Obras que tengan carácter de intervención total en edificaciones catalogadas o que dispongan de algún tipo de protección de carácter ambiental o histórico-artístico,* regulada a través de norma legal o documento urbanístico y aquellas otras de carácter parcial o que afecten a los elementos o partes objeto de protección.

— *Se consideran comprendidas en la edificación sus instalaciones fijas y el equipamiento propio,* así como los elementos de urbanización que permanezcan adscritos al edificio.

Asimismo en la LOE se definen los requisitos básicos.

— *Definición de los requisitos básicos.*

Con el fin de garantizar la seguridad de las personas, el bienestar de la sociedad y la protección del medio ambiente, los edificios deberán proyectarse, construirse, mantenerse y conservarse de tal forma que se satisfagan los requisitos básicos relativos a la funcionalidad, seguridad y habitabilidad.

— *Dentro de estos requisitos, algunas instalaciones están ubicadas en los requisitos de utilización pero otras están en la seguridad y habitabilidad.*

En los requisitos de seguridad SI (seguridad contra incendios) y SU (seguridad de utilización) aparecen reguladas *instalaciones de protección contra incendios y contra la acción del rayo y las condiciones de iluminación respectivamente.*

En los requisitos de habitabilidad aparecen:

— Higiene, salud y protección del medio ambiente de tal forma que se alcancen las condiciones aceptables de salubridad y estanqueidad en el ambiente interior del edificio y que éste no deteriore el medio ambiente en su entorno inmediato, garantizando una adecuada gestión de toda clase de residuos.

— Ahorro de energía y aislamiento térmico, de tal forma que se consiga un uso racional de la energía necesaria para la adecuada utilización del edificio.

— Otros aspectos funcionales de los elementos constructivos o de las instalaciones que permitan un uso satisfactorio del edificio.

3. *Definición del proyecto*

La LOE explicita que la finalidad del proyecto es la de documentación que define la obra.

En los arts. 4, 7 y 10 de la misma se exponen los criterios sobre la documentación.

Artículo 4. *Proyecto.*

1. El proyecto es el conjunto de documentos *mediante los cuales se definen y determinan las exigencias técnicas de las obras* contempladas en el art. 2. El proyecto habrá de justificar técnicamente las soluciones propuestas de acuerdo con las especificaciones requeridas por la normativa técnica aplicable.

2. *Cuando el proyecto se desarrolle o complete mediante proyectos parciales* u otros documentos técnicos sobre tecnologías específicas o instalaciones del edificio, *se mantendrá entre todos ellos la necesaria coordinación* sin que se produzca una duplicidad en la documentación ni en los honorarios a percibir por los autores de los distintos trabajos indicados.

Artículo 7. *Documentación de la obra ejecutada.*

Una vez finalizada la obra, el proyecto, con la incorporación, *en su caso, de las modificaciones debidamente aprobadas, será facilitado al promotor por el director de la obra para la formalización de los correspondientes trámites administrativos.*

A dicha documentación se adjuntará, al menos, el acta de recepción, la relación identificativa de los agentes que han intervenido durante el proceso de edificación, así como la relativa a las instrucciones de uso y mantenimiento del edificio y sus instalaciones, de conformidad con la normativa que le sea de aplicación.

Toda la documentación a que se hace referencia los apartados anteriores, que constituirá el Libro del Edificio, será entregada a los usuarios finales del edificio.

Artículo 10. *El proyectista.*

1. El proyectista es el agente que, por encargo del promotor y con sujeción a la normativa técnica y urbanística correspondiente, redacta el proyecto.

Podrán redactar proyectos parciales del proyecto, o partes que lo complementen, otros técnicos, de forma coordinada con el autor de éste.

Cuando el proyecto se desarrolle o complete mediante proyectos parciales u otros documentos técnicos según lo previsto en el apartado 2 del art. 4 de esta Ley, cada proyectista asumirá la titularidad de su proyecto.

4. *Real Decreto 314/2006*

El Real Decreto 314/2006 de 17 de marzo del 2006 desarrolla el art. 3.2 de la LOE, y en la exposición de motivos se manifiesta.

El Código Técnico de la Edificación crea un marco normativo homologable al existente en los países más avanzados y armoniza la reglamentación nacional existente en la edificación con las disposiciones de la Unión Europea vigentes en esta materia. En primer lugar, con las relativas a la libre circulación de productos de construcción dentro del mercado único europeo y, principalmente, con la Directiva 89/106/CEE del Consejo, de 21 de diciembre, relativa a la aproximación de las disposiciones legales, reglamentarias y administrativas de los Estados Miembros sobre productos de construcción, transpuesta al Derecho interno mediante el Real Decreto 1630/1992, de 29 de diciembre, sobre disposiciones para la libre circulación de productos de construcción. En segundo lugar ha de considerarse la Directiva 2002/91/CE del Parlamento Europeo y del Consejo, de 16 de diciembre, relativa a la eficiencia energética de los edificios, que se establecen en los arts. 4, 5 y 6 de esta Directiva.

El Código Técnico de la Edificación, además de ordenarse y completarse la reglamentación básica de la edificación relacionada con los requisitos básicos de seguridad y habitabilidad establecidos en la Ley 38/1999, se plantea un enfoque orientado hacia las exigencias básicas, en línea con el adoptado en el ámbito de la Unión Europea por la Resolución del Consejo, de 5 de mayo de 1985, del "nuevo enfoque" en materia de reglamentación técnica.

Igualmente, el Código Técnico de la Edificación se alinea con el denominado "enfoque basado en prestaciones", propugnado por las principales Organizaciones Internacionales relacionadas con códigos de edificación, tales como el Consejo Internacional de la Edificación, o el Comité Interjurisdiccional de Colaboración Reglamentaria, ambos inspiradores de los códigos de países avanzados. Este enfoque, entre otras ventajas, permite la apertura del sector a mercados cada día más globales de productos de construcción y de los profesionales del sector. Además, frente a los tradicionales códigos prescriptivos, la adopción de un código basado en prestaciones, supone una mayor apertura a la innovación que se justifica también por la consideración de que los conocimientos y la tecnología de la edificación están en un continuo progreso, de tal forma que la normativa promueva la investigación y no dificulte el progreso tecnológico.

El Código Técnico de la Edificación se divide en dos partes, ambas de carácter reglamentario. En la primera se contienen las disposiciones de carácter general (ámbito de aplicación, estructura, clasificación de usos, etc...) y las exigencias que deben cumplir los edificios para satisfacer los requisitos de seguridad y habitabilidad de la edificación.

La segunda parte está constituida por los Documentos Básicos cuya adecuada utilización garantiza el cumplimiento de las exigencias básicas. En los mismos se contienen procedimientos, reglas técnicas y ejemplos de soluciones que permiten determinar si el edificio cumple con los niveles de prestación establecidos. Dichos Documentos no tienen carácter excluyente. Como complemento para la aplicación del Código se crean los Documentos Reconocidos como aquellos documentos técnicos externos e independientes del Código cuya utilización facilita el cumplimiento de determinadas exigencias y contribuyen al fomento de la calidad de la edificación.

Para dar máxima operatividad a estos Documentos Reconocidos se crea el Registro General del Código Técnico de la Edificación en el que se inscribirán y harán públicos los mismos, así como los distintivos de calidad u otras evaluaciones técnicas de carácter voluntario que contribuyan al cumplimiento del Código. Igualmente podrán inscribirse en este Registro otras evaluaciones técnicas de los productos, equipos o sistemas, referidas a su correcta puesta en obra o a sus prestaciones finales, certificaciones medioambientales del análisis del ciclo de vida de los productos y otras evaluaciones medio ambientales que fomenten la mejora de la calidad de la edificación.

Por tanto el Código Técnico de la Edificación no limita la posibilidad de aplicar *soluciones alternativas a las contenidas en los DB reglamentarios, sino que contempla la posibilidad de potenciar nuevas técnicas y procedimientos para obtener el cumplimiento de las exigencias básicas, pero atendiendo a la demanda de innovación tecnológica y aplicación de los resultados de nuevas investigaciones.*

A título sólo de coherencia expositiva se cita aquí una referencia a la 1.ª Parte del Real Decreto 314/2006 referenciado al ámbito de aplicación.

1. El CTE será de aplicación, en los términos establecidos en la LOE y con las limitaciones que en el mismo se determinan, a las edificaciones públicas y privadas de cuyos proyectos precisen disponer de la correspondiente licencia a autorización legalmente exigible.

2. El CTE se aplicará a las *obras de edificación de nueva construcción,* excepto a aquellas construcciones de sencillez técnica y de escasa entidad constructiva, que no tengan carácter residencial o público, ya sea de forma eventual o permanente, que se desarrollen en una sola planta y no afecten a la seguridad de las personas.

3. Igualmente, el CTE *se aplicará a las obras de ampliación, modificación, reforma o rehabilitación que se realicen en edificios existentes,* siempre y cuando dichas obras sean compatibles con la naturaleza de la intervención y, en su caso, con el grado de protección que puedan tener los edificios afectados. *La posible incompatibilidad de aplicación deberá justificarse en el proyecto y, en su caso, compensarse con medidas alternativas que sean técnica y económicamente viables.*

Como se comprueba queda abierta, debido a la posible incompatibilidad, la aplicación del CTE en las obras de rehabilitación, reforma, ampliación o modificación en edificios existentes, pero se indica la necesidad de aplicación de medidas complementarias alternativas a juicio del proyectista. Ello puede conllevar unas ciertas discrepancias interpretativas que deberán regularse de forma más concreta y específica, ya que en los DB correspondientes, sólo se menciona en alguno de ellos y de forma indeterminada.

Los DB determinan el cumplimiento de las exigencias básicas.

a) *La caracterización de las exigencias básicas y su cuantificación,* en la medida en que el desarrollo científico y técnico de la edificación lo permite, mediante el establecimiento de los niveles o valores límite de las prestaciones de los edificios o sus partes, entendidas dichas prestaciones como el conjunto de características cualitativas o cuantitativas del edificio, identificables objetivamente, que determinan su aptitud para cumplir las exigencias básicas correspondientes; y

b) *Unos procedimientos cuya utilización acredita el cumplimiento de aquellas exigencias básicas, concretados en forma de métodos de verificación o soluciones sancionadas por la práctica. También podrán contener remisión o referencia a instrucciones, reglamentos u otras normas técnicas a los efectos de especificación y control de los materiales, métodos de ensayo y datos o procedimientos de cálculo, que deberán ser tenidos en cuenta en la redacción del proyecto del edificio y su construcción.*

La implantación necesaria y urgente de los Documentos Reconocidos y del Registro General del CTE, es en parte, una solución para facilitar la aplicabilidad del CTE y muy especialmente en temas de instalaciones debido precisamente a que en estos sistemas y subsistemas la evolución técnica es importante.

Otros conceptos importantes contenidos en la Parte 1.ª del CTE hacen referencia a la responsabilidad de aplicación y a las condiciones generales de cumplimiento.

Artículo 5. *Condiciones generales para el cumplimiento del CTE.*

1. Serán responsables de la aplicación del CTE los agentes que participan en el proceso de la edificación, según lo establecido en el capítulo III de la LOE.

2. Para asegurar que un edificio satisface los requisitos básicos de la LOE mencionados en el art. 1 de este CTE y que cumple las correspondientes exigencias básicas, los agentes que intervienen en el proceso de la edificación, en la medida en que afecte a su intervención, deben cumplir la condiciones que el CTE establece para la redacción del proyecto, la ejecución de la obra y el mantenimiento y conservación del edificio.

3. Para justificar que un edificio cumple las exigencias básicas que se establecen en el CTE podrán optarse por:

a) *Adoptar soluciones técnicas basadas en los DB, cuya aplicación en el proyecto, en la ejecución de la obra o en el mantenimiento y conservación del edificio, es suficiente para acreditar el cumplimiento de las exigencias básicas relacionadas con dichos DB; o*

b) *Soluciones alternativas, entendidas como aquéllas que se apartan total o parcialmente de los DB. El proyectista o el director de obra pueden, bajo su responsabilidad y previa conformidad del promotor, adoptar soluciones alternativas, siempre que justifiquen documentalmente que el edificio proyectado cumple las exigencias básicas del CTE porque sus prestaciones son, al menos, equivalentes a las que se obtendrían por la aplicación de los DB.*

En el tema de instalaciones es importante considerar el contenido del art. 6 del Real Decreto 314/2006 que define el conjunto del proyecto aplicando el contenido de la LOE al respecto.

Artículo 6. *Condiciones del proyecto.*

6.1. Generalidades.

1. El proyecto describirá el edificio y definirá las obras de ejecución del mismo con el detalle suficiente para que puedan valorarse e interpretarse inequívocamente durante su ejecución.

2. En particular, y con relación al CTE, el proyecto definirá las obras proyectadas con detalle adecuado a sus características, de modo que pueda comprobarse que las soluciones propuestas cumplen las exigencias básicas de este CTE y demás normativa aplicable. Esta definición incluirá, al menos, la siguiente información:

a) *Las características técnicas mínimas que deben reunir los productos, equipos y sistemas que se incorporen de forma permanente el edificio proyectado, así como sus condiciones de suministro, las garantías de calidad y el control de recepción que deba realizarse.*

b) *Las características técnicas de cada unidad de obra,* con indicación de las condiciones para su ejecución y las verificaciones y controles a realizar para comprobar su conformidad con lo indicado en el proyecto. Se precisarán las medidas a adoptar durante la ejecución de las obras y en el uso y mantenimiento del edificio, para asegurar la compatibilidad entre los diferentes productos, elementos y sistemas constructivos.

c) *Las verificaciones y pruebas de servicio* que, en su caso, deban realizarse para comprobar las prestaciones finales del edificio; y

d) *Las instrucciones de uso y mantenimiento* del edificio terminado, de conformidad con lo previsto en el CTE y demás normativa que sea de aplicación.

3. *A efectos de su tramitación administrativa, todo proyecto de edificación podrá desarrollarse en dos etapas: la fase de proyecto básico y la fase de proyecto de ejecución.* Cada una de estas fases del proyecto debe cumplir las siguientes condiciones:

a) *El proyecto básico definirá las características generales de la obra y sus prestaciones mediante la adopción y justificación de soluciones concretas. Su contenido será suficiente para solicitar la licencia municipal de obras, las concesiones u otras autorizaciones administrativas, pero insuficiente para iniciar la construcción del edificio. Aunque su contenido no permita verificar todas la condiciones que exige el CTE, definirá las prestaciones que el edificio proyectado ha de proporcionar para cumplir las exigencias básicas y, en ningún caso, impedirá su cumplimiento; y*

b) *El proyecto de ejecución desarrollará el proyecto básico* y definirá la obra en su totalidad *sin que en él puedan rebajarse las prestaciones declaradas en el básico, ni alterarse los usos y condiciones bajo las que, en su caso, se otorgaron la licencia municipal de obras, las concesiones u otras autorizaciones administrativas, salvo en aspectos legalizables.* El proyecto de ejecución incluirá los proyectos parciales u otros documentos técnicos que, en su caso, deben desarrollarlo o completarlo, los cuales se integrarán en el proyecto como documentos diferenciados bajo coordinación del proyectista.

6.2. Control del proyecto.

1. *El control del proyecto tiene por objeto verificar el cumplimiento del CTE y demás normativa aplicable y comprobar*

su grado de definición, la calidad del mismo y todos los aspectos que puedan tener incidencia en la calidad final del edificio proyectado. Este control puede referirse a todas o algunas de las exigencias básicas relativas a uno o varios de los requisitos básicos mencionados en el art. 1.

2. Los DB establecen, en su caso, los aspectos técnicos y formales del proyecto que deban ser objeto de control para la aplicación del los procedimientos necesarios para el cumplimiento de las exigencias básicas.

Por último las condiciones de ejecución están reflejadas en el art. 7 del mencionado Real Decreto.

Artículo 7. *Condiciones en la ejecución de las obras.*

7.1. Generalidades.

1. Las obras de construcción del edificio se llevarán a cabo con sujeción al proyecto y sus modificaciones autorizadas por el director de obra previa conformidad del promotor, a la legislación aplicable, a las normas de la buena práctica constructiva, y a las instrucciones del director de obra y del director de la ejecución de la obra.

2. Durante la construcción de la obra se elaborará la documentación reglamentaria exigible. En ella se incluirá, sin perjuicio de lo que establezcan otras Administraciones Públicas competentes, la documentación del control de calidad realizado a lo largo de la obra. En el anejo II se detalla, con carácter indicativo, el contenido de la documentación del seguimiento de la obra.

3. Cuando en el desarrollo de las obras intervengan diversos técnicos para dirigir las obras de proyectos parciales, lo harán bajo la coordinación del director de obra.

4. Durante la construcción de las obras el director de obra y el director de la ejecución de la obra realizarán, según sus respectivas competencias, los controles siguientes:

a) Control de recepción en obra de productos, equipos y sistemas que se suministren a las obras,

b) Control de ejecución de la obra de acuerdo y

c) Control de la obra terminada de acuerdo con él.

Artículo 8. *Condiciones del edificio.*

8.1. Documentación de la obra ejecutada.

1. El contenido del Libro del Edificio establecido en la LOE y por las Administraciones Públicas competentes, se completará con lo que se establezca, en su caso, en los DB para el cumplimiento de las exigencias básicas del CTE.

2. Se incluirá en el Libro del Edificio la documentación indicada en el art. 7.2 de los productos, equipos y sistemas que se incorporen a la obra.

3. Contendrá, asimismo, las instrucciones de uso y mantenimiento del edificio terminado de conformidad con lo establecido en este CTE y demás normativa aplicable, incluyendo un plan de mantenimiento del edificio con la planificación de las operaciones programadas para el mantenimiento del edificio y de sus instalaciones.

II. Alcance de las instalaciones en el CTE

En la legislación vigente, LOE ley 38/1999 y el Código Técnico de la Edificación Decreto 314/2006 se contempla el proyecto de edificación de *forma unitaria y completa* por lo que todos los elementos e instalaciones fijas que en ellas se ubican se deben aplicar los criterios y normativas contenidas en la mencionada legislación, *completada por otras regulaciones y normativas de aplicación sectorial.*

a) *Aplicación del CTE en las instalaciones de un edificio. Criterios de redacción del proyecto y comprobación parcial del contenido del mismo.*

Es importante observar que el CTE de la edificación confirma el *carácter contractual del proyecto entre los agentes* –promotor, proyectista y la propia Administración–. Al proyecto básico se le otorga este carácter, así como le da carácter definitorio de cumplimiento de las exigencias básicas, mínimas exigencias en el CTE o las demandadas por el promotor para aumentar el buen comportamiento de calidad y prestaciones de la obra o producto inmobiliario finalista.

No obstante en el caso de instalaciones, el *CTE no cubre toda la normativa, reglamentación existente sea de carácter general o parcial.* Por todo ello, el proyectista y el perito, en su caso, deberán analizar el cumplimiento de todas estas reglamentaciones que actualmente aún tiene carácter prescriptivo pero la nueva orientación prestacional del CTE, aporta en muchos casos que en la nueva redacción de reglamentos y normativa de estos documentos no pertenecientes al CTE, tengan el mismo carácter exigencial y prestacional.

Puede ser clarificador en esta exposición comentar el contenido del proyecto básico y el de ejecución, haciendo especial hincapié en el tema de instalaciones que es motivo de la presente ponencia, así como la base conceptual del propio CTE.

III. Contenido orientativo del proyecto básico en general y de las instalaciones en concreto

— El proyecto básico es la fase del trabajo en la que se definen de forma precisa las características generales de la obra y sus prestaciones mediante la adopción y justificación de soluciones correctas.

— Aunque su contenido no permite verificar todas las condiciones que exige el CTE, *definirá las prestaciones que el edificio proyectado ha de proporcionar para cumplir las exigencias básicas y, en ningún caso, impedirá su cumplimiento.*

— Su contenido es suficiente para solicitar, una vez obtenido el preceptivo visado colegial, la licencia municipal u otras autorizaciones administrativas, pero insuficiente para empezar la construcción.

MEMORIA DESCRIPTIVA

Agentes	— Promotor, proyectista, otros técnicos.	
Información previa	— Condicionantes de partida, datos del emplazamiento, entorno físico, normativa urbanística.	
Descripción del proyecto	— Descripción general del edificio.	Programa de necesidades, uso característico del edificio y otros usos previstos, relación con el entorno.
	— En caso se edificios existentes.	Definir el tipo de obra (ampliación, modificación, reforma o rehabilitación).
	— Cumplimiento de normas de disciplina urbanística, ordenanzas municipales, edificabilidad, etc.	Indicación normativa urbanística.
	— Cumplimiento del CTE y otras normativas específicas, funcionalidad, etc.	Listado de Normativa técnica.

MEMORIA DESCRIPTIVA

<table>
<tr><td rowspan="8">Descripción del proyecto</td><td>— Descripción de la geometría del edificio.</td><td colspan="2">Volumen, superficies útiles y construidas.</td></tr>
<tr><td rowspan="7">— Descripción general de los sistemas que componen el edificio.</td><td rowspan="3">— Estructura, cimentación, estructura importante y estructura horizontal.</td><td>— Especificar el periodo de servicio previsto, si difiere de 50 años.</td></tr>
<tr><td>— Definición: geometría global y cualquier elemento que pueda afectar a la durabilidad de la estructura.</td></tr>
<tr><td>— Definición del tipo estructural previsto y reservas geométricas para la realización de la estructura.</td></tr>
<tr><td>— Compartimentación.</td><td></td></tr>
<tr><td>— Envolvente.</td><td></td></tr>
<tr><td>— Acabados.</td><td></td></tr>
<tr><td colspan="2">— Acondicionamiento ambiental e instalaciones.</td></tr>
<tr><td rowspan="12">Prestaciones del edificio</td><td colspan="3">— Se definirán las prestaciones para requisitos básicos y en relación a las exigencias básicas del CTE.</td></tr>
<tr><td colspan="2">Requisitos básicos LOE</td><td>Exigencias básicas CTE.</td></tr>
<tr><td rowspan="3">Funcionalidad</td><td>Utilización</td><td>–</td></tr>
<tr><td>Accesibilidad</td><td>–</td></tr>
<tr><td>Telecomunicaciones</td><td>–</td></tr>
<tr><td rowspan="3">Seguridad</td><td>Estructural</td><td>SE</td></tr>
<tr><td>En caso de Incendio</td><td>SI</td></tr>
<tr><td>De utilización</td><td>SU</td></tr>
<tr><td rowspan="3">Habitabilidad</td><td>Salubridad</td><td>HS</td></tr>
<tr><td>Ahorro energético</td><td>HE</td></tr>
<tr><td>Protección frente al ruido</td><td>HR</td></tr>
<tr><td colspan="3">— Se indicarán específicamente las prestaciones acordadas entre promotor y proyectista que superen los límites establecidos en el CTE.
— Se establecerán las limitaciones de uso del edificio en su conjunto y de cada una de sus dependencias e instalaciones.</td></tr>
</table>

MEMORIA CONSTRUCTIVA

Sustentación del edificio	— Se indicarán las preexistencias, antecedentes, información disponible, peculiaridades y otros datos de interés del terreno a considerar para el cálculo de la parte del sistema estructural correspondiente a la cimentación. Se indicarán las características del terreno y los parámetros a considerar para el cálculo de la parte del sistema estructural correspondiente a los cimientos, a partir de los datos del Estudio Geológico. — En caso de no disponer todavía de todas las características y parámetros se complementarán en la memoria constructiva del proyecto ejecutivo.

CUMPLIMIENTO DEL CTE Y DE OTROS REGLAMENTOS Y DISPOSICIONES

Funcionalidad Art. 3 de la LOE.	Utilización Art. 3.1 de la LOE:	— Para garantizar el requisito básico de utilización se cumplimentan las normativas específicas que regulan los usos de los edificios.
	Accesibilidad. Art. 3.a.2 de la LOE, DB SU I	— Para garantizar el requisito básico de accesibilidad se cumplimenta la normativa específica que regula las condiciones de accesibilidad de los edificios: DB SU.
	Telecomunicaciones Art. 3.a.3 de la LOE.	— Para garantizar el requisito básico de acceso a los servicios de telecomunicaciones se especificarán las disposiciones adoptadas para dar cumplimiento a la normativa específica., en particular al RD 401/2003.

Seguridad estructural Art. 3 de la LOE i. Art. 10 de la Parte I CTE.	* Se caracterizarán y cuantificarán las exigencias básicas.			
	SE 1	Resistencia y estabilidad	— Descripción del tipo estructural previsto, geometría global de la estructura y luces previstas.	
			— Acciones de aplicación según SE AE.	— Acciones permanentes: pesos propios, pretesado, acciones del terreno, según SE AE 2.
				— Acciones variables: sobrecargas de uso, acciones sobre barandillas y divisorias, viento, acciones térmicas, nieve, según SE AE 3.

CUMPLIMIENTO DEL CTE Y DE OTROS REGLAMENTOS Y DISPOSICIONES

Seguridad estructural Art. 3 de la LOE i. Art. 10 de la Parte I CTE.	SE 1	Resistencia y estabilidad	— Acciones de aplicación según SE AE.	— Acciones accidentales: seísmo, incendio, impactos, otras acciones derivadas de usos potencialmente peligrosos, según SE AE 4.
			— Coeficientes parciales de seguridad aplicables a las acciones.	
			— Materiales previstos.	
			— Coeficientes parciales de resistencia de materiales.	
			— Control de calidad de materiales.	
	SE 2	Aptitud de servicio.	— Estructura general.	— Valores límite de: flechas de desplazamiento horizontal, de vibraciones (si es necesario) y de fatiga (si es necesario).
			Cimentación	— Valor límite de distorsión angular y de distorsión horizontal.

<table>
<tr><td rowspan="19">Seguridad en caso de incendio
Art. 3 de la LOE y art. 11 de la Parte I CTE.
CTE DB SI</td><td colspan="3">– Se caracterizan y cuantifican las exigencias básicas.
– Se justifica que las soluciones adoptadas cumplan las exigencias básicas, excepto las que por su necesidad de definición constructiva se desarrollen en el proyecto ejecutivo.
– Se aplicará el DB SI, ordenanzas municipales y el RSCIEI en el caso de edificios y establecimientos industriales.</td></tr>
<tr><td rowspan="4">SI 1</td><td rowspan="4">Propagación interior</td><td>– Compartimentación en sectores.</td></tr>
<tr><td>– Locales de riesgo.</td></tr>
<tr><td>– Espacios ocultos y pasos instalaciones.</td></tr>
<tr><td>– Reacción al fuego de los elementos constructivos, decorativos y de mobiliario.</td></tr>
<tr><td>SI 2</td><td>Propagación exterior</td><td>– Medianeras, fachadas y cubiertas: resistencia y reacción al fuego.</td></tr>
<tr><td rowspan="8">SI 3</td><td rowspan="8">Evacuación de ocupantes</td><td>– Compatibilidad de los elementos de evacuación.</td></tr>
<tr><td>– Cálculo de la ocupación.</td></tr>
<tr><td>– Número de salidas y longitud de los recorridos de evacuación.</td></tr>
<tr><td>– Dimensionado.</td></tr>
<tr><td>– Protección de las escaleras.</td></tr>
<tr><td>– Puertas.</td></tr>
<tr><td>– Señalización.</td></tr>
<tr><td>– Control de humos, si es necesario.</td></tr>
<tr><td>SI 4</td><td>Instalaciones de PCI</td><td>– Dotación y señalización.</td></tr>
<tr><td rowspan="3">SI 5</td><td rowspan="3">Intervención de bomberos</td><td>– Condiciones de aproximación.</td></tr>
<tr><td>– Condiciones del entorno.</td></tr>
<tr><td>– Accesibilidad por fachada.</td></tr>
<tr><td>SI 6</td><td>Resistencia al fuego de la estructura</td><td>– Definición del tiempo de resistencia al fuego exigible a la estructura.</td></tr>
</table>

Seguridad utilización Art. 3 de la LOE y Art. 12 de la Parte I. CTE. CTE DB SU	* Se caracterizarán y cuantificarán las exigencia. * Previamente: verificar si el edificio o zona está incluido en el ámbito de aplicación ya que varía cada apartado.		
	SU 1	Caídas	— Definir la clase exigible de deslizamiento de tierras, R, según zona (tabla 1.2).
			— Discontinuidades de pavimentos según apartado 2.
			— Desniveles (protección, características de las barreras de protección) según apartado 3.
			— Escaleras según apartado 4.1 y 4.2.
			— Rampas según apartado 4.3.
			— Limpieza de cristales exteriores según apartado 5.
	SU 2	Impacto.	— Impacto con elementos fijos o practicables, con elementos frágiles y con elementos insuficientemente perceptibles, según apartado 1.
	SU 3	Inmovilización en recintos cerrados.	— Según apartado 1.
	SU 4	Iluminación inadecuada	— Niveles mínimos de alumbrado normal según tabla 1.1.
			— Alumbrado de emergencia según apartado 2.
	SU 5	Alta ocupación (> 3000 espectadores en pie).	— Condiciones de gradas para espectadores en pie según apartado 2.
	SU 6	Ahogamiento	— Piscinas (barreras de protección, vaso, playas, escaleras) según apartado 1.
			— Pozos y depósitos según apartado 2.

<table>
<tr><td rowspan="5">Seguridad utilización
Art. 3 de la LOE y Art. 12 de la Parte I. CTE.
CTE DB SU</td><td rowspan="3">SU 7</td><td rowspan="3">Vehículos en movimiento (aparcamientos, excepto ≤ 100 m² y los de viviendas unifamiliares.</td><td colspan="2">— Características constructivas según apartado 2.</td></tr>
<tr><td colspan="2">— Protección de los recorridos de peatones según apartado 3.</td></tr>
<tr><td colspan="2">— Señalización según apartado 4.</td></tr>
<tr><td rowspan="2">SU 8</td><td rowspan="2">Acción del rayo.</td><td colspan="2">— Necesidad de la instalación de protección al rayo, según apartado 1.</td></tr>
<tr><td colspan="2">— Tipo de instalación exigida, según apartado 2.</td></tr>
<tr><td rowspan="5">Salubridad
Art. 3 de la LOE y Art. 12 de la Parte I CTE
CTE DB HS</td><td colspan="4">* Se caracterizarán y cuantificarán las exigencias básicas.</td></tr>
<tr><td rowspan="4">HS 1</td><td rowspan="4">Protección frente la humedad.</td><td rowspan="2">Muros</td><td>— Definir el grado de impermeabilidad a partir de la presencia de agua (tabla 2.1) y del coeficiente de permeabilidad del terreno que se extrae del estudio geotécnico (si en fase de proyecto básico aun no se dispone de estudio geotécnico, se deberá mencionar y remitir al proyecto ejecutivo donde se añadirá).</td></tr>
<tr><td>— Características de los puntos singulares según apartado 2.1.3.</td></tr>
<tr><td rowspan="2">Tierras</td><td>— Definir el grado de impermeabilidad a partir de la presencia de agua (tabla 2.3) y del coeficiente de permeabilidad del terreno que se extrae del estudio geotécnico, se deberá mencionar y remitir al proyecto de ejecutivo donde se añadirá)</td></tr>
<tr><td>— Características de los puntos singulares según apartado 2.2.3.</td></tr>
</table>

Salubridad Art. 3 de la LOE y Art. 12 de la Parte I CTE CTE DB HS	HS1	Protección frente la humedad.	Fachadas	— Definir el grado de impermeabilidad a partir del grado de exposición al viento del edificio (tabla 2.6) según la zona eólica (figura 2.5) y de la zona pluviométrica de promedios (tabla 2.5 y figura 2.4).
				— Características de los puntos singulares según apartado 2.3.3.
			Cubiertas	— Definición del grado de impermeabilidad (punto 2.4.1).
				— Características de las cubiertas según apartado 2.4.2.
				— Características de los componentes de las cubiertas según apartado 2.4.3.
				— Características de los puntos singulares según apartado 2.4.4.
	HS 2	Recogida y evacuación de residuos	— Definición del sistema en función del proyecto y del sistema municipal de recogida de residuos.	
			Zonas comunes.	— Existencia del almacén de contenedores de residuos, si es el caso, según apartado 2.1.
				— Existencia del espacio de reserva, si es el caso, según apartado 2.1.
				— Condiciones de las instalaciones para bajantes, si hay: bajantes, compuertas y estación de carga, según apartado 2.2.
			— Interior de la vivienda: existencia del espacio de almacenaje según el apartado 2.3.	

Salubridad Art. 3 de la LOE y Art. 12 de la Parte I CTE CTE DB HS	HS 3	Calidad del aire interior Otras normativas: RD 486/1997 Seguridad y Salud en los lugares de trabajo RD 1751/98 RITE, ITE 02.2.2 Ordenanzas municipales	Ventilación de las viviendas.	— Caudal, según tabla 2.1. — Tipo de sistema de elementos, aberturas y/o conductos de admisión y extracción, bocas de expulsión, según apartado 3.1.1.
			Ventilación de los almacenes de residuos.	— Caudal, según tabla 2.1. — Tipo de sistema de elementos, aberturas y/o conductos de admisión y extracción, bocas de expulsión, según apartado 3.1.2.
			Ventilación de trasteros.	— Caudal, según tabla 2.1. — Tipo de sistema de elementos, aberturas y/o conductos de admisión y extracción, bocas de expulsión, según apartado 3.1.3.
			Ventilación de los aparcamientos.	— Caudal, según tabla 2.1. — Tipo de sistema de elementos, aberturas y/o conductos de admisión y extracción, bocas de expulsión, según apartado 3.1.4.
			Ventilación de otros locales diferentes a los anteriores.	
	HS 4	Suministro de agua.	— La instalación garantizará la calidad del agua apta para el consumo humano según apartado 2.1.1:	
			— Protección contra retornos según apartado 2.1.2.	
			Condiciones mínimas de suministro según apartado 2.1.3:	— Caudal instantáneo mínimo para cada aparato. — Presión mínima en los puntos de consumo. — Presión máxima en los puntos de consumo. — T.ª ACS en puntos de consumo.

Salubridad Art. 3 de la LOE y Art. 12 de la Parte I CTE CTE DB HS	HS 4	Suministro de agua.	— Accesibilidad para la reparación y mantenimiento según apartado 2.1.4.
			— Señalización de las redes agua no aptas para el consumo humano, apartado 2.2.
			— Ahorro de agua según apartado 2.3.
	HS 5	Evacuación de aguas.	— Dispondrá de cerramientos hidráulicos según apartado 2.1.
			— Trazado de la red, según apartado 2.2.
			— Dimensionado según apartado 2.3.
			— Accesibilidad para mantenimiento según apartado 2.4.
			— Ventilación según apartado 2.5.
			— Usos no admitidos según apartado 2.6.
Ahorro energía Art. 3 de la LOE y art. 15 de la Parte I CTE CTE DB HE	* Se caracterizan y cuantifican las exigencias básicas.		
	HE 1	Limitación de la demanda energética.	— Previo: Definición de la zona climática donde se ubica el edificio (apéndice D del DB HE 1), la carga interna (baja o alta), el grado de higrometría y las orientaciones de fachadas.
			— Demanda energética: U máx. de los cerramientos y particiones según tabla 2.1. U límite de los cerramientos según tabla 2.2. F_H límite, F_L límite, de los huecos según tabla 2.2.
			— Limitación de las condensaciones. Definir el valor $f_{Rsi\ mín.}$ (apartado 3.1.2 y tabla 3.2).
			— Permeabilidad al aire de las carpinterías (apartado 2.3).
	HE 2	Rendimiento de las instalaciones térmicas.	— Enunciar las instalaciones térmicas previstas (calefacción, refrigeración, climatización y ventilación) e indicar que éstas se adecuarán al RITE (RD 1751/98).

Ahorro energía Art. 3 de la LOE y art. 15 de la Parte I CTE CTE DB HE	HE 3	Eficiencia energética de las instalaciones de iluminación.		– Previo: ámbito de aplicación (art. 1.1).
				– VEEI límite para cada zona (tabla 2.1).
				– Sistema de control (apartado 2.2).
				– Si es necesario, sistema de aprovechamiento de la luz natural (apartado 2.2).
	HE 4	Contribución solar mínima de agua caliente sanitaria.	Bases de cálculo y ejemplos.	– Previo: definir la demanda diaria de ACS en l/día a 60°C (tabla 3.1) la zona climática (tabla 3.2 y 3.3).
				– Contribución solar mínima: tabla 2.1, 2.2 y 2.3.
				– Protección contra sobrecalentamiento.
	HE 5	Contribución solar fotovoltaica mínima de energía eléctrica.		– Previo: ámbito de aplicación (tabla 1.1).
				– Potencia eléctrica mínima a instalar (apartado 2.2).
Protección frente al ruido Art. 3 de la LOE y art. 14 de la Parte I CTE NBE CA 88	* Se caracterizarán y cuantificarán las exigencias básicas según NBE-CA/88.			
	Aislamiento acústico al ruido aéreo, R, en dBA.	Elementos constructivos verticales.		– Particiones interiores (art. 10).
				– Usuarios diferentes (art. 11).
				– Zonas comunes (art. 12).
				– Salas de máquinas (art. 17).
		Elementos constructivos horizontales.		– Propiedades o usuarios diferentes (art. 14).
				– Cubiertas (art. 15).
				– Salas de máquinas (art. 17).
	Aislamiento acústico global al ruido aéreo, a_g, en dBA.	Fachadas		– En dormitorios (art 13).
				– Tipos de carpintería y acristalamiento en el resto de locales excepto los de servicio como cocinas y baños (art. 13).
	Aislamiento acústico al ruido de impacto, Ln, en dBA	Elementos constructivos horizontales.		– Propiedades o usuarios diferentes (art. 14).
				– Cubiertas (art. 15).
				– Salas de máquinas (art. 17).

IV. Contenido orientativo del proyecto de ejecución

El proyecto de ejecución es la fase del trabajo *en la que se desarrolla el proyecto básico, con la determinación completa de detalles y especificaciones es de todos los materiales, elementos, sistemas constructivos y equipos, definiendo la obra en su totalidad. No puede rebajar las prestaciones declaradas en el básico, ni alterar los usos y condiciones con los que, en su caso, se otorgaron la licencia de edificación u otras autorizaciones.*

Su contenido será el necesario para la realización de las obras contando con el preceptivo visado colegial y la licencia correspondiente.

Incluirá los proyectos parciales u otros documentos técnicos que si es necesario, lo hayan de desarrollar o completar, los cuales se integrarán en el proyecto como documentos diferenciados bajo la coordinación del proyectista.

* Su contenido es complementario del proyecto básico e incluirá las modificaciones de los apartados desarrollados en el proyecto básico, si existieran.

* Se complementará y se introducirán las modificaciones, si existieran, de la memoria descriptiva desarrollada en el proyecto básico.

MEMORIA CONSTRUCTIVA

Descripción de las soluciones adoptadas y justificación del cumplimiento del CTE y otros reglamentos y disposiciones. Se justificarán las prestaciones del edificio que mejoren los niveles exigidos en el CTE. En el caso de obras en edificios existentes se deberá justificar la posible incompatibilidad de aplicación del CTE, y si es el caso las medidas alternativas compensatorias adoptadas.	
Sustentación del edificio	— Se complementará la información sobre las características del terreno y los parámetros a considerar para el cálculo de la parte del sistema estructural correspondiente a la cimentación.

MEMORIA CONSTRUCTIVA

<table>
<tr><td rowspan="11">Sistema estructural (cimentación, estructura importante y estructura horizontal)</td><td colspan="2">— Se establecerán los datos y las hipótesis de partida, el programa de necesidades, las bases de cálculo y procedimientos o métodos utilizados para todo el sistema estructural, así como las características de los materiales que intervienen.</td></tr>
<tr><td colspan="2">— La justificación se hará para las soluciones, adoptadas, caracterizadas y cuantificadas en el Proyecto Básico o al inicio de este apartado, aplicando:
* DB SE, DB SE-AE, DE SE-C, DB SE-A, DB SE-F, DE SE-M.</td></tr>
<tr><td colspan="2">— También se justificará la resistencia frente al fuego de los elementos estructurales.</td></tr>
<tr><td colspan="2">— Descripción detallada de la modelización del edificio para su cálculo, indicando el tipo estructural adoptado para el conjunto de las partes, las características de las secciones, tipo de conexión y condiciones de sustentación.</td></tr>
<tr><td colspan="2">— Modalidad de análisis y métodos de cálculo.</td></tr>
<tr><td colspan="2">— Los cálculos realizados por ordenador se complementarán indicando los programas informáticos utilizados, indicando el campo de aplicación del programa y explicando la representación de los datos introducidos y el tipo de resultado generado por el programa.</td></tr>
<tr><td colspan="2">— Características mecánicas consideradas para los materiales estructurales.</td></tr>
<tr><td colspan="2">— Características mecánicas del terreno de sustentación del edificio.</td></tr>
<tr><td colspan="2">— Características mecánicas del terreno que actúa sobre el edificio.</td></tr>
<tr><td rowspan="2">— Exigencias relativas a la capacidad importante (SE 4.2 y SE C 2.4.2).</td><td>— Verificación de la estabilidad (acciones, combinación de acciones, coeficientes de acciones estabilizadores y desestabilizadores.</td></tr>
<tr><td>— Verificación de la resistencia estructural (acciones, combinación de acciones, coeficientes parciales de seguridad de las acciones, coeficientes de seguridad de los materiales).</td></tr>
</table>

MEMORIA CONSTRUCTIVA

Sistema estructural (cimentación, estructura general y estructura horizontal)	— Exigencias relativas a la aptitud de servicio de la estructura.	— Flechas (acciones, combinaciones de acciones y limitaciones).
		— Desplazamientos horizontales (acciones,combinación de acciones y limitaciones).
		— Vibraciones, si es el caso.
		— Fatiga, si es el caso.
	— Exigencias relativas a la aptitud de servicio de la cimentación	— Distorsión angular.
		— Distorsión horizontal.
Sistema envolvente	– Definición constructiva de los diferentes subsistemas del envolvente del edificio, con descripción de su comportamiento frente a las acciones a las cuales está sometido (peso propio, viento, seísmo, etc.), frente al fuego, seguridad de uso, evacuación de agua y comportamiento frente a la humedad, aislamiento acústico y sus bases de cálculo.	
	— Aislamiento térmico de los mencionados subsistemas, la demanda energética máxima prevista del edificio para condiciones de verano e invierno y su eficiencia energética en función del rendimiento energético de las instalaciones proyectadas según el apartado 1.5.2.	
Sistema de compartimentación	— Definición de los elementos de compartimentación con especificación de su comportamiento ante el fuego y su aislamiento acústico y otras características que sean exigibles, en su caso.	
Sistemas de acabados	— Se indicarán las características y prescripciones de los acabados de los paramentos a fin de cumplir los requisitos de funcionalidad, seguridad y habitabilidad.	
Sistemas de acondicionamiento e instalaciones	— Se indicarán los datos de partida, objetivos a cumplir, las prestaciones y las bases de cálculo y justificación del cumplimiento del CTE y otros reglamentos y disposiciones para cada uno de los subsistemas siguientes:	
	— Instalaciones protección contra incendios.	— Diseño y dimensionado de las instalaciones según CTE DB SI, RSCIEI, RIPCI, Ordenanzas municipales y otras normativas, si es el caso.

MEMORIA CONSTRUCTIVA

Sistemas de acondicionamiento e instalaciones	– Antintrusión	
	– Pararrayos	– CTE SU.8.
	– Electricidad	– Diseño y dimensionado según REBT, RD 842/2002.
	– Alumbrado	– Diseño y dimensionado según REBT 2002, CTE DB SU 4 y CTE DB HE 3.
	– Ascensores y transporte	– Diseño según Reglamento ascensores.
	– Fontanería	– Diseño y dimensionado según CTE DB HS 4, y ordenanzas municipales.
	– Evacuación de residuos líquidos.	– Diseño y dimensionado según CTE DB HS 5 y ordenanzas municipales.
	– Evacuación de residuos sólidos.	– Diseño y dimensionado según CTE DB HS 2 y ordenanzas municipales.
	– Ventilación	– Diseño y dimensionado según CTE DB HS 2 y ordenanzas municipales.
	– Telecomunicaciones	– Previsión de espacios para las infraestructuras de telecomunicaciones en edificios sometidos a propiedad horizontal dimensionado según RD 401/2003 de ámbito estatal.
	– Instalaciones térmicas y rendimiento energético.	– Diseño y dimensionado según CTE DB HE 2 y RITE, RD 1751/1998 y Ordenanzas municipales.
	– Suministro de gas natural o GLP.	– Diseño y dimensionado según el Reglamento de instalaciones de gas, RD 919/ 2006.

MEMORIA CONSTRUCTIVA

Sistemas de acondicionamiento e instalaciones	— Suministro de gasoil	— Diseño y dimensionado según instrucción MI-IP03 (RD 1523/99).
	— Incorporación de energía solar térmica.	— Diseño y dimensionado según CTE DB HE 4, y Ordenanzas municipales.
	— Incorporación de energía solar fotovoltaica.	— Diseño y dimensionado según CTE DB HE 4, y Ordenanzas municipales.
	— Incorporación de otras energías renovables.	— Ordenanzas municipales.
Equipamientos	— Definición de baños, cocinas, lavaderos, equipamiento industrial, etc.	

PROYECTOS PARCIALES Y OTROS DOCUMENTOS TÉCNICOS

En la memoria se deberá hacer referencia a los proyectos parciales que haya documentos técnicos que desarrollen o completen el proyecto de ejecución indicando su contenido.

Se integrarán en el proyecto por el proyectista bajo su coordinación.

Algunas reglamentaciones establecen la necesidad de un proyecto específico a partir de una determinada potencia o capacidad. Este proyecto lo puede redactar el autor del proyecto o bien otros técnicos competentes.

Se recomienda que estén formalizados como documentación separable ya que estará sujeta a una tramitación independiente.

Proyectos específicos	
Electricidad	Según la actividad y la potencia prevista. * Instrucción BT 04 del REBT RD 842/2002.
Instalaciones térmicas (ACS, calefacción, climatización, ventilación).	Si la potencia térmica instalada total es > 70 KW (si el edificio dispone de instalaciones individuales, es la suma de potencias parciales). * Instrucción ITE 07 del RITE (RD 1758/1998).
Gas natural o GLP	— Depósito de GLP si V > 13.001 l.
	— Instalación individual si P útil > 70 KW.
	— Instalación común si P útil > 2.000 KW.
	* Instrucciones ITC-IGC y ITC-ITG 07 del Reglamento de combustibles gaseosos (RD 919/2006).

PROYECTOS PARCIALES Y OTROS DOCUMENTOS TÉCNICOS

Gasoil	– Depósito interior de gasoil-C si V > 300 l.
	– Depósito exterior de gasoil-C si V > 5.000 l.
	* Instrucción MI IP03 (RD 1523/99).
Telecomunicaciones	– Cualquier edificio sometido a régimen de propiedad horizontal, o a régimen de alquiler por un plazo superior a un año. Se incluyen los conjuntos de viviendas unifamiliares con elementos comunitarios siempre haya continuidad de edificación.
	* RD Ley 1/98 y RD 401/2003.
	* El proyecto de la infraestructura común de telecomunicaciones lo debe firmar un ingeniero o ingeniero técnico de telecomunicaciones.

INSTRUCCIONES DE USO Y MANTENIMIENTO

De conformidad con lo que prevé el CTE y otras normativas de aplicación	Documento base.

La documentación gráfica, pliego de condiciones y presupuesto y mediciones se desarrollará como mínimo según lo indicado en el anexo 1 del art. 6.3 del CTE, a nivel de proyecto básico y a nivel del proyecto de ejecución.

V. Análisis de las exigencias básicas y los DB correspondientes referidos a instalaciones que se contemplan en el CTE

Exigencias básicas referentes a instalaciones.

Seguridad en caso de incendios SI
Seguridad de utilización SU
Energía HE
Salubridad HS

1. Seguridad en caso de incendio-SI

Este Documento Básico (DB) tiene por objeto establecer reglas y procedimientos que permiten cumplir las exigencias básicas de seguridad en caso de incendio. Las secciones de este DB se corresponden con las exigencias básicas SI 1 a SI 6. La correcta aplicación de cada Sección supone el cumplimiento de la exigencia básica correspondiente. La correcta aplicación del conjunto del DB supone que se satisface el requisito básico "Seguridad en caso de incendio".

El conjunto de exigencias contenidas en el SI ya se han expresado en otras ponencias. Sólo a título de coherencia se incluyen las referidas a instalaciones propiamente dichas.

Exigencia básica SI 4. - Instalaciones de protección contra incendios.

El edificio dispondrá de los equipos e instalaciones adecuados para hacer la posible detección, el control y la extinción del incendio, así como la transmisión de la alarma a los ocupantes.

1. Dotación de instalaciones de protección contra incendios que se indican en la tabla 1.1. El diseño, la ejecución, la puesta en funcionamiento y el mantenimiento de dichas instalaciones, así como sus materiales, componentes y equipos, *deben cumplir lo establecido en el Reglamento de Instalaciones de Protección contra Incendios*" (RIPCI), en sus disposiciones complementarias y en cualquier otra reglamentación específica que le sea de aplicación. *La puesta en funcionamiento de las instalaciones requiere la presentación, ante el órgano competente de la Comunidad Autónoma, del certificado de la empresa instaladora al que se refiere el art. 18 del citado reglamento.*

Aquellas zonas cuyo uso previsto sea diferente y subsidiario del principal del edificio o del establecimiento en que estén integradas y que, conforme a la tabla 1.1 del Capítulo 1 de la

Sección 1 de esta DB, deban constituir un sector de incendio diferente, deben disponer de la dotación de instalaciones que se indica para el uso previsto de la zona.

2. Señalización de las instalaciones manuales de protección contra incendios.

Los medios de protección contra incendios de utilización manual (extintores, bocas de incendio, pulsadores manuales de alarma y dispositivos de disparo de sistemas de extinción) se deben señalizar mediante señales definidas en la norma UNE 23033-1 cuyo tamaño sea.

a) 210 × 210 mm cuando la distancia de observación de la señal no exceda de 10 m.

b) 420 × 420 mm cuando la distancia de observación esté comprendida entre 10 y 20 m.

c) 594 × 594 mm cuando la distancia de observación esté comprendida entre 20 y 30 m.

Las señales deben ser visibles incluso en caso de fallo en el suministro al alumbrado normal. Cuando sean fotoluminiscentes, sus características de emisión luminosa debe cumplir lo establecido en la norma UNE 23035-4:1999.

2. *Seguridad de utilización-SU*

Este Documento Básico DB SU tiene por objeto establecer reglas y procedimientos que permiten cumplir las exigencias básicas de seguridad de utilización. Las secciones de este DB se corresponden con las exigencias básicas SU 1 a SU 8. La correcta aplicación de cada Sección supone el cumplimiento de la exigencia básica correspondiente. La correcta aplicación del conjunto del DB supone que se satisface el requisito básico "Seguridad de utilización".

No es objeto de este Documento Básico la regulación de las condiciones de accesibilidad no relacionadas con la seguridad de utilización que deben cumplir los edificios. Dichas condiciones se regulan en la normativa de accesibilidad que sean de aplicación.

El conjunto de exigencias contenidas en el SU ya se han expresado en otra ponencia. Sólo a título de coherencia se incluyen las referidas a instalaciones propiamente dichas.

Exigencia básica SU 4. Seguridad frente al riesgo causado por iluminación inadecuada.

Se limitará el riesgo de daños a las personas como consecuencia de una iluminación inadecuada en zonas de circulación de los edificios, tanto interiores como exteriores, incluso en caso de emergencia o de fallo del alumbrado normal.

1. *Alumbrado normal en zonas de circulación.*

En cada zona se dispondrá una instalación de alumbrado capaz de proporcionar, como mínimo, el nivel de iluminación que se establece en la tabla 1.1 medido a nivel del suelo.

NIVELES MÍNIMOS DE ILUMINACIÓN

	Zona		Iluminancia mínima lux
Exterior	Exclusiva para personas	Escaleras	10
		Resto de zonas	5
	Para vehículos o mixtas		10
Interior	Exclusiva para personas	Escaleras	75
		Resto de zonas	50
	Para vehículos o mixtas		50

El factor de uniformidad media será del 40% como mínimo.

En las zonas de los establecimientos de uso Pública Concurrencia en las que la actividad se desarrolla con un nivel bajo de iluminación se dispondrá una iluminación de balizamiento en las rampas y en cada uno de los peldaños de las escaleras.

2. *Alumbrado de emergencia.*

— Dotación.
— Posición y características de las luminarias.
— Características de la instalación.
— Iluminación de las señales de seguridad.

Exigencia básica SU 8. Seguridad frente al riesgo causado por la acción del rayo.

Se limitará el riesgo de electrocución y de incendio causado por la acción del rayo, mediante instalaciones adecuadas de protección contra el rayo.

1. *Procedimiento de verificación.*

Será necesaria la instalación de un sistema de protección contra el rayo cuando la frecuencia esperada de impactos N_e sea mayor que el riesgo admisible N_a.

Los edificios en los que se manipulen sustancias tóxicas, radioactivas, altamente inflamables o explosivas y los edificios cuya altura sea superior a 43 m. dispondrán siempre de sistemas de protección contra el rayo de eficiencia E superior o igual a 0,98, según lo indicado en el apartado 2.

La frecuencia esperada de impactos, N_e, puede determinarse mediante la expresión:

$$N_e = N_g A_e C110\text{-}6 \text{ [n.° impactos/año].}$$

Siendo:

N_e Densidad de impactos sobre el terreno (n.° impactos/año/km^2) definido en mapa de densidad.

A_e Superficie de captura equivalente del edificio aislado en m^2, que es la delimitada por una línea trazada a una distancia 3H de cada uno de los puntos del perímetro del edificio, siendo H la altura del edificio en el punto del perímetro considerado.

C_1 Coeficiente relacionado con el entorno.

Coeficiente C_1.

Situación del edificio	C1
Próximo a otros edificios o árboles de la misma altura o más altos	0,5
Rodeado de edificios más bajos	0,75
Aislado	1
Aislado sobre una colina o promontorio	2

El riesgo admisible Na puede determinarse mediante la expresión:

$$Na = \frac{5,5}{C_2 C_3 C_4 C_5} 10^{-3}$$

Siendo:

C_2 Coeficiente en función del tipo de construcción (a).
C_3 Coeficiente en función del contenido del edificio (b).
C_4 Coeficiente en función del uso del edificio (c).
C_5 Coeficiente en función de la necesidad de continuidad en las actividades que se desarrollan en el edificio (d).

Coeficiente C_2 – (a).

	Cubierta metálica	*Cubierta hormigón*	*Cubierta madera*
Estructura metálica	0,5	1	2
Estructura hormigón	1	1	2,5
Estructura madera	2	2,5	3

Coeficiente C_3 – (b).

Edificio con contenido:	
— Inflamable	3
— Otros contenidos	1

Coeficiente C_4 – (c)

Edificios no ocupados normalmente:	0,5
Pública concurrencia, Sanitarios, Comercial, Docencia	3
Resto edificios	1

Coeficiente C_5 – (d).

Edificios en que se pueden ocasionar impactos graves (hospitales, Bomberos, etc...)	5
Resto edificios	1

3. Ahorro de energia-HE

Entre otras exigencias se contemplan, las referentes al rendimiento de las instalaciones térmicas, a la eficiencia energética de las instalaciones de iluminación y al aprovechamiento de energías alternativas.

El Documento Básico DB HE tiene por objeto establecer reglas y procedimientos que permiten cumplir las exigencias básicas de ahorro de energía. Las secciones de este DB se corresponden con las exigencias básicas HE 1 a HE 5. La correcta aplicación de cada sección supone el cumplimiento de la exigencia básica correspondiente. La correcta aplicación del conjunto del DB que se satisface el requisito básico "Ahorro de energía".

Tanto el objetivo del requisito básico "Ahorro de energía", como las exigencias básicas se establecen el art. 15 de la Parte I de este CTE y son los siguientes:

En el art. 15 del CTE se define:

Exigencias básicas de ahorro de energía (HE).

1. El objetivo del requisito básico "Ahorro de energía" consiste en conseguir un uso racional de la energía necesaria para la utilización de los edificios, reduciendo a límites sostenibles su consumo y conseguir asimismo que una parte de este consumo proceda de fuentes de energía renovable, como consecuencia de las características de u proyecto, construcción, uso y mantenimiento.

2. Para satisfacer este objetivo, los edificios se proyectarán, construirán, utilizarán y mantendrán de forma que se cumplan las exigencias básicas que se establecen en los apartados siguientes.

3. El Documento Básico "DB HE Ahorro de energía" especifica parámetros objetivos y procedimientos cuyo cumplimiento asegura la satisfacción de las exigencias básicas y la superación de los niveles mínimos de calidad propios del requisito básico de ahorro de energía.

15.1. *Exigencia básica HE 1: Limitación de demanda energética.* Los edificios dispondrán de una envolvente de características tales que limite adecuadamente la demanda energética necesaria para alcanzar el bienestar térmico en función del clima de la localidad, del uso del edificio y del régimen de verano y de invierno, así como por sus características de aislamiento e inercia, permeabilidad al aire y exposición a la radiación solar, reduciendo el riesgo de aparición de humedades de condensación superficiales e intersticiales que puedan perjudicar sus características y tratando adecuadamente los puentes térmicos para limitar las pérdidas o ganancias de calor y evitar problemas higrotérmicos en los mismos.

Esta exigencia no es motivo de la ponencia, por tratarse del comportamiento pasivo del edificio, y no hace referencia a las instalaciones del mismo.

15.2. *Exigencia básica HE 2: Rendimiento de las instalaciones térmicas. Los edificios dispondrán de instalaciones térmicas apropiadas destinadas a proporcionar el bienestar térmico de sus ocupantes, regulando el rendimiento de las mismas y de sus equipos. Esta exigencia se desarrolla actualmente en el vigente Reglamento de Instalaciones Térmicas en los Edificios, RITE, y su aplicación quedará definida en el proyecto del edificio.*

Esta exigencia en consecuencia no modifica la normativa contenida en el RITE (Reglamento de Instalaciones Térmicas en los Edificios) redactado por el Ministerio de Industria mediante el Real Decreto 1751/1998 de 31 de julio.

15.3. *Exigencia básica HE 3: Eficiencia energética de las instalaciones de iluminación. Los edificios dispondrán de instalaciones de iluminación adecuadas a las necesidades de sus usuarios y a la vez eficaces energéticamente disponiendo de un sistema de control que permita ajustar el encendido a la ocupación real de la zona, así como de un sistema de regulación que optimice el aprovechamiento de la luz natural, en las zonas que reúnan unas determinadas condiciones.*

1. *Ámbito de aplicación.* En el DB HE3 se define y acota el ámbito de aplicación.

Esta sección es de aplicación a las instalaciones de iluminación interior en:

a) edificios de nueva construcción,

b) rehabilitación de edificios existentes con una superficie útil superior a 1000 m^2, donde se renueve más del 25% de la superficie iluminada,

c) reformas de locales comerciales y de edificios de uso administrativo en los que se renueve la instalación de iluminación.

Se excluyen del ámbito de aplicación:

a) Edificios y monumentos con valor histórico o arquitectónico reconocido, cuando el cumplimiento de las exigencias de esta sección pudiese alterar de manera inaceptable su carácter o aspecto.

b) Construcciones provisionales con un plazo previsto de utilización igual o inferior a 2 años.

c) Instalaciones industriales, talleres y edificios agrícolas no residenciales.

d) Edificios independientes con una superficie útil total inferior a 50 m^2.

e) Interiores de viviendas.

En los casos excluidos en el punto anterior, en el proyecto se justificarán las soluciones adoptadas, en su caso, para el ahorro de energía en la instalación de iluminación. Deja en consecuencia abiertas las condiciones de ahorro a aplicar en estos casos.

Se excluyen, también, de este ámbito de aplicación los alumbrados de emergencia.

Para el cumplimiento de este DB se efectuará a través de:

a) Un procedimiento de verificación.

b) Una documentación justificativa.

2. *Caracterización y cuantificación de las exigencias.*

— Se definen los límites del Valor de Eficiencia Energética de la Instalación expresado en W/m^2 por cada 100 lux para cada zona de actividad diferenciada.

— Se determinan los sistemas de control y regulación en función de la tipología y características del edificio., así como introduce zonas de exclusión o no aplicación.

3. *Cálculo.* Se expone un procedimiento de cálculo en base a:

— Datos previos.
— Método de cálculo.

4. *Productos de construcción.* Definición de los distintos productos.

— Equipos.
— Control de recepción en obra de productos.

5. *Mantenimiento y conservación.* Se definen características de uso y mantenimiento, que el proyectista debe indicar y el usuario aplicar y cumplimentar.

En el capítulo de Terminología se definen conceptos que se aplican en el capítulo del DB. Es importante su interpretación y aplicabilidad.

Normas de referencia: normas UNE-EN y UNE, guías técnicas, etc... Unas tienen carácter de suficiencia para cumplimentar las exigencias y otras de recomendación.

15.4. *Exigencia básica HE 4: Contribución solar mínima de agua caliente sanitaria. En los edificios, con previsión de demanda de agua caliente sanitaria o de climatización de piscina cubierta, en los que así se establezca en este CTE, una parte de las necesidades energéticas térmicas derivadas de esa demanda se cubrirá mediante la incorporación en los mismos de sistemas de captación, almacenamiento y utilización de energía solar de baja temperatura, adecuada a la radiación solar global de su emplazamiento y a la demanda de agua caliente del edificio.* Los valores derivados de esta exigencia básica tendrán la consideración de mínimos, sin perjuicio de valores que puedan ser establecidos por las administraciones competentes y que contribuyan a la sostenibilidad, atendiendo a las características propias de su localización en el ámbito territorial.

1. *Ámbito de aplicación. Se introducen modificaciones en el ámbito y alcance de aplicación.*

Esta sección es aplicable a los edificios de nueva construcción y rehabilitación de edificios existentes de cualquier uso en los que exista una demanda de agua caliente sanitaria y/o climatización de piscina cubierta.

La contribución solar mínima determinada en aplicación de la exigencia básica que se desarrolla en esta Sección, podrá disminuirse justificadamente en los siguientes casos:

a) Cuando se cubra ese aporte energético de agua caliente sanitaria mediante el aprovechamiento de energías renovables, procesos de cogeneración o fuentes de energía residuales procedentes de la instalación de recuperadores de calor ajenos a la propia generación de calor del edificio.

b) Cuando el cumplimiento de este nivel de producción suponga sobrepasar los criterios de cálculo que marca la legislación de carácter básico aplicable.

c) Cuando el emplazamiento del edificio no cuente con suficiente acceso al sol por barreras externas al mismo.

d) En rehabilitación de edificios cuando existan limitaciones no subsanables derivadas de la configuración previa del edificio existente o de la normativa urbanística aplicable.

e) En edificios de nueva planta, cuando existan limitaciones no subsanables derivadas de la normativa urbanística aplicable, que imposibiliten de forma evidente la disposición de la superficie de captación necesaria.

f) Cuando así lo determine el órgano competente que deba dictaminar en materia de protección histórico-artística.

En edificios que se encuentren en los casos b), c), d) y e) del apartado anterior, en el proyecto, se justificará la inclusión alternativa de medidas o elementos que produzcan un ahorro energético térmico o reducción de emisiones de dióxido de carbono, equivalentes a las que se obtendrían mediante la correspondiente instalación solar, respecto a los requisitos básicos que fije la normativa vigente, realizando mejoras en el aislamiento térmico y rendimiento energético de los equipos.

Procedimiento de verificación: El DB presenta un procedimiento que permite cumplimentar el mismo.

2. *Caracterización y cuantificación de las exigencias.*

Las contribuciones solares que se recogen tienen el carácter de mínimos pudiendo ser ampliadas voluntariamente por el promotor o como consecuencia de disposiciones dictadas por las administraciones competentes.

Contribución solar mínima, de acuerdo con una tabla y referencias a las condiciones de asoleo de la ubicación del edificio. Existen normas autonómicas y municipales que modifican y amplían las condiciones de aplicación de esta exigencia.

3. *Cálculo y dimensionado*. Se presenta un procedimiento de cálculo en base a:

— Datos previos.

- Cálculo de la demanda.
- Determinación de la Zona Climática.

— Condiciones generales de la instalación.
— Criterios generales de cálculo.
— Componentes del sistema.
— Cálculo de las pérdidas por orientación e inclinación.
— Cálculo de pérdidas de radiación solar por sombras.

4. *Mantenimiento*. Se definen características de uso y mantenimiento que se deben prefijar en el proyecto y cumplimentar por el usuario.

Sin perjuicio de aquellas operaciones de mantenimiento derivadas de otras normativas, para englobar todas las operaciones necesarias durante la vida de la instalación para asegurar el funcionamiento, aumentar la fiabilidad y prolongar la duración de la misma, se definen dos escalones complementarios de actuación.

a) Plan de vigilancia.
b) Plan de mantenimiento preventivo.

Se adjunta como en todo el DB una terminología, donde se definen conceptos que se aplican. Es importante su interpretación y aplicabilidad.

15.5. *Exigencia básica HE 5: Contribución fotovoltaica mínima de energía eléctrica. En los edificios que así se establezca en este CTE se incorporarán sistemas de captación y transformación de energía solar en energía eléctrica por procedimientos fotovoltaicos para uso propio o suministro a la red. Los valores derivados de esta exigencia básica tendrán la consideración de mínimos, sin perjuicio de valores más estrictos que puedan ser establecidos por las administraciones competentes y que contribuyan a la sostenibilidad, atendiendo a las características propias de su localización y ámbito territorial.*

1. *Ámbito de aplicación.*

Los edificios de los usos indicados, a los efectos de esta sección, de la tabla 1.1 incorporarán sistemas de captación y transformación de energía solar por procedimientos fotovoltaicos cuando superen los límites de aplicación establecidos en dicha tabla.

Tipo de uso	*Límite de aplicación.*
Hipermercado	5.000 m^2 construidos.
Multitienda y centros de ocio	3.000 m^2 construidos.
Nave de almacenamiento	10.000 m^2 construidos.
Administrativos	4.000 m^2 construidos.
Hoteles y hostales	100 plazas.
Hospitales y clínicas	100 camas.
Pabellones de recintos feriales	10.000 m^2 construidos.

La potencia eléctrica mínima determinada en aplicación de exigencia básica que se desarrolla en esta Sección, podrá disminuirse justificadamente, en los siguientes casos:

a) Cuando se cubra la producción eléctrica estimada que correspondería a la potencia mínima mediante el aprovechamiento de otras fuentes de energías renovables.

b) Cuando el emplazamiento no cuente con suficiente acceso al sol por barreras externas al mismo y no se puedan aplicar soluciones alternativas.

c) En rehabilitación de edificios, cuando existan limitaciones no subsanables derivadas de la configuración previa del edificio, existente o de la normativa urbanística aplicable.

d) En edificios de nueva planta, cuando existan limitaciones no subsanables derivadas de la normativa urbanística aplicable que imposibiliten de forma evidente la disposición de la superficie de captación necesaria.

e) Cuando así lo determine el órgano competente que deba dictaminar en materia de protección histórico-artística.

En edificios para los cuales sean de aplicación los apartados b), c), d) se justificará, en el proyecto, la inclusión de medidas o elementos alternativos que produzcan un ahorro eléctrico equivalente a la producción que se obtendría con la instalación solar mediante mejoras en instalaciones consumidoras de energía eléctrica tales como la iluminación, regulación de motores o equipos más eficientes.
Procedimiento de verificación.
El DB presenta una secuencia de aplicación y verificación.

2. *Caracterización y cuantificación de las exigencias.*

— Potencia eléctrica mínima a obtener mediante esta exigencia.

— Determinación de la potencia pico a instalar.

3. *Cálculo.*

— Zonas climáticas.
— Condiciones generales de la instalación.
— Cálculo de las pérdidas por orientación e inclinación.

4. *Mantenimiento*. Se definen características de uso y mantenimiento.

Para englobar las operaciones necesarias durante la vida de la instalación para asegurar el funcionamiento, aumentar la fiabilidad y prolongar la duración de la misma, se definen dos escalones complementarios de actuación:

a) Plan de vigilancia.
b) Plan de mantenimiento preventivo.

En el capítulo Terminología se definen conceptos que se aplican. Es importante su interpretación y aplicabilidad.

4. Salubridad-HS

Entre otras exigencias se contemplan las referentes a instalaciones de salubridad:

— Recogida y evacuación de residuos.
— Calidad del aire interior.
— Suministro de agua.
— Evacuación de aguas residuales.

Este Documento Básico DB HS tiene por objeto establecer reglas y procedimientos que permiten cumplir las exigencias básicas de salubridad. Las secciones de este DB se corresponden con las exigencias básicas HS 1 a HS 5. La correcta aplicación de cada sección supone el cumplimiento de la exigencia básica correspondiente. La correcta aplicación del conjunto del DB supone que se satisface el requisito básico "Higiene, salud y protección del medio ambiente".

Tanto el objetivo del requisito básico "Higiene, salud y protección del medio ambiente", como las exigencias básicas se establecen el art. 13 de la Parte I de este CTE y son los siguientes:

En el art. 13 del CTE se define: *Exigencias básicas de salubridad:*

1. El objetivo del requisito básico "Higiene, salud y protección del medio ambiente", tratado en adelante bajo el término salubridad, consiste en reducir a límites aceptables el *riesgo* de que los *usuarios* dentro de los *edificios* y en condiciones normales de utilización, padezcan molestias o enfermedades, así como el *riesgo* de que los *edificios* se deterioren y de que deterioren el medio ambiente en su entorno inmediato, como consecuencia de las características de su *proyecto, construcción, uso y mantenimiento.*

2. Para satisfacer este objetivo, los *edificios* se proyectarán, construirán, mantendrán y utilizarán de tal forma que se cumplan las exigencias básicas que se establecen en los apartados siguientes.

3. El Documento Básico "DB HS Salubridad" especifica parámetros objetivos y procedimientos cuyo cumplimiento asegura la satisfacción de las exigencias básicas y la superación de los niveles mínimos de calidad propios del requisito básico de salubridad.

13.1. *Exigencia básica HS 1: Protección frente a la humedad.* Se limitará el riego previsible de presencia inadecuada de agua o humedad en el interior de los edificios y en sus cerramientos como consecuencia del agua procedente de precipitaciones atmosféricas, de escorrentías, del terreno o de condensaciones, disponiendo medios que impidan su penetración o, en su caso permitan su evacuación sin producción de daños.

Esta exigencia no es motivo de la ponencia. Se trata de un concepto aplicable a los sistemas constructivos para obtener la protección frente a la humedad.

13.2. *Exigencia básica HS 2: Recogida y evacuación de residuos. Los edificios dispondrán de espacios y medios para extraer los residuos ordinarios generados en ellos de forma acorde con el sistema público de recogida de tal forma que se facilite la adecuada separación en origen de dichos residuos, la recogida selectiva de los mismos y su posterior gestión.*

1. *Ámbito de aplicación.*

Esta sección se aplica a los *edificios de viviendas* de nueva construcción, tengan o no locales destinados a otros usos, en lo referente a la recogida de los residuos ordinarios generados en ellos.

Para los edificios y locales *con otros usos la demostración* de la conformidad con las exigencias básicas debe realizarse *mediante un estudio específico adoptando criterios análogos a los establecidos en esta sección.* Ello supone una cierta libertad e indefinición de la propia exigencia.

2. *Diseño y dimensionado.* Se contempla entre otros conceptos:

— Almacén de contenedores de edificio y espacio de reserva.
— Instalaciones de traslado mediante bajantes.
— Espacios de almacenamiento inmediato en las viviendas.

Asimismo pueden existir en ciertas Autonomías y Municipios ordenanzas propias.

3. *Mantenimiento y conservación.* Se definen características de uso y mantenimiento.

Anejo

En el capítulo Terminología se definen conceptos que se aplican. Es importante su interpretación y aplicabilidad.

13.3. *Exigencia básica HS 3: Calidad del aire interior.*

1. *Los edificios dispondrán de medios para que sus recintos se puedan ventilar adecuadamente, eliminando los contaminantes que se produzcan de forma habitual durante el uso normal de los edificios, de forma que se aporte un caudal suficiente de aire exterior y se garantice la extracción y expulsión del aire viciado por los contaminantes.*

2. *Para limitar el riesgo de contaminación del aire interior de los edificios y del entorno exterior en fachadas y patios, la evacuación de productos de combustión de las instalaciones térmicas se producirá, con carácter general, por la cubierta del edificio, con independencia del tipo de combustible y del aparato que se utilice, de acuerdo con la reglamentación específica sobre instalaciones térmicas.*

1. *Ámbito de aplicación.*

Esta sección se aplica, *en los edificios de viviendas, al interior de las mismas, los almacenes de residuos, los trasteros, los aparcamientos y garajes; y en los edificios de cualquier otro uso, a los aparcamientos y los garajes. Se considera que forman parte de los aparcamientos y garajes las zonas de circulación de los vehículos.*

Para locales de otros tipos la demostración de la conformidad con las exigencias básicas debe verificarse mediante un tratamiento específico adoptando criterios análogos a los que caracterizan las condiciones establecidas en esta sección.

No existe referencia explícita de aplicación de este DB para edificios de usos diferentes a los expuestos en el ámbito definido en el mismo.

2. *Caracterización y cuantificación de las exigencias.*

Sólo se consideran datos para estancias y dormitorios, y aseos y cocinas en viviendas, así como trasteros y aparcamientos.

3. *Diseño.*

Condiciones generales de los sistemas de ventilación aplicados concretamente a:

— Viviendas.
— Almacenes de residuos.
— Trasteros.
— Aparcamientos y garajes de cualquier tipo de edificio.

Se debe señalar que existen unas condiciones de dimensionado de patios para ventilación (admisión de aire), así como patios con aberturas de ventanas que modifican las normativas urbanísticas particulares de la mayoría de Autonomías y Municipios.

4. *Dimensionado.* Criterios y formulación para dimensionar las diferentes:

— Aberturas de ventilación.
— Conductos de extracción.
— Aspiradores híbridos, aspiradores mecánicos y extractores.
— Ventanas y puertas exteriores.

5. *Productos de construcción.* Definición de las características de los elementos que componen las instalaciones así como condiciones de aceptación:

— Características exigibles a los productos.
— Control de recepción en obra de productos.

6. *Construcción.* Metodología de prueba de obra de los elementos anteriormente definidos.

7. *Mantenimiento y conservación.*

Terminología, donde se definen conceptos que se aplican. Es importante su interpretación y aplicabilidad.

13.4. *Exigencia básica HS 4: Suministro de agua. Los edificios dispondrán de medios adecuados para suministrar al equipamiento higiénico previsto de agua apta para el consumo de forma sostenible,* aportando caudales suficientes para *su funcionamiento, sin alteración de las propiedades de aptitud para el consumo e impidiendo los posibles retornos que puedan contaminar la red,* incorporando medios que permitan el ahorro y el control del agua.

Los equipos de producción de agua caliente dotados de sistemas de acumulación y los puntos terminales de utilización tendrán unas características tales que eviten el desarrollo de gérmenes patógenos.

1. *Ámbito de aplicación.*

Esta sección se aplica a la instalación de *suministro de agua en los edificios incluidos en el ámbito de aplicación general del CTE. Las ampliaciones, modificaciones, reformas o rehabilitaciones de las instalaciones existentes se consideran incluidas cuando se amplía el número o la capacidad de los aparatos receptores existentes en la instalación.*

2. *Caracterización y cuantificación de las exigencias.* Se definirán las condiciones de la propia instalación y su uso.

— Propiedades de la instalación.
— Señalización.
— Ahorro de agua.

3. *Diseño:* De forma totalmente descriptiva se definen:

— Esquema general de la instalación.
— Elementos que componen la instalación.
— Protección contra retornos.
— Separaciones respecto de otras instalaciones.
— Señalización.
— Ahorro de agua.

4. *Dimensionado*. Mediante fórmulas y tablas se indican prescriptivamente las bases del dimensionado.

— Reserva de espacio en el edificio.

— Dimensionado de las redes de distribución.

— Dimensionado de las derivaciones a cuartos húmedos y ramales de enlace.

— Dimensionado de las redes de ACS.

— Dimensionado de los equipos, elementos y dispositivos de la instalación.

5. *Construcción*. Puesta en obra de los productos de construcción.

— Ejecución.
— Puesta en servicio.

6. *Productos de la construcción*. Definición de las condiciones y características de los elementos.

— Condiciones generales de los materiales.
— Condiciones particulares de las conducciones.
— Incompatibilidades.

7. *Mantenimiento y conservación*. Condiciones de uso y utilizaciones.

— Interrupción del servicio.
— Nueva puesta en servicio.
— Mantenimiento de las instalaciones.

Apéndice A: Terminología, donde se definen conceptos que se aplican. Es importante su interpretación y aplicabilidad.

Apéndice C: Normas de referencia. Normas UNE.

13.5. *Exigencia básica HS 5: Evacuación de aguas.*

1. *Ámbito de aplicación.*

Esta sección se aplica a la instalación de evacuación de aguas residuales y pluviales en los edificios incluidos en el ámbito de aplicación general del CTE. Las ampliaciones, modificaciones, reformas o rehabilitaciones de las instalaciones existentes se consideran incluidas cuando se amplía el número o la capacidad de los aparatos receptores existentes en la instalación.

Procedimiento de verificación. Se expone una secuencia del seguimiento del proceso de aplicación de este DB.

2. *Caracterización y cuantificación de las exigencias.* Se determinan condicionantes de diseño de la instalación.

3. *Diseño.*

— Condiciones generales de la evacuación.
— Configuraciones de los sistemas de evacuación.
— Elementos que componen las instalaciones.

4. *Dimensionado.*

— Dimensionado de la red de evacuación de aguas residuales.
— Dimensionado de la red de evacuación de aguas pluviales.
— Dimensionado de los colectores de tipo mixto.
— Dimensionado de las redes de ventilación.
— Accesorios.
— Dimensionado de los sistemas de bombeo y elevación.

5. *Construcción.*

— Ejecución de los puntos de captación.
— Ejecución de las redes de pequeña evacuación.

- — Ejecución de bajantes y ventilaciones.
- — Ejecución de albañales y colectores.
- — Ejecución de los sistemas de elevación y bombeo.
- — Pruebas.

6. *Productos de construcción.*

- — Características generales de los materiales.
- — Materiales de las canalizaciones.
- — Materiales de los puntos de captación.
- — Condiciones de los materiales de los accesorios.

7. *Mantenimiento y conservación.*

Apéndice A: Terminología, donde se definen conceptos que se aplican. Es importante su interpretación y aplicabilidad.

Apéndice C: Normas de referencia.

EL CÓDIGO TÉCNICO DE LA EDIFICACIÓN Y LAS NORMAS URBANÍSTICAS. ¿A QUIÉNES OBLIGA EL CTE? CRITERIOS DE PREVALENCIA

Pere González Nebreda
Arquitecto
Joseph Santdiumenge Farré
Profesor de Derecho Civil de la Universidad Pompeu Fabra
Manuel Táboas Bentanachs
Magistrado

EL CÓDIGO TÉCNICO DE LA EDIFICACIÓN Y LAS NORMAS URBANÍSTICAS. ¿A QUIÉNES OBLIGA EL CTE? CRITERIOS DE PREVALENCIA

I. DIAGNOSIS Y PLANTEAMIENTO GENERAL DEL PROBLEMA

1. Diagnosis

La tendencia a dictar normas, cada vez desde un ámbito más próximo: Unión Europea, Estado, Comunidades Autónomas, Comarcas, Municipios... y el hecho de que muchas veces sean contradictorias, comienza a ser preocupante; no solamente para los arquitectos y agentes de la edificación, sino para cualquier ciudadano. La tendencia a que las normas urbanísticas alcancen aspectos que son más propios de la edificación que del urbanismo también.

La ausencia o dispersión de normas claras y genéricas sobre la edificación ha posibilitado esa expansión del urbanismo hacia áreas que objetivamente no le corresponden. La inclusión de ordenanzas municipales de la edificación es el ejemplo más claro de esa invasión de ámbitos.

Cada ayuntamiento, ahora, hace el planeamiento como le parece, las normas como quiere, e incluso se crean definiciones diferentes para un mismo término. Si analizamos algunos términos urbanísticos o de la edificación, como por ejemplo, altura reguladora, o línea de cubierta, o aprovechamiento urbanístico, u ocupación, o sistemas técnicos... encontraremos casi tantas definiciones distintas como planes generales hay y, como mínimo, también tantas como CCAA haya.

La manera de medir las alturas de los edificios por ejemplo es un auténtico galimatías. Y se producen situaciones curiosísimas, como por ejemplo la de un Plan General de aprobación reciente que establecía así la altura de las edificaciones en una determinada zona de edificación aislada: "*PB + 1,5 PP (h = 6,5 m)*", es decir permiten construir tres alturas (la última de la mitad de superficie que la segunda) pero sin sobrepasar la altura total de 6,5 m.

Dirigí un escrito al ayuntamiento correspondiente, diciéndoles que era imposible "meter" en 6,5 m. de altura tres plantas, y me contestaron: "*tienes razón, está mal, vamos a promover una modificación puntual del PG y la vamos a establecer en 7,5 m.".*

Les respondí que en 7,5 m. tampoco caben tres plantas y me han contestado algo así como: "*hasta aquí podíamos llegar, un metro más ya es mucho, como arquitecto debes saber meter tres plantas en 7,5 m. de altura total*"; por lo visto siempre podemos construir forjados de dos o tres milímetros de grueso... por lo visto, pero yo no sé hacerlo.

Esas cosas pasan –y algunas mucho peores– porque se pone a hacer normas quien no está capacitado para ello. Y porque se confunde la legitimidad democrática que dan los votos con la ciencia que se adquiere en la universidad y en el buen hacer profesional.

Viene todo esto a cuento de las dificultades que nos vamos a encontrar con la aplicación del Código Técnico de la Edificación en relación con las normas urbanísticas, con las ordenanzas municipales, o con otras normas. Cumplir las normas de eficiencia energética y las de seguridad, en zonas en que, por ejemplo, la cubierta ha de ser obligatoriamente en pendiente y no se permiten cuerpos salientes por encima del plano de cubierta ni para instalaciones técnicas, es casi imposible. Poner las maquinas de aire acondicionado, o las placas solares y poder prever un mantenimiento adecuado es imposible, si no se permite hacer una cubierta plana y accesible.

Y como consecuencia aparece la primera cuestión: ¿a quién obliga el CTE? ¿Sólo a arquitectos, constructores y promotores... o también a las administraciones publicas, especialmente las locales, para que adapten su normativa sobre edificación al CTE?

¿Qué prevalece? ¿El cumplimiento de las Normas Urbanísticas o el cumplimiento del CTE, cuando son contradictorias? ¿Pueden los ciudadanos, o los profesionales del sector, obligar, o suplicar, o pedir, a un ayuntamiento que modifique unas ordenanzas para adecuarlas al CTE? Tiene el Ayuntamiento la obligación de hacerlo, digamos "de oficio". ¿Es nula, o puede eximirse de su cumplimiento, una ordenanza que contradiga el

CTE? Hay ordenanzas que incluso limitan la altura de las barandillas de los balcones y terrados. ¿prevalece esa altura, si es inferior a la mínima exigida por el CT? ¿Tendrá que incumplirse la ordenanza para cumplir el CTE? ¿Qué responsabilidades se derivan de ello?

Cumplir el CTE en las estructuras hará que los cantos de los forjados aumenten y los arquitectos en sus proyectos, y en las obras, sobrepasen la altura reguladora máxima, si ésta no se modifica.

Sigamos: ¿obliga también el CTE a las compañías de servicios? ¿puede exigirse a Telefónica o a Endesa, el cumplimiento del CTE y al mismo tiempo conseguir el suministro? ¿qué debe hacer un arquitecto, un promotor o un constructor si esas potentes empresas suministradores "obligan" a construir una acometida aérea que no está permitida?

Éste es el diagnostico de la situación creada desde la entrada en vigor del CTE.

2. *Planteamiento general del problema*

El planteamiento general debe desarrollarse desde dos aspectos, el técnico y el jurídico, pero en ambos casos dando respuesta a las necesidades reales de los proyectistas, de los directores de obra y de los peritos. El tema de las alturas reguladoras es paradigmático: La asignación de alturas de la edificación, que hacen las NNUU, en metros es habitualmente cicatera. La mayor altura de los forjados obliga a una mayor altura de los edificios (si se mantiene el número de plantas, y por tanto se mantiene la edificabilidad y el aprovechamiento); pero no es la única causa. Las condiciones de aislamiento térmico y especialmente las de aislamiento acústico y ruido de impacto aconsejan un tratamiento de los pavimentos que evite la trasmisión y eso necesariamente significa un mayor grueso. Algunos aspectos de las ventilaciones necesarias, o la mayor sofisticación de las instalaciones aconsejan la construcción de cielos rasos, techos registrables e incluso pavimentos flotantes, o suelos técnicos, con un mayor consumo de altura edificada construida para la misma altura útil. Las alturas útiles mínimas están asimismo regladas, normalmente por leyes de habitabilidad o normas de ese carácter; en ningún caso deben disminuirse. El proyectista, ante ese problema se encuentra en la siguiente tesitura:

1. Apurar las alturas y gruesos de los elementos constructivos hasta límites que pongan en riesgo el cumplimiento subjetivo del CTE, para adaptarse a las NNUU y en la obra "ya lo arreglaremos".

2. Proyectar en las mejores condiciones técnicas de cumplimiento de los db y de las condiciones subjetivas del CTE, sobrepasando la altura permitida por el planeamiento.

3. Disminuir en una planta la edificación con la consiguiente pérdida de edificabilidad y de aprovechamiento urbanístico, y el paralelo perjuicio económico para el promotor (siempre y cuando el número de plantas no resulte asimismo obligatorio).

La opción 1 obtendrá licencia, pero en la ejecución con toda seguridad se superará la altura proyectada, ya que no existe otra posibilidad real so pena de incumplir el CTE y entrar en riegos no aconsejables. Lo más probable es que no pase nade y todo acabe bien; pero existe la posibilidad de que, ya por una denuncia, o por una inspección, se detecte que se ha sobrepasado la Altura Reglamentaria Máxima y se impida la consecución de la licencia de ocupación, de la cedula de habitabilidad, o cualquier otra situación equivalente, con los consiguientes riesgos económicos.

De las tres soluciones la más lógica y racional es la segunda, y es esa la que cabria aconsejar a los arquitectos. Proyecte Vd. en las mejores condiciones técnicas, con los gruesos que a su criterio precise para que los techos sean seguros, con los aislamientos que sean necesarios para que las viviendas sean confortables, con cielos rasos registrables para que el mantenimiento de las instalaciones sea el adecuado, etc.

Pero la opción 2 tiene algunos inconvenientes. El primer inconveniente es el que el proyecto realizado en esas condiciones puede ser rechazado por los servicios técnicos municipales por exceder de la altura reguladora máxima. ¿Ante este inconveniente el arquitecto qué opciones tiene? ¿puede exigir del Ayuntamiento una interpretación menos estricta de la aplicación de la ARM, en cumplimiento del CTE? ¿y si no se lo aceptan y deniegan la licencia?

Así uno se imagina la pregunta al perito arquitecto ante un juez de lo contencioso-administrativo: *¿Es necesario, a criterio del perito, sobrepasar en XX cm. la ARM para cumplir adecuadamente el CTE?*

Respuesta del perito A:

> «La ARM es un parámetro básico que no puede superarse en ningún caso».

Respuesta del perito B:

> «El incremento de la altura de la edificación en xxx cms por encima de la ARM, es consecuencia de la aplicación del CTE en lo que respecta a la seguridad estructural, a la confortabilidad de las viviendas y al adecuado mantenimiento de las instalaciones; y no afecta a la edificabilidad, aprovechamiento, densidad de viviendas, ni incrementa de manera significativa el soleamiento del vial ni de las edificaciones confrontadas; siendo por tanto necesaria».

El órgano jurisdiccional decidirá en su caso y, si la tesis del perito A prospera, la licencia será definitivamente denegada y el arquitecto perderá probablemente el cliente, y si no deberá acudir a una de las dos soluciones alternativas, 1 o 3. Si, por el contrario, triunfa la tesis del perito B, la licencia será concedida, con meses, tal vez años de retraso, con el consiguiente perjuicio económico.

La tercera solución significa un perjuicio económico para el promotor, pero también una alteración del planeamiento, puesto que las densidades, edificabilidades y aprovechamientos establecidos en él no se cumplirán. ¿Podrá, es ese caso, el promotor exigir una compensación? ¿podrá exigirse una modificación puntual del planeamiento en el sentido de adecuar altura y número de plantas? ¿qué sucede si la Administración Local se niega? ¿podría exigirse la modificación a la Dirección general o consejería correspondiente? ¿y en caso de no ser escuchado, cómo se pronunciarían los tribunales? Son muchas preguntas a los que los arquitectos, los agentes de la edificación y los peritos no encontramos respuesta.

Un criterio razonable, para estos casos, seria considerar que la altura máxima puede sobrepasarse de forma razonable si el cumplimiento del CTE así lo aconseja de forma justificada, mientras no se modifiquen las Normas Urbanísticas o las Ordenanzas Municipales en atención a él. Eso sería establecer un criterio de prevalencia del CTE sobre las NNUU y las OOMM.

Otro criterio puede ser el de obligar a modificar todas las NNUU y OOMM en aquéllo que impidan la correcta aplicación del CTE: es decir asumir que el CTE afecta a todos, también a las administraciones.

El problema queda así planteado en sus términos generales.

II. ANÁLISIS JURÍDICO PÚBLICO Y PRIVADO DE LOS CONFLICTOS ENTRE EL CTE Y LAS NORMAS URBANÍSTICAS Y CIVILES RELACIONADAS CON LA EDIFICACIÓN

1. La relevancia del CTE desde el Derecho público

A) Planteamiento general desde los títulos competenciales del Estado, de las Comunidades Autónomas y de los Entes Locales

Para ir centrando la temática que se puede plantear en la consideración del Código Técnico de la Edificación en su relación con el ordenamiento jurídico urbanístico interesa, ya de entrada, indicar los diversos planos jurídicos u órbitas jurídicas que se hallan en liza.

De un lado, el Ordenamiento Comunitario. Precisamente ese ordenamiento es invocado ya desde la Ley 38/1999, de 5 de noviembre, de Ordenación de la Edificación, en su Exposición de Motivos. Así, para la Directiva 85/384/CEE, para el reconocimiento mutuo de diplomas, certificados y otros títulos en el sector de la arquitectura, y que incluye medidas destinadas a facilitar el ejercicio efectivo del derecho de establecimiento y de la libre prestación de servicios, cuando declara que "la creación arquitectónica, la calidad de las construcciones, su inserción armoniosa en el entorno, el respeto de los paisajes naturales y urbanos, así como del patrimonio colectivo y privado, revisten un interés público".

Igualmente con ocasión del Real Decreto 314/2006, de 17 de marzo, por el que se aprueba el Código Técnico de la Edificación, en su Exposición de Motivos, se apunta en primer lugar, a la Directiva 89/106/CEE del Consejo, de 21 de diciembre, relativa a la aproximación de las disposiciones legales, reglamentarias y administrativas de los Estados Miembros sobre los productos de construcción, transpuesta al Derecho interno mediante el Real Decreto 1630/1992, de 29 de diciembre, sobre disposiciones para la libre circulación de productos de construcción, y en segundo lugar se manifiesta que ha de considerarse la Directiva 2002/91/CE del Parlamento Europeo y del Consejo, de 16 de diciembre, relativa a la eficiencia energética de los edificios, en virtud de la cual se indica que se han incorporado al Código Técnico de la Edificación las exigencias relativas a los requisitos de eficiencia energética de los edificios, que se establecen en los arts. 4, 5 y 6 de esa Directiva (1).

---

(1) Igualmente en su Exposición de Motivos se indica que en el Código Técnico de la Edificación, además de ordenarse y completarse la reglamentación básica de la edificación relacionada con los requisitos básicos de seguridad y habitabilidad establecidos en la Ley 38/1999, se plantea un en-

Y si se dirige la atención al posterior Real Decreto 47/2007, de 19 de enero, por el que se aprueba el Procedimiento básico para la certificación de eficiencia energética de edificios de nueva construcción, sobre el que deberemos volver, debe reiterarse que en su Exposición de Motivos se abunda en la transposición parcial de la Directiva 2002/91/CE del Parlamento Europeo y del Consejo, de 16 de diciembre, relativa a la eficiencia energética de los edificios.

De otro lado, el ordenamiento estatal en su afirmada aplicación de las competencias estatales. En esta perspectiva vuelve a ser de interés dirigir la atención a la expresa cita de títulos competenciales en la materia.

En la Ley 38/1999, de 5 de noviembre, de Ordenación de la Edificación, en la parte menester y de interés para el presente trabajo, en la Disposición Final Primera titulada "Fundamento Constitucional" y en relación con el art. 3 se invoca "b) El art. 149.1.16.ª, 21.ª, 23.ª y 25.ª para el art. 3". Es decir:

> «Artículo 149.
>
> 1. El Estado tiene competencia exclusiva sobre las siguientes materias:
>
> 16.ª) Sanidad exterior. Bases y coordinación general de la sanidad.Legislación sobre productos farmacéuticos.
>
> 21.ª) Ferrocarriles y transportes terrestres que transcurran por el territorio de más de una Comunidad Autónoma; régimen general de comunicaciones; tráfico y circulación de vehículos a motor; correos y telecomunicaciones; cables aéreos, submarinos y radiocomunicación.
>
> 23.ª) Legislación básica sobre protección del medio ambiente, sin perjuicio de las facultades de las Comunidades Autónomas de establecer normas adicionales de protección. La legislación básica sobre montes, aprovechamientos forestales y vías pecuarias.
>
> 25.ª) Bases del régimen minero y energético...».

---

foque orientado hacia exigencias básicas, en línea con el adoptado en el ámbito de la Unión Europea por la Resolución del Consejo, de 5 de mayo de 1985, del "nuevo enfoque" en materia de reglamentación técnica.

En el Real Decreto 314/2006, de 17 de marzo, por el que se aprueba el Código Técnico de la Edificación. En su Disposición Final Primera en la misma línea titulada "Título competencial" se invoca: "Este Real Decreto tiene carácter básico y se dicta al amparo de las competencias que se atribuyen al Estado en los arts. 149.1.16.ª, 23.ª y 25.ª de la Constitución Española, en materia de bases y coordinación nacional de la sanidad, protección del medio ambiente y bases del régimen minero y energético, respectivamente". Es decir, dejándose de lado la competencia del art. 149.1.21.ª procede estar a lo dispuesto en relación a:

> «Artículo 149.
> 1. El Estado tiene competencia exclusiva sobre las siguientes materias:
> 16.ª) Sanidad exterior. Bases y coordinación general de la sanidad.Legislación sobre productos farmacéuticos.
> 23.ª) Legislación básica sobre protección del medio ambiente, sin perjuicio de las facultades de las Comunidades Autónomas de establecer normas adicionales de protección. La legislación básica sobre montes, aprovechamientos forestales y vías pecuarias.
> 25.ª) Bases del régimen minero y energético…».

Y, finalmente, si se dirige la atención al posterior Real Decreto 47/2007, de 19 de enero, por el que se aprueba el Procedimiento básico para la certificación de eficiencia energética de edificios de nueva construcción, en su Disposición Final Primera igualmente titulada "Título competencial" se invoca: Este real decreto tiene carácter básico y se dicta al amparo de la competencia que las reglas 13.ª, 23.ª y 25.ª del art. 149.1 de la Constitución Española, atribuyen al Estado en materia de bases y coordinación de la planificación general de la actividad económica, protección del medio ambiente y bases del régimen minero y energético". Es decir, dejándose de lado la competencia del art. 149.1.21.ª y respecto al supuesto anterior dejándose igualmente de lado la competencia del art. 149.1.16.ª y descubriéndose a ese respecto el art. 149.1.13.ª procede estar a lo dispuesto en relación a:

> «Artículo 149.
>
> 1. El Estado tiene competencia exclusiva sobre las siguientes materias:
>
> 13.ª) Bases y coordinación general de la planificación general de la actividad económica.
>
> 23.ª) Legislación básica sobre protección del medio ambiente, sin perjuicio de las facultades de las Comunidades Autónomas de establecer normas adicionales de protección. La legislación básica sobre montes, aprovechamientos forestales y vías pecuarias.
>
> 25.ª) Bases del régimen minero y energético...».

Por último a las competencias de las Comunidades Autónomas y de los Entes Locales en los términos que, cuanto menos, resultan de las materias de Urbanismo, Vivienda y Medio Ambiente. Así, por todos, en los arts. 148.1.3.ª y 9.ª y 137 y 140 de nuestra Constitución:

> «Artículo 148.
>
> 1. Las Comunidades Autónomas podrán asumir competencias en las siguientes materias:
>
> 3.ª) Ordenación del territorio, urbanismo y vivienda.
>
> 9.ª) La gestión en materia de protección del medio ambiente...».

> «Artículo 137.
>
> El Estado se organiza territorialmente en municipios, en provincias y en las Comunidades Autónomas que se constituyan. Todas estas entidades gozan de autonomía para la gestión de sus respectivos intereses».

> «Artículo 140.
>
> La Constitución garantiza la autonomía de los municipios. Estos gozarán de personalidad jurídica plena. Su gobierno y administración corresponde a sus respectivos Ayuntamientos,

> integrados por los Alcaldes y los Concejales. Los Concejales serán elegidos por los vecinos del municipio mediante sufragio universal, igual, libre, directo y secreto, en la forma establecida por la ley. Los Alcaldes serán elegidos por los Concejales o por los vecinos. La ley regulará las condiciones en las que proceda el régimen del concejo abierto».

Pues bien, descartando la vertiente de Derecho comunitario europeo que no se intuye de suficiente interés para el caso, bastando remitirse a sus dictados y sin que sea necesario examinar y abundar innecesariamente en las normas estatales en su buscada y elaborada necesidad, especialmente las meramente reglamentarias, de ir ofreciendo títulos competenciales para apoyar su regulación quizá sin la más ajustada precisión en unidad de criterio y con una calidad de títulos competenciales como los que se han relacionado, sí que interesa observar que la problemática en que se trata de incidir en este trabajo, más allá de perspectivas formales o de rango de las normas en liza, es la que resulta de la posible y diferenciada regulación material de la regulación estatal y de la regulación autonómica, inclusive local, todas y cada una de ellas, a no dudarlo, con apoyo en sus respectivos títulos competenciales.

Y todo ello, a no dudarlo, debiendo no relativizarse ni devaluarse en su importancia que en cada una de esos supuestos fundados en una diferenciada atribución competencial resulta nada baladí descubrir que se dota a las Comunidades Autónomas y a los Entes Locales de un ejercicio de potestades normativas de las que se carecería de observarse el caso sólo desde la perspectiva de los títulos competenciales que va sentando el Estado en su normativa, así por todos para el Real Decreto 314/2006, de 17 de marzo, por el que se aprueba el Código Técnico de la Edificación.

Dicho en otras palabras puede resultar útil traer a colación dos ejemplos que pueden resultar ilustrativos. Si se trae a colación las controversias, de una parte, en materia de infraestructuras comunes de telecomunicaciones y, de otra parte, en materia de antenas de telefonía móvil, todos ellos igualmente referibles en la parte menester y en cuanto así lo sean a edificaciones, debe irse sentando lo siguiente:

1. En materia de infraestructuras de telecomunicaciones se muestra el conocido propósito de las Comunidades Autónomas, inclusive de los entes locales, en incidir en el mismo inclusive en el ejercicio de potestades normativas con fundamento en sus títulos competenciales además de las que deben corresponder al Estado (2).

2. En materia de ordenación de las antenas de telefonía móvil (3) se demuestra el decidido propósito de las Comunidades Autónomas, inclusive de los Entes Locales en abordar su regulación con fundamento en sus títulos competenciales además de los que deben corresponder al Estado (4).

---

(2) En las controversias respecto a las competencias de las Comunidades Autónomas, por todas, baste la cita de la Sentencia del Tribunal Supremo Sala 3.ª Sección 3.ª de 26 de septiembre de 2006.

En las controversias respecto a las competencias de los entes locales, por todas, baste la cita de las Sentencias del Tribunal Supremo Sala 3.ª Sección 4.ª de 4 de julio de 2006 y de 23 de mayo de 2006.

(3) Téngase presente en el ámbito de Derecho comunitario europeo la Recomendación 1999/519/CE, de 12 de julio de 1999, del Consejo de la Unión Europea, relativa a la exposición del público en general a campos electromagnéticos (0 Hz a 300 GHz).

(4) En las controversias en materia de ordenación de antenas de telefonía móvil por parte del Estado –así para con el Real Decreto 1066/2001, de 28 de septiembre; por el que se aprueba el Reglamento que establece condiciones de protección del dominio público radioeléctrico, restricciones a las emisiones radioeléctricas y medidas de protección sanitaria frente a emisiones radioeléctricas, baste la cita de la Sentencia del Tribunal Supremo Sala 3.ª Sección 3.ª de 19 de abril de 2006.

En las controversias en materia de ordenación de antenas de telefonía móvil por parte de las Comunidades Autónomas baste remitirse a la correspondiente regulación de las mismas. Así en la Comunidad Autónoma de Cataluña debe citarse el Decreto 148/2001, de 29 de mayo, de ordenación am-

3. Especialmente debe constatarse que no sólo el objeto de ordenación sino la técnica en la ordenación se puede estimar análoga bien se actúen por los títulos competenciales del Estado, de las Comunidades Autónomas como de los entes locales. Dicho de otra manera no debe sorprender que en el ejercicio de las correspondientes competencias, bien estatales, bien autonómicas bien de los entes locales, y a los correspondientes fines existen disposiciones precisamente relativas a la misma realidad que se ordena –idénticos y análogos supuestos de hecho, idénticas o análogas medidas a adoptar, ordenación singularizada de distancias, etc.–.

B) Planteamiento desde los títulos competenciales de Urbanismo, Vivienda y/o Medio Ambiente

Pues bien, llegados a este punto interesa no perder de vista que con anterioridad al Real Decreto 314/2006, de 17 de marzo, por el que se aprueba el Código Técnico de la Edificación, y ello se reconoce expresamente en su Exposición de Motivos (5),

---

biental de las instalaciones de telefonía móvil y otras instalaciones de radiocomunicación y en su consideración las Sentencias del Tribunal Superior de Justicia de Cataluña Sala de lo Contencioso Administrativo Sección 3.ª de 16 de mayo de 2003 y de 15 de septiembre de 2005.

En las controversias en materia de ordenación de antenas de telefonía móvil por parte de los Entes Locales mediante Ordenanzas Municipales baste la cita de las Sentencias del Tribunal Supremo Sala 3.ª Sección 4.ª de 24 de octubre de 2005, de 28 de marzo de 2006 y de 11 de mayo de 2006.

(5) En la Exposición de Motivos del Real Decreto 314/2006, de 17 de marzo, por el que se aprueba el Código Técnico de la Edificación, en la parte suficiente, se establece lo siguiente:

"Por un lado, la aprobación del Código Técnico de la Edificación supone la superación y modernización del vigente marco normativo de la edificación en España, regulado por el Real Decreto 1650/1977, de 10 de junio, sobre normativa de la edificación, que estableció las Normas Básicas de la Edificación, como disposiciones de obligado cumplimiento en el proyecto y no se llegaba a contar con un conjunto coordinado de normas en la materia (6) sino que debe partirse de una fragmentaria y en

---

la ejecución de los edificios. Dentro de este marco jurídico, se aprobaron diversas Normas Básicas desde 1979, que han conformado un conjunto abierto de disposiciones que ha venido atendiendo las diversas demandas de la sociedad, pero que no ha llegado a constituir en sí mismo un conjunto coordinado, en la forma de un Código Técnico de la Edificación, similar a los existentes en otros países más avanzados".

(6) Debe destacarse, especialmente, la normativa comprendida especialmente en la Disposición Final Segunda de la Ley 38/1999, de 5 de noviembre, de Ordenación de la Edificación, se establece:

• Disposición Final Segunda. Autorización al Gobierno para la aprobación de un Código Técnico de la Edificación.

Se autoriza al Gobierno para que, mediante Real Decreto y en el plazo de dos años a contar desde la entrada en vigor de esta Ley, apruebe un Código Técnico de la Edificación que establezca las exigencias que deben cumplir los edificios en relación con los requisitos básicos establecidos en el art. 3, apartados 1.b) y 1.c).

Hasta su aprobación, para satisfacer estos requisitos básicos se aplicarán las normas básicas de la edificación-NBE que regulan las exigencias técnicas de los edificios y que se enumeran a continuación:

NBE CT-79 Condiciones térmicas en los edificios.

NBE CA-88 Condiciones acústicas en los edificios.

NBE AE-88 Acciones en la edificación.

NBE FL-90 Muros resistentes de fábrica de ladrillo.

NBE QB-90 Cubiertas con materiales bituminosos.

NBE EA-95 Estructuras de acero en edificación.

NBE CPI-96 Condiciones de protección contra incendios en los edificios.

Asimismo, se aplicará el resto de la reglamentación técnica de obligado cumplimiento que regule alguno de los requisitos básicos establecidos en el art. 3".

E igualmente la normativa comprendida en la Disposición Derogatoria única del Real Decreto 314/2006, de 17 de marzo, por el que se aprueba el Código Técnico de la Edificación, del siguiente tenor:

• Disposición Derogatoria Única. Derogación normativa.

1. Quedarán derogadas, a partir de la entrada en vigor de este Real Decreto, las disposiciones siguientes:

a) Real Decreto 1650/1977, de 10 de junio, sobre Normativa de Edificación.

modo alguno cohesionada regulación, lo que puede dar explicación a que en esa tesitura otras normas fundadas en otros títulos competenciales que no correspondían al Estado –así, bien de las Comunidades Autónomas bien de los Entes locales– se incorporaban de forma acentuada, incisiva y pacíficamente al conjunto de ordenaciones jurídicas aplicables.

Es así que no cabe hacer mirada ciega ni oídos sordos, cuanto menos, a la regulación con fundamento y en materia de Urbanismo, de Vivienda o de Medio Ambiente, como supuestos más emblemáticos.

---

b) Real Decreto 2429/1979, de 6 de julio, por el que se aprueba la Norma Básica de la Edificación NBE CT-79 "Condiciones térmicas de los edificios".

c) Real Decreto 1370/1988, de 11 de noviembre, de modificación parcial de la Norma MV-1962 "Acciones en la Edificación" que pasa a denominarse NBE AE-88 "Acciones en la Edificación".

d) Real Decreto 1572/1990, de 30 de noviembre, por el que se aprueba la Norma Básica de la Edificación NBE QB-90 "Cubiertas con materiales bituminosos" y Orden del Ministerio de Fomento, de 5 de julio de 1996, por la que se actualiza el apéndice "Normas UNE de referencia" de la Norma Básica de la Edificación NBE QB-90.

e) Real Decreto 1723/1990, de 20 de diciembre, por el que se aprueba la Norma Básica de la Edificación NBE FL-90 "Muros resistentes de fábrica de ladrillo".

f) Real Decreto 1829/1995, de 10 de noviembre, por el que se aprueba la Norma Básica de la Edificación NBE-EA-95 "Estructuras de acero en edificación".

g) Real Decreto 2177/1996, de 4 de octubre, por el que se aprueba la Norma Básica de la Edificación NBE CPI-96 "Condiciones de protección contra incendios de los edificios".

h) Orden del Ministro de Industria, de 9 de diciembre de 1975, por la que se aprueban las "Normas básicas para las instalaciones interiores de suministro de agua".

i) Arts. 2 al 9, ambos inclusive, y los arts. 20 a 23, ambos inclusive, excepto el apartado 2 del art. 20 y el apartado 3 del art. 22 del Real Decreto 2816/1982, de 27 de agosto, por el que se aprueba el Reglamento General de Policía de Espectáculos y Actividades Recreativas.

2. Asimismo, quedan derogadas cuantas disposiciones de igual o inferior rango se opongan a lo establecido en este Real Decreto".

Y ello es trascendente ya que las correspondientes normas jurídicas de esa naturaleza, incluidas a no dudarlo las correspondientes prescripciones de planeamiento urbanístico y de ordenanzas municipales, iban resultando de pacífica aceptación y aplicación no sólo en vía administrativa sino igualmente en vía jurisdiccional contencioso administrativa precisamente en cuanto al correspondiente y respectivo ejercicio de competencias de urbanismo, vivienda y medio ambiente por las Comunidades Autónomas y por los Entes Locales.

Si se trata de sostener que a partir del Código Técnico de la Edificación, sin olvidar su rango y su autoría sólo residenciada en el ejercicio de competencias estatales, resulta alterado o modificado el criterio jurisdiccional sostenido en la materia de pacífica, atendible y justificada regulación en esos supuestos, urbanísticos, de vivienda o/y medioambientales, como supuestos más característicos y por los instrumentos jurídicos de rigor, debe anticiparse que esa conclusión dista mucho de ser lo clarividente y concluyente que quizá se pretendiera.

C) Planteamiento desde el ordenamiento jurídico urbanístico

Llegados a las presentes alturas se impone centrar el análisis sobre las relaciones entre las disposiciones del Código Técnico de la Edificación y el ordenamiento jurídico urbanístico –o, si así se prefiere, más concretamente con la normativa urbanística derivada de los planes urbanísticos de autoría autonómica o dimanante de las correspondientes ordenanzas municipales–, que en su caso y precisamente aborden una regulación bien más exigente, bien más tolerante que la ordenada por el Código Técnico de la Edificación.

En este punto y para con supuestos anteriores de pronunciamientos jurisdiccionales contencioso administrativos en la materia de la pluralidad de regulaciones –estatales, autonómicas y locales– interesa dejar constancia especial de los pronunciamientos del Tribunal Supremo Sala 3.ª Sección 5.ª de 22 de julio de 1996 y de 30 de enero de 1997, Sección 4.ª de 9 de junio de 1998, Sección 5.ª de 14 de marzo de 2000 y de 12 de abril de 2000, Sección 4.ª de 16 de octubre de 2000 y de 31 de enero de 2001, Sección 5.ª de 17 de julio de 2001, Sección 4.ª de 20 de julio de 2001, Sección 5.ª de 27 de julio de 2001, 12 de diciembre de 2001 y de 15 de julio de 2002 y de la Sección 3.ª de 18 de enero de 2006.

D) Posibles criterios de solución

Pues bien, las problemáticas que se pueden suscitar, quizá pueden considerarse del siguiente modo:

I. Para la posterior y futura nueva ordenación urbanística, vía planeamiento urbanístico y vía ordenanzas municipales urbanísticas, no debe desconocerse la relevancia de la regulación a la que se ha llegado desde la perspectiva del reiteradamente invocado Código Técnico de la Edificación al punto que bien parece que todo conduce a pensar que sin cuestionarse el ámbito de regulación ofrecido por ese Código Técnico y en la medida que responda el mismo precisamente al ejercicio propio de las competencias estatales las nuevas ordenaciones urbanísticas deberán acomodarse y ajustarse a sus premisas y consecuencias.

Y todo ello, para mayor claridad, en la triple perspectiva de los instrumentos de ordenación urbanística ya expuestos, como en materia de gestión urbanística como igualmente en materia de intervención administrativa en sede de licencias.

Efectivamente en esas hipótesis tratar de sostener una regulación o régimen urbanístico ajeno y contradictorio con las cotas de seguridad y bienestar de las personas que se alcanza con el Código Técnico de la Edificación no se alcanza sobre todo si se tiene en cuenta los regímenes de seguridad estructural, de protección contra incendios, de salubridad, de protección contra el ruido, el ahorro energético o, entre otros, para la accesibilidad para personas con movilidad reducida.

Otra cosa, claro está, es que en el ejercicio de las competencias autonómicas o/y de los entes locales, se estableciese en el marco de las mismas unas cotas de regulación superiores ya que en ese caso se impondrían por la propia naturaleza de esas, en su caso, sus disposiciones urbanísticas.

II. Mayores problemas resultan de los supuestos que resultan con anterioridad a esa futura y nueva regulación urbanística ya que para los mismos, en principio, pueden diferenciarse dos líneas de supuestos:

A) Si la regulación urbanística preexistente es de una calidad y cualificación superior a la ofrecida en el Código Técnico de la Edificación, en el ámbito que corresponda, bien parece que el mero cumplimiento de ese Código Técnico no va resultar suficiente para poder obtener ni alcanzar los correspondientes títulos habilitantes en sede de gestión urbanística ni de licencias urbanísticas ya que, como es sabido, las mismas sólo procede concederlas, desde luego, en forma reglada, de conformidad con el ordenamiento jurídico urbanístico.

B) En cambio, si la regulación urbanística preexistente es de una calidad y cualificación inferior a la ofrecida por el Código Técnico de la Edificación, en el ámbito que corresponda, la tesis de que sólo con el cumplimiento de la normativa urbanística cabe obviar el cumplimiento de lo normado por el Código Técnico tiene dificultades ostensibles y manifiestas al no colmarse las exigencias de los requisitos básicos de la edificación.

Frente a esa tesitura cabe intuir alguna vías de solución que lógicamente dependerán de la concreta naturaleza de los supuestos que se presenten pero que en abreviada síntesis podrían sintetizarse del siguiente modo:

1. Efectivamente y en aplicación del régimen urbanístico que corresponda si es que así se prevé podrán actuarse las vías y posibilidades que, en sí, ofrece el ordenamiento jurídico urbanístico para, en su caso, atender al supuesto que se presente:

— Así en vía de planeamiento urbanístico (modificaciones puntuales, operatividad de figuras de planeamiento de alcance limitado, etc.).

— Así en la vía de gestión urbanística (que pudieran incidir en modificaciones de detalle o de ajuste fáctico que posibilitasen el caso, etc.).

— Así en la vía de intervención administrativa en sede de licencias urbanísticas (con su posible incidencia en materia de alineaciones y rasantes, etc.).

2. Igualmente puede ser atendible apuntar la posible operatividad de criterios interpretativos que incidan sobre la problemática planteada a resultas de la nueva realidad jurídica dispensada por el Código Técnico de la Edificación (a modo de criterios flexibles pero siempre fundados en el mayor grado de ajuste o de adaptación a la ordenación aplicable, etc.).

3. Inclusive la posible aplicación de soluciones equitativas o fundadas en principios generales del derecho (como el principio de proporcionalidad, etc.).

4. Finalmente tampoco resulta descartable ir sentando supuestos extraordinarios o/y excepcionales, desde luego debidamente justificados, en todo caso generales y en forma alguna de alcance suficiente para poder ser subsumibles en los tan sentidos supuestos de reserva de dispensación, en los pudiera fundarse una excepción al régimen establecido (así, entre otras, en materia de patrimonio histórico artístico estatal, figuras análo-

gas autonómicas y quizá de catalogación urbanística en la medida que se responda al concreto ámbito protegido).

2. *La relevancia del CTE desde el Derecho privado*

A) *La legislación de vivienda y el CTE*

Es indiscutible que la legislación de vivienda de las CCAA, más allá de la regulación de Derecho público, contempla numerosas disposiciones de contenido claramente iusprivatista. Éstas son disposiciones que, por lo general, tienen un contenido muy diverso y que abarcan desde obligaciones relativas a la calidad de la edificación que están encomendadas a algunos agentes de la edificación hasta exigencias notariales y registrales cuyo fin no es otro que la protección del comitente o el adquirente de una vivienda (7). Esta diversidad y coexistencia legislativas es una realidad manifiesta en España. En otros países ello puede resultar chocante y es posible que a algunos en nuestro país también, pero este resultado no es sino la consecuencia de cómo se ha producido el desarrollo legislativo de este último cuarto de siglo en el Estado de las autonomías. Existe una concepción, por lo general, de que en España existe un Derecho público de la vivienda y el urbanismo que es competencia de las CCAA y un Derecho privado en relación a la edificación y al derecho de la construcción que es competencia del Estado. En términos generales podríamos decir que es así, pero lo cierto es que no lo es del todo ya que las disposiciones públicas y privadas se entremezclan. En realidad, la situación es en ocasiones algo más confusa porque las regulaciones coexisten como pueden, no sólo entre legislación estatal y autonómica, sino también en el

(7) Véase: Encarna CORDERO LOBATO: "La legislación civil autonómica relativa a la construcción y a la vivienda", publicado en *InDret, Revista para el Análisis del Derecho,* Universitat Pompeu Fabra. Paper número 339, abril 2006, págs. 13 y ss.

marco de esta última entre legislación urbanística y de vivienda. En no pocas ocasiones el operador jurídico se plantea cuestiones de competencia material y de determinación de cuál es la norma aplicable.

Sin entrar a valorar ahora la relevancia que puedan tener los títulos de competencia del Estado o de las CCAA para aprobar el CTE u otras normas técnicas en el futuro, y que se ha realizado en el epígrafe anterior (2.1.), lo que resulta evidente es que serán las CCAA las que tendrán a su cargo las tareas de control e inspección del cumplimiento del CTE, del mismo modo que también corresponderá a las CCAA establecer el régimen sancionador en el caso de vulneración de las disposiciones del CTE, pues –según parece– es evidente que ni del texto de la LOE ni del CTE se desprende la existencia de un régimen sancionador específico para el caso de que se infrinjan sus normas, ni se prevén mecanismos que establezcan esta función de control a órganos dependientes del Ministerio de Vivienda u otras administraciones estatales (8). Estas tareas no serán pocas y puede resultar que lo importante no sea tanto quién hace el vestido como quién se lo va a poner. Sin duda, las CCAA y la Administración local tendrán mucho que decir en la aplicación del CTE y, por supuesto, los tribunales de justicia también (9).

---

(8) Véase: Ángel CARRASCO PERERA / Carmen GONZÁLEZ CARRASCO: "Una introducción jurídica al Código Técnico de la Edificación" publicado en InDret, *Revista para el Análisis del Derecho,* Universitat Pompeu Fabra. Paper número 358, julio 2006, pág. 10.

(9) Algunos, aunque sea –de momento– tímidamente, ya lo han hecho: "Cataluña (...) exige cambios normativos (...) La Generalitat sostiene que hay reglamentos estatales que suscitan problemas sobre el alcance material de las competencias de la Administración central en relación con la delimitación de las competencias autonómicas que recoge el nuevo Estatuto (...) pone como ejemplo el real decreto sobre el CTE (...). Según la Generalitat, este real decreto colisiona con la competencia exclusiva que el Estatuto reserva a la Generalitat en su art. 137 (...)". Fuente: Luis R. Aizpeolea, El País, 18.9.2006. Este artículo se hace eco del informe interno que el Gobierno catalán remitió al Ejecutivo central en el mes de julio de 2006. Los autores

B) Consecuencias civiles derivadas del CTE

En esta materia del derecho de la construcción, como en muchas otras materias jurídicas, no hay compartimientos estancos. Las cuestiones no se dilucidan estrictamente en términos de Derecho público o de derecho privado. Una norma urbanística o de vivienda no solamente produce efectos administrativos, sino que en muchas ocasiones también tiene consecuencias civiles muy importantes que pueden tener efectos en las relaciones de vecindad, en la producción de daños patrimoniales o en el ejercicio de derechos o facultades de propietarios y titulares de derechos reales.

Nadie duda de la importancia del CTE y las consecuencias jurídicas que su entrada en vigor lleva aparejadas (10). Y tam-

---

hemos podido tener acceso a este informe y, en relación al CTE, recoge lo siguiente: "hay buenos argumentos que avalan que las condiciones específicas de las diversas comunidades autónomas justifican la posibilidad de regulaciones diversas, pero ante todo hay que tener presente, y por eso se realiza este excursus, que el hecho de que puedan haber normas técnicas que hayan de ser uniformes no equivale a afirmar que la competencia se deba trasladar al Estado. La necesidad de normas comunes obligará a establecer mecanismos horizontales de coordinación entre las comunidades autónomas. No obstante, hay que reconocer que la falta de este tipo de mecanismos es uno de los déficits más importantes del actual Estado de las autonomías, una carencia que a menudo obliga al Estado a actuar en ámbitos en los que no tiene competencias". El art. 137.1 de la Ley Orgánica 6/2006, de 19 de julio, de Reforma del Estatuto de Autonomía de Catatuña establece que "(c)orresponde a la Generalitat la competencia exclusiva en materia de vivienda, que incluye en todo caso: (...) e) Las normas técnicas, la inspección y el control sobre la calidad de la construcción. f) Las normas sobre la habitabilidad de las viviendas. g) La innovación tecnológica y la sostenibilidad aplicable a las viviendas. h) La normativa sobre conservación y mantenimiento de las viviendas y su aplicación". Este artículo no ha sido impugnado según resulta del recurso de inconstitucionalidad n.° 8045-2006 planteado ante el Tribunal Constitucional (BOE núm. 241, de 9.10.2006, pág. 34930).

(10) Véase: Fernando DE VALDIVIA: "El Código Técnico de la Edificación y la Ley de Ordenación de la Edificación (primera parte)" en Consell:

poco a nadie se le escapa que la norma jurídica más extensa del ordenamiento jurídico español establece un complejo conjunto de prescripciones y deberes que deberán cumplir los agentes de la edificación en los casos en los que les corresponda. Ante esta situación, es evidente que la aplicación o, en su caso, la falta de aplicación del CTE desatará unos efectos que, al margen de la infracción reglamentaria y la sanción administrativa que en cada caso le corresponda, tendrán unas consecuencias civiles indudables. A título de ejemplo y para introducir esta problemática vamos a exponer dos casos y, a continuación, analizaremos la situación que podría llegarse a plantear, si no se aplica debidamente el CTE. En primer lugar, la falta de obtención de la licencia de primera ocupación o de la cédula de habitabilidad, motivadas por la inadecuación de la vivienda construida sin tener en cuenta las exigencias del CTE, puede ser no sólo causa de resolución, cuando resulte imposible alcanzar el resultado previsto conforme a los estándares exigibles (art. 1124, 1300 y ss., 1591/II CC), sino que además conllevará la indemnización de todos los daños que de ello se deriven. Otro ejemplo: la imposibilidad de ejercitar un derecho de vuelo o de cualquier otro derecho semejante, ante la negativa administrativa a conceder la correspondiente licencia de obras por contravenir las normas urbanísticas municipales relativas al planeamiento, puede producir la pérdida del derecho real y este daño, que es evaluable económicamente, puede ser objeto de una reparación sustitutoria del valor que aquél tuviere. En ambos supuestos éste comprendería el daño contractual positivo. Y es que, en algunos casos, la aplicación de la norma urbanística puede tener una consecuencia civil relevante como sucede en el supuesto que de ella resulte la privación del ejercicio o la materialización del contenido económico de un derecho real.

Revista profesional de los Administradores de Fincas, número 68, cuarto trimestre de 2006, págs. 52 y ss.

Es cierto que las cuestiones de derecho urbanístico no se sustancian en la jurisdicción ordinaria y que es preciso que el perjudicado acuda a la vías administrativas que procedan para denunciar el agravio. Sin embargo, no se puede ignorar que existen conflictos en las relaciones civiles que tienen en su base un evidente contenido urbanístico. En un libro incisivo e inusual, como todos los suyos, Ángel CARRASCO formula, con ocasión de la regulación urbanística del derecho de propiedad, las cuestiones que interesan a los civilistas: "*(i) qué puede un particular patrimonializar en provecho propio de esa regulación abstracta, y reivindicarlo como suyo frente a otro sujeto privado, y (ii) cómo puede defenderse un particular frente a otro de la incidencia (negativa, para él) que una regulación general del régimen urbanístico pueda provocar en las relaciones obligatorias entre partes, surgidas del contrato o de la ley*" (11). Pues bien, tratemos de averiguar qué derechos patrimoniales y qué acciones podría esgrimir el propietario como consecuencia de la existencia de normas urbanísticas y de normas técnicas cuando éstas determinen el contenido del derecho de propiedad o le imponen el deber de soportar una incidencia negativa sobre su finca que deriva del derecho de otro a edificar.

a) La limitación del derecho patrimonial

A los efectos de fundar la prevalencia del CTE entremos a analizar a continuación algunos de los supuestos arriba planteados. Supongamos que el promotor solicita una licencia de obras al Ayuntamiento para construir un edificio de ocho plantas en un solar de su propiedad. El planeamiento y la normativa urbanística municipal (anteriores al CTE) permiten la construcción (PB + 7 PP) en esa unidad de actuación con una altura máxima que no podrá exceder de 22 metros. Con la entrada en

(11) Véase: Ángel CARRASCO PERERA: *Relaciones Civiles con Contenido Urbanístico*. Pamplona: Aranzadi, 1999, pág. 17

vigor del CTE, la construcción no es posible realizarla, como se venía haciendo antes, porque en él se establecen unas exigencias técnicas relativas al grosor en el pavimento y forjados cuyo cumplimiento supone exceder el parámetro urbanístico (pongamos en 1,3 m). Ante esta situación cabrían dos opciones: que el Ayuntamiento conceda la licencia aún contraviniendo –en ese exceso– la norma urbanística o que se negara a concederla, salvo que el promotor autolimite la construcción a un total de siete plantas para así no contravenir el parámetro urbanístico. Probablemente la mejor solución sea la primera, ya que si se opta por la segunda es evidente que se está causando un daño patrimonial al promotor. Ante esta tesitura es posible que el promotor saque sus cuentas, decida hacer de tripas corazón, y, sin más, siga adelante con la promoción. Pero, igualmente, podría decidir no quedarse con los brazos cruzados y dirigir una pretensión resarcitoria contra la Administración por los daños causados. Vamos a desarrollar este última opción más adelante, pero veamos antes otros supuestos que plantean consecuencias semejantes y en los que el perjudicado puede hacer valer la patrimonialización de su derecho frente a esa regulación abstracta.

1. La situación en la que se halla el titular de un derecho de vuelo, inscrito en el Registro de la Propiedad, no sería muy distinto. (12) Cuando éste decide construir, la aplicación estricta de la normativa urbanística le impediría ejercitar su derecho, porque al hacerlo superaría el límite máximo de altura establecido por el planeamiento, lo que supondría vaciar su derecho real de contenido jurídico y económico. La misma problemática se plantearía ante otros derechos reales y derechos de crédi-

---

(12) Véase: Fausto BURGOS: *El Código Técnico de la Edificación (I) Aspectos jurídicos*. Texto de la conferencia distribuido a los participantes del Diploma universitario de posgrado de Arquitectura Legal y Forense (3.ª ed.), impartida en el Colegio de Arquitectos de Cataluña el día 17 de octubre de 2006, págs. 19 y ss.

to: el superficiario que tiene previsto construir en el suelo del concedente, que permite un determinado aprovechamiento urbanístico según el planeamiento y que, tras la entrada en vigor del CTE, una aplicación rígida de las limitaciones urbanísticas puede suponerle un menoscabo patrimonial importante (y no sólo para el superficiario, sino que puede afectar también al concedente, tanto si hay reversión parcial o total de lo construido al término de duración del derecho de superficie) (13). La imposibilidad de elevar una planta más que permite el planeamiento, pero que lo impide la aplicación estricta de la norma urbanística por exceder la altura máxima permitida, puede alterar en muchos casos el interés contractual de las partes y es posible que, en algunos casos, si éstas hubieran podido anticipar esta pérdida o detrimento, no habrían celebrado el contrato en primer lugar. Esta situación si no se resuelve, en la práctica, mediante la prevalencia del CTE puede dar lugar a unas implicaciones enormes... y sino, que se lo cuenten al propietario que celebra un contrato por el que cede su finca a un promotor a cambio de una construcción futura, ya consista ésta en pisos o locales. El contenido de la obligación sinalagmática se establece principalmente en función del equilibrio económico de las prestaciones que se deben las partes. Si este equilibrio se rompe y la parte que resulta perjudicada no está dispuesta a soportar el daño resultante, ello acabará inevitablemente en un juicio civil por desequilibrio de las prestaciones o, en el peor de los casos, en la resolución del contrato de cesión, salvo que el buen abogado hubiera previsto esta vicisitud con antelación y hubiera incluído en el contrato una cláusula de resolución unilateral para el caso que la licencia no se ajustara a los términos y condiciones previstas por las partes en el contrato de cesión de fin-

---

(13) El derecho de superficie tiene una indudable naturaleza civil como tipo de derecho real, pero también se halla regulado en la legislación urbanística de las CCAA. El proyecto de Ley de Suelo (2007), en fase de tramitación parlamentaria, regula también el derecho de superficie como instrumento urbanístico.

ca a cambio de construcción futura u otra figura contractual semejante (14).

2. La manifestación del mismo problema puede apreciarse, más allá de los típicos derechos reales de goce, también en sede de derechos reales de adquisición preferente o incluso de derechos de garantía. En el caso de un derecho de opción, inscrito en el Registro de la Propiedad, es obvio que el optante pagó a la propietaria un precio por la opción de ejercitar el derecho de adquisición que internaliza el valor de la finca en términos de edificabilidad. Si la aplicación estricta de la altura edificable según la norma urbanística no permite al optante obtener el aprovechamiento urbanístico que le corresponde porque la aplicación de las exigencias del CTE no le permiten materializarlo, es probable que el optante pueda acreditar algún perjuicio, tanto en el caso de que decida ejercitar el derecho de opción como en el caso en que decida no hacerlo (por la cantidad –o parte de ella– que pagó de más a la propietaria al concluir el contrato de opción).

3. Otro tanto podría suceder en sede de derechos de garantía si observamos la situación que, con mayor probabilidad, podría llegar a darse: el promotor obtiene un préstamo hipotecario de una entidad de crédito para financiar la promoción inmobiliaria. En muchas ocasiones, los bancos suelen valorar más las aptitudes potenciales del suelo en el que se va a edificar (en términos de aprovechamiento urbanístico) que las capacidades financieras, profesionales o subjetivas del promotor. En la medida, pues, que la concesión del crédito guarda relación con las posibilidades edificatorias, no sólo según se establezca en el

---

(14) En Cataluña el pacto no sería necesario ya que esta facultad la concede expresamente el art. 6 –en relación al art. 3– de la Ley 23/2001, de 31 de diciembre, de cesión de finca o de edificabilidad a cambio de construcción futura Véase: COLEGIO DE REGISTRADORES (coord.) *Comentarios de Derecho Patrimonial Catalán*. Barcelona: Bosch, 2005, pág. 772 y ss.

planeamiento sino las que efectivamente resulten de la licencia municipal, al banco evidentemente no le dará igual que se puedan construir siete –en lugar de ocho– plantas, ya que la garantía hipotecaria que ofrecen las siete plantas que finalmente se permiten construir es significativamente menor que la estipulada en el momento de la constitución del préstamo y la hipoteca. Lo más normal en estos casos es que el propio contrato de hipoteca prevea esta vicisitud, con lo cual se reajustan las prestaciones de las partes, se complementa la garantía hipotecaria o, en último caso, se resuelve el contrato. Para el caso –inusual en las relaciones comerciales, pero posible entre particulares– que esta vicisitud no estuviera contemplada, el acreedor hipotecario posiblemente pudiera alegar con éxito la acción de devastación prevista en el art. 117 LH que, aunque esté inicialmente diseñada para otro supuesto distinto de disminución de valor, permitiría al juez entrar a valorar la posible infravaloración de la garantía hipotecaria. En el presente caso es, en último término, la voluntad del dueño y promotor, aún a despecho de ello, el factor determinante de la solicitud de la licencia de obras para la construcción de un edificio de menor envergadura de la prevista y, sin embargo, nadie pondrá en duda que esta decisión repercute en el riesgo económico que asumió el acreedor hipotecario al cerrar la operación financiera. La hipoteca suele garantizar las posibilidades de realización de valor de ese inmueble. Por ello, si la justificación del deudor hipotecario acerca de la insuficiencia de la hipoteca no satisface al Juez, éste podrá ordenar "hacer (...) lo que proceda para (...) remediar el daño", según establece el art. 117/I LH.

b) Acciones de protección a disposición de los particulares

1. Acciones ante los tribunales ordinarios.

En el ámbito de la jurisdicción ordinaria, los conflictos derivados de las relaciones de vecindad se resuelven principalmente mediante dos tipos de acciones: las acciones de cesación y las acciones de daños (15). Estas acciones se hallan reguladas, con distinto nivel de detalle, en el Código Civil, en algunas leyes especiales (LPH, LH,...) y en leyes autonómicas, pero en ninguna de ellas se prevén acciones que permitan resolver cuestiones urbanísticas ante los tribunales ordinarios (16).

No obstante, de ello no se infiere correlativamente una desprotección de los titulares de derechos reales frente a las inje-

---

(15) Según el art. 5.1 LEC "(s)e podrá pretender de los tribunales la condena a determinada prestación, la declaración de la existencia de derechos y de situaciones jurídicas, la constitución, modificación o extinción de estas últimas, la ejecución, la adopción de medidas cautelares y cualquier otra clase de tutela que esté expresamente prevista por la ley".

(16) Para la determinación de la competencia de la jurisdicción contenciosa se tendrá en cuenta lo dispuesto en los arts. 24 LOPJ, el 1, 3 y 4 LJCA y el 303 TRLS en materia urbanística. El art. 24 LOPJ dispone "En el orden contencioso-administrativo será competente, en todo caso, la jurisdicción española cuando la pretensión que se deduzca se refiera a disposiciones de carácter general o a actos de las Administraciones Públicas españolas. Asimismo conocerá de las que se deduzcan en relación contactos de los poderes públicos españoles, de acuerdo con lo que dispongan las leyes". El art 1.1 LJCA dice: "La Jurisdicción contencioso-administrativa conocerá de las pretensiones que se deduzcan en relación con los actos de la Administración pública sujetos al Derecho administrativo y con las disposiciones de categoría inferior a la Ley". El art. 3 LJCA establece: "La Jurisdicción contencioso-administrativa conocerá de: (...) b) Las cuestiones que se susciten sobre la responsabilidad patrimonial de la Administración pública". El art. 4.1 LJCA señala "La competencia de la Jurisdicción contencioso-administrativa se extenderá al conocimiento y decisión de las cuestiones prejudiciales e incidentales no pertenecientes al orden administrativo, directamente relacionadas con un recurso contencioso-administrativo (...)". Y, por último, el art. 303 TRLS/1992 reconoce que "(t)endrán carácter jurídico administrativo todas las cuestiones que se suscitaren con ocasión o como consecuencia de los actos y convenios regulados en la legislación urbanística aplicable entre los órganos competentes de las Administraciones Públicas y los propietarios, individuales o asociados o empresas urbanizadoras, incluso las relativas a cesiones de terrenos para urbanizar o edificar".

rencias de terceros fundadas en actuaciones que se hallan sujetas a una licencia administrativa. Tanto si se producen perturbaciones jurídicas (servidumbres) como si son fácticas (inmisiones), el perjudicado dispone de una acción civil frente al propietario vecino que mediante su actuación perturba el goce legítimo de su derecho si de ella se infiere algún tipo de lesión, ya sea jurídica o patrimonial. En el ámbito del Código Civil español, la acción de cesación en sede de construcciones resulta del art. 590 CC (17), pero hoy también halla acomodo en otras leyes civiles (18) y sectoriales (19). Esta acción de cesación suele ir acompañada generalmente de la acción de responsabilidad de los arts. 1902 y 1908 CC, si a consecuencia de la actividad que realiza el propietario vecino en su finca se infieren daños en la finca propia del perjudicado. En Cataluña está previsto legalmente que esta acción de daños sea ejercitable por el perjudicado incluso cuando la actividad que causa la

---

(17) "Nadie podrá construir cerca de una pared ajena o medianera pozos, cloacas, acueductos, hornos, fraguas, chimeneas, establos, depósitos de materias corrosivas, artefactos que se muevan por el vapor, o por fábricas que por sí mismas o por sus productos sean peligrosas o nocivas, sin guardar las distancias prescritas por los reglamentos y usos del lugar, y sin ejecutar las obras de resguardo necesarias, con sujeción, en el modo, a las condiciones que los mismos reglamentos prescriban. (...)". Los tribunales han interpretado el contenido de este artículo de forma amplia a otros supuestos semajantes o análogos.

(18) Éste es el caso del art. 7 LPH. En Cataluña se regula expresamente en el art. 553-40 CCC, pero también en los arts. 544-4 a 544-7, y 546-1 y ss.

(19) Dentro de la normativa sectorial cabría destacar la Ley 37/2003, de 17 de noviembre, del Ruido, pero con anterioridad ha tenido un papel muy relevante el Decreto 2414/1961 por el que se aprueba el reglamento de actividades molestas, insalubres, nocivas y peligrosas (aunque este reglamento no es de aplicación en Cataluña, desde la entrada en vigor de la Ley 3/1998, de 27 de febrero, de Intervención Integral de la Administración ambiental, lo cierto es que la jurisprudencia basada en el decreto es tan amplia que se ha utilizado profusamente ante los tribunales).

inmisión se halle autorizada administrativamente (20). Sin embargo, salvo en los casos de construcciones que invadan la finca vecina mediante voladizos, salientes, elementos incorporados a las fachadas, instalaciones técnicas al servicio de la construcción o aparatos de aire acondicionado, lo cierto es que no se ha aplicado –con éxito– la acción de cesación y la de daños a los supuestos en los que el propietario perjudicado pretende la impugnación de la licencia de obras que vulnera las determinaciones urbanísticas o de la edificación que el planeamiento permite (21).

Por lo general, las acciones de cesación ejercitables ante la jurisdicción civil suelen consistir –en fase de ejecución de la obra– en acudir a la vía interdictal, ahora regulada en el art. 250.1.5 LEC y conocido como juicio de tutela sumaria de la posesión, que se sustancia mediante un juicio verbal de suspensión de una obra nueva. Sin embargo, la jurisprudencia mayori-

(20) Se regula en el art. 546-14.5 CCC y antes estaba regulada en el art. 3.5 de la Ley 6/1990, de 9 de julio, de la acción negatoria, las inmisiones, las servidumbres y las relaciones de vecindad. Esta ley tuvo como desencadenante la STS de 3.12.1987 (RJ 1987/9176), entre otras, que negaban la tutela privada de los daños causados en viviendas vecinas por las inmisiones producidas por una central térmica próxima. Véase Pablo SALVADOR CODERCH / Josep SANTDIUMENGE FARRÉ: "La acción negatoria. Comentario a la STS de 3 de diciembre de 1987" en *Poder Judicial*, núm. 10, año 1988, pág. 117 y ss.

(21) Lo tribunales no han reconocido tampoco la existencia de las *injerencias negativas*, en referencia a la perturbación ocasionada por la colocación de paneles, tapias u otros elementos constructivos que separan ambas fincas y que reducen la luminosidad y vistas en la finca del vecino perjudicado en la medida que aquéllas se ajusten a las previsiones reglamentarias que sean aplicables (véase: Joan EGEA FERNÁNDEZ: "Deu anys de vigència de la regulació civil de les immissions. A propòsit de la STSJC de 17.2.2000 sobre ingerències negatives", publicado en *La Llei de Catalunya* (2.ª Época, Año X, Núm. 32313, de 13.11.2000). Sobre la problemática del ejercicio de la acción negatoria frente a las inmisiones véase: M. R. DÍAZ ROMERO: *La protección jurídico civil de la propiedad frente a las inmisiones (especial referencia a la acción negatoria)*. Madrid, Civitas, 2003.

taria del Tribunal Supremo no admite la procedencia de estos interdictos cuya única función es la defensa de intereses relacionados con la inobservancia de las normas urbanísticas que debieran ser de aplicación (22).

Por otro lado, es oportuno destacar la existencia de otra acción de cesación prevista en el art. 305 TRLS/1992 y que puede ejercitarla el particular que estime que la obra –esté terminada o no– incumple las normas urbanísticas sobre distancias (23). Esta acción se desprende de una disposición legal que es de aplicación plena (24) en todo el país y que establece que "*(l)os propietarios y titulares de derechos reales, además de lo previsto en el artículo anterior* (25) *y en el art. 266* (26), *podrán exigir ante los Tribunales ordinarios la demolición de las obras e instalaciones que vulneren lo dispuesto respecto a la distancia entre construcciones, pozos, cisternas, o fosas, comunidad de*

---

(22) Cfr. CARRASCO: *Relaciones*, págs. 79 y s.

(23) Véase: Mercedes FUERTES: "Los tribunales civiles y la protección de la legalidad urbanística" en *Revista Española de Derecho Administrativo,* 95, jul./sept. 1997, págs. 447 y ss.

(24) El art. 305 del Texto Refundido de la Ley sobre Régimen del Suelo y Ordenación Urbana, aprobado mediante el Real Decreto Legislativo 1/1992, de 26 de junio, es un artículo superviviente del desmoche que sufrió el TRLS a raíz de la STC 61/1997, de 20 de marzo.

(25) El art. 304 se refiere a la *acción pública.*

(26) Este artículo no es de aplicación, ya que fue anulado por la STC 61/1997. Este artículo provenía del art. 229 del TRLS aprobado por el Real Decreto 1346/1976, de 9 de abril, y que algunos autores atribuyen eficacia supletoria al entender que la anulación del art. 266 dejaba sin efecto la derogación del TRLS/1976 operada por el RDL 1/1992. Según este art. 229 "(l)os que, como consecuencia de una infracción urbanística, sufrieren daño o perjuicio podrán exigir de cualquiera de los infractores, con carácter solidario, el resarcimiento e indemnización". Así como la subsistencia de este artículo, incluso con eficacia supletoria, es discutible, lo cierto es que, por el contrario, el art. 305 TRLS tiene una vigencia más que probada y resulta de aplicación frecuente y generalizada por los tribunales ordinarios. La sentencia más reciente es la STS núm. 1245/2006 (Sala 1.ª, Sec. 1.ª), de 30 de noviembre.

elementos constructivos u otros urbanos, así como las disposiciones relativas a usos incómodos, insalubres o peligrosos que estuvieren directamente encaminadas a tutelar el uso de las demás fincas". Existe una numerosa jurisprudencia sobre su utilización, si bien es cierto que, por lo general, suele estar referida a conflictos de vecindad, más relacionados con los daños por inmisiones que tienen origen en construcciones próximas –por no respetar las distancias exigibles– que con la restauración de la legalidad urbanística que ha sido infringida por el vecino (27). SÁNCHEZ JORDÁN sostiene que "sería apropiado ampliar el supuesto de hecho a los casos de infracción de reglas relativas a alturas y volumetrías, pues los inconvenientes que se causan a los fundos colindantes en el caso descrito en la norma y en los que propongo son muy similares" (28). Los tribunales ordinarios, sin embargo, parecen mostrarse –por lo general– reacios a reconocer la vía civil como cauce apropiado para que los particulares puedan exigirse el cumplimiento de la legalidad urbanística que estiman infringida (29). Y es posible que a ello contribuya también –además del hecho de que existen otras vías legales para conseguirlo– otras razones de evidente naturaleza económica (30).

---

(27) La estiman: STS de 30.11.2006, SAP (Coruña) de 16.10.2006, SAP (Pontevedra) de 16.3.2006, STP (Granada) de 23.5.2005, SAP (Alicante) de 4.3.2005 y 31.3.2003, SAP (Baleares) de 21.2.2005, SAP (Alicante) de 30.10.2002 entre otras. La rechazan porque no atañe a los tribunales ordinarios: SAP (Almería) de 10 de julio, SAP (Barcelona) de 27.2.2003, SAP (Cuenca) de 18.12.2002, entre otras. La rechazan ante la ausencia de perjuicio o menoscabo real: SAP (Alicante) de 31.3.2003.

(28) Véase: Elena SÁNCHEZ JORDÁN: *Protección de la vivienda en España (Especial referencia a la protección civil de la legalidad urbanística)* (2007).

(29) Un interesante análisis jurisprudencial sobre esta cuestión es el realizado por E. SÁNCHEZ JORDÁN en *Protección*, págs. 23 y ss.

(30) Aunque sea difícil conjeturar en qué medida se debe a ello, no nos cabe la menor duda de que la opción por la *acción pública*, en lugar de la acción del art. 305 TRLS ante los tribunales ordinarios, puede obedecer al

Por último, es oportuno hacer hincapié en que, ante cualquiera de estas acciones de cesación, los tribunales civiles que conozcan de los hechos pueden entrar a valorar si ésta se ha ejercitado conforme a las exigencias de la buena fe, ya que la ley no ampara el abuso de derecho ni el ejercicio antisocial del mismo. Circunstancias como la existencia de hechos similares realizados con anterioridad en el mismo edificio, el uso normal de los predios según la costumbre local, o las obras realizadas con tolerancia de los copropietarios adquieren una relevancia tal en el ámbito civil que, mientras no se cause a otro un daño que no tenga la obligación de soportar (31), o la entidad de los hechos no sobrepasen lo que en cada momento se considere como socialmente tolerable, pueden hallar acomodo en el art. 7.2 CC.

En esa línea, sería posible pues que ante el supuesto del ejercicio de una acción de cesación encaminada a exigir a un vecino la observancia de un parámetro urbanístico –como es el caso

---

análisis económico del proceso que el ejercicio previo de cada acción supone. La acción pública se inicia mediante una mera solicitud o, en su caso, denuncia ante la Administración y, a partir de ahí, es ésta la que asume los costes derivados de verificar los hechos denunciados. En cambio, el propietario que opta por reclamar ante la jurisdicción ordinaria deberá internalizar los costes inherentes al proceso y los de obtención de la prueba. A la vista de los elevados costes del proceso y la posibilidad implícita de perder el juicio, el actor tendrá muy en cuenta estos elementos *ex ante*. Especialmente cuando existen alternativas para exigir la observancia de la legislación urbanística y el planeamiento, como sucede con la acción pública y la intervención administrativa de oficio que –por contrapartida– no exigen la asunción de riesgo económico alguno por el particular.

(31) En el art. 553-36.3 CCC se prevé que la comunidad pueda exigir la reposición al estado originario de los elementos comunes alterados sin su consentimiento. No obstante de ello, si se entiende que la comunidad ha prestado tácitamente su consentimiento si es notorio que se han realizado obras, que no disminuyan la solidez del edificio ni comporten la ocupación de elementos comunes y han transcurrido seis años desde que finalizaron sin que la comunidad haya mostrado su oposición a las mismas.

de la altura de un edificio establecida en una norma urbanística del planeamiento– ésta fuera desestimada por el tribunal si concluyera que de la obra no resulta daño alguno, que la diferencia de altura es casi inapreciable, o que ya existen otros edificios en las inmediaciones que son tan altos como el que ahora es cuestionado (regla del *tu quoque*) (32).

2. *Acciones ejercitables en vía administrativa.*

En el ámbito del derecho público también podemos distinguir –para el caso que nos ocupa– entre acciones de cesación y acciones de daños. Éstas son, no obstante, acciones muy distintas de las civiles, ya que no persiguen la protección del derecho patrimonial de un perjudicado en particular, sino la protección de los intereses generales de los ciudadanos y la restauración de la legalidad urbanística infringida. Pero ello no impide que el particular, que pueda acreditar un daño efectivo que traiga causa de una actuación de la Administración, pueda ejercitar la acción indemnizatoria en los supuestos legalmente previstos, ya sea mediante la correspondiente reclamación administrativa o a través de la jurisdicción contencioso-administrativa.

Entre las acciones de cesación hay que destacar la *acción pública*, prevista en el art. 303 TRLS/1992 (33), que puede

(32) Algo parecido ha sucedido con la apertura de ventanas no practicables en las que se emplea el pavés traslúcido, que permiten el paso de la luz pero a su vez no se admiten vistas sobre la finca vecina. Los tribunales no obligar a tapar estas "aperturas", sin perjuicio que el vecino las tape cuando vaya a construir en su finca. En este sentido, la jurisprudencia es consolidada desde la segunda mitad de los años noventa.

(33) Este artículo, que es de aplicación plena, establece que: "1. Será pública la acción para exigir ante los Órganos administrativos y los Tribunales Contencioso Administrativos la observancia de la legislación urbanística y de los Planes, Programas, Proyectos, Normas y Ordenanzas. 2. Si dicha acción está motivada por la ejecución de obras que se consideren ilegales, podrá ejercitarse durante la ejecución de las mismas y hasta el transcurso de los plazos establecidos para la adopción de las medidas de protección de la legalidad urbanística."

ejercitar cualquier ciudadano ante la Administración para exigir que se adopten las medidas para la protección de la legalidad urbanística. Esta acción puede ejercitarse con independencia de la producción de un daño en particular y, si se acredita la infracción urbanística, de ella pueden derivarse no sólo sanciones administrativas sino incluso penales (34).

En el caso que el titular de un derecho patrimonial acredite la existencia de un daño que resulta de la actuación de la Administración, podrá esgrimir una acción indemnizatoria u otra en función del contexto en que se haya producido esa actividad pública. Los arts. 41 y 42 de la Ley 6/1998, de 14 de abril, sobre Régimen del Suelo y Valoraciones otorgan una acción de daños al perjudicado en los casos concretos de alteración de planeamiento previstos en ella (35). Si, por el contrario, esa lesión es

(34) Éste es el caso de los delitos sobre la ordenación del territorio (art. 319 y 320 CP), en los que no vamos a entrar.

(35) El art. 41 regula la indemnización por alteración del planeamiento: "1. La modificación o revisión del planeamiento sólo podrá dar lugar a indemnización por reducción de aprovechamiento si se produce antes de transcurrir los plazos previstos para su ejecución en el ámbito en el que a dichos efectos se encuentre incluido el terreno, o transcurridos aquéllos, si la ejecución no se hubiere llevado a efecto por causas imputables a la Administración. 2. Las situaciones de fuera de ordenación surgidas por los cambios de planeamiento no serán indemnizables, a excepción de lo previsto en el apartado anterior".

El art. 42 regula la indemnización por alteración del planeamiento con licencia en vigor: "1. Si en el momento de entrada en vigor de la modificación o revisión del planeamiento se hubiera obtenido la licencia de construcción, pero aún no se hubiera iniciado la edificación, se declarará extinguida, con audiencia del interesado, la eficacia de la licencia en cuanto sea disconforme con la nueva ordenación, debiendo fijarse la indemnización, en el mismo expediente, por la reducción del aprovechamiento resultante de las nuevas condiciones urbanísticas, así como por los perjuicios que justificadamente se acrediten de conformidad con la legislación general de expropiación forzosa. 2. Si la edificación ya se hubiera iniciado, la Administración podrá modificar o revocar la licencia, fijándose la indemnización de acuerdo con lo establecido en el número anterior".

consecuencia del funcionamiento normal o anormal de los servicios públicos –y no de la potestad discrecional de la Administración, que puede hallarse perfectamente justificada por razones de interés público– el particular lesionado podrá ejercitar la acción del art. 139.1 de la Ley 30/1992, de 26 de noviembre, de Régimen jurídico de las Administraciones públicas y del Procedimiento administrativo común, para reclamar la indemnización de los daños y perjuicios ocasionados (36).

Sin embargo, si volvemos al ejemplo expuesto anteriormente, en el cual el promotor no puede construir la octava planta del edificio que tiene previsto erigir (o el caso del titular de un derecho de vuelo al que no se le permite construir) porque las exigencias del CTE previstas en el proyecto técnico lleva a superar la altura máxima permitida por el planeamiento urbanístico, no constituye, en propiedad, ni un supuesto de alteración del planeamiento, ni un supuesto de funcionamiento anormal del servicio público, ya que el ayuntamiento deniega la licencia precisamente por contravenir este parámetro urbanístico. (37) A pesar de ello, es evidente que el interesado soporta un daño patrimonial, un daño que es efectivo, evaluable económicamente e individualizado en relación a otras personas y, en consecuencia, tiene una pretensión indemnizatoria. Pero ¿cómo y ante quién puede ejercitarla?

La pérdida de aprovechamiento urbanístico puede tener su origen tanto en un cambio de planeamiento como en una dis-

---

(36) Véase: Nicolás MAURANDI GUILLÉN: "Una aproximación al estudio de la responsabilidad patrimonial de las Administraciones públicas por las actuaciones urbanísticas" en Juan Antonio MORENO MARTÍNEZ (coord.) *Responsabilidad civil y su problemática actual*. Madrid: Dykinson, 2007.

(37) Véase: José Fulgencio ANGOSTO SÁEZ: "La posición jurídica del propietario de suelo según la Ley 6/1998, de 13 de abril, sobre Régimen del suelo y valoraciones y la jurisprudencia del Tribunal Constitucional" en *Anales de Derecho de la Universidad de Murcia*, núm. 21. 2003, págs. 7 y ss.

posición legislativa. Nuestros hechos no se ajustan al primer caso, pero veamos el segundo. El art. 139.3 LRJPAC establece que "*(l)as Administraciones Públicas indemnizarán a los particulares por la aplicación de actos legislativos de naturaleza no expropiatoria de derechos y que éstos no tengan el deber jurídico de soportar, cuando así se establezcan en los propios actos legislativos y en los términos que especifiquen dichos actos*". El RD 314/2006, de 17 de marzo, por el que se aprueba el Código Técnico de la Edificación no contiene una disposición de ese tipo, que prevea una indemnización a los particulares para el caso que se ocasionen daños a consecuencia de la aplicación de las disposiciones del CTE. Además, en este caso, tampoco nos hallamos ante un acto legislativo propiamente dicho, pues el CTE es una norma reglamentaria dictada por el Gobierno. Pero ello no impediría, a nuestro juicio, que el titular lesionado en su derecho pudiera reclamar a la Administración la indemnización correspondiente por la vía de la responsabilidad del Estado legislador. Esta tipo de responsabilidad de la Administración ha sido admitida por la jurisprudencia en materia urbanística (38) en base al art. 106.2 CE (39) y al propio art. 139.3 arriba citado (40). El tenor literal de las normas

---

(38) En concreto, a partir de la STS (S. 3.ª) de 17.2.1993, en la que se valoró al cambio de ordenación del suelo vino motivada por una ley del Parlamento balear que se declaraba una zona, en la que existían intereses urbanísticos, como área natural de especial interés, y por razón de esta calificación se imposibilitaba –en lo sucesivo– el desarrollo urbanístico de la zona.

(39) Art. 106.2 CE: "Los particulares, en los términos establecidos por la ley, tendrán derecho a ser indemnizados por toda lesión que sufran en cualquiera de sus bienes y derechos, salvo en los casos de fuerza mayor, siempre que la lesión sea consecuencia del funcionamiento de los servicios públicos".

(40) Véase: Juan Antonio XIOL RÍOS: "Responsabilidad del Estado Legislador" en Juan Antonio MORENO MARTÍNEZ (coord.) *Responsabilidad civil y su problemática actual*. Madrid: Dykinson, 2007. Para un amplio análisis de la problemática que plantea la responsabilidad del Estado legislador, véase: Eduardo GARCÍA DE ENTERRÍA: *La responsabilidad patri-*

expuestas parte de la presunción de que es la propia ley la que establece la forma de indemnizar al perjudicado (41), pero su falta de concreción en el CTE no puede devenir en un obstáculo insalvable para reclamar la indemnización que le corresponda si, por otro lado, concurren los requisitos del art. 139.2 LRJPAC. Ante esta situación, si la norma que excluye la indemnización tuviera rango legal no tendríamos más remedio que acudir al Tribunal Constitucional, pero en la medida que nos hallamos ante una norma que tiene carácter reglamentario el perjudicado podría acudir al contencioso, tras agotar la vía administrativa (42). Una vez ahí, correspondería a la Sala Tercera del Tribunal Supremo pronunciarse sobre la cuantía de la indemnización. Por último, para no dejar sin respuesta la pregunta de contra quién debería dirigirse la reclamación en primer lugar, cabe responder que entendemos que debería ser contra el Gobierno, ya que es el Consejo de Ministros quien ha aprobado el Real Decreto por el que el CTE adquiere eficacia normativa.

Éste es el resultado al que nos podría conducir, en último término, la negativa del Ayuntamiento de otorgar la licencia de obra solicitada por el interesado –sea un promotor o el titular del derecho de vuelo– para construir la octava planta, pero cuya altura excede –precisamente por razón del obligado cumplimiento del CTE– la altura máxima permitida en las normas municipales relativas al planeamiento urbanístico. Razón de

---

monial del Estado legislador en Derecho español. (2.ª ed.). Madrid: Civitas Ediciones, 2007.

(41) En concreto: "en los términos que especifiquen dichos actos" legislativos de naturaleza no expropiatoria (art. 139.3 LRJPAC) o "en los términos establecidos por la ley" (art. 106.2 CE).

(42) En un principio el perjudicado hará valer la reclamación ante la Administración y frente a la negativa de ésta o su falta de respuesta podrá interponer el recurso administrativo de reposición o un recurso ante la jurisdicción contencioso-administrativa, de conformidad con el art. 116 –en relación con el art. 142.6– de la Ley 30/1992).

más para estimar la prevalencia del CTE y terminar por conceder la licencia de obra solicitada cuando el exceso en la altura no sea sustancial o resulte inocuo. Para evitar las incongruencias del formalismo jurídico, los servicios técnicos municipales deberían introducir su buen criterio, elementos de proporcionalidad y las modificaciones de las normas que regulan el planeamiento que sean oportunas para remediar situaciones que, de otro modo, producirían consecuencias patrimoniales obviamente negativas, sin que de ello se deriven otros beneficios generales evidentes.

3. ¿A quiénes obliga el CTE?

Desde el punto del Derecho privado vamos a apuntar otras razones que abonan la prevalencia del CTE.

A estas alturas, no hay ninguna duda de que los agentes de la edificación están obligados a cumplir el CTE. E incluso cuando las partes no hayan estipulado ese cumplimiento, los tribunales no dudarán en integrar ese vacío, exigiendo el cumplimiento del deudor conforme a las disposiciones del CTE, mediante la aplicación del art. 1258 CC que establece que los contratos "obligan no sólo al cumplimiento de lo expresamente pactado, sino también a todas las consecuencias que, según su naturaleza, sean conformes a la buena fe, al uso y a la ley". Ante ello, las partes –y el deudor de la prestación, muy en especial– tendrán un interés más que obvio en ajustar su prestación al cánon reglamentario exigible.

Este cumplimiento redundará en beneficio general, ya sea en la propia calidad de la edificación como en la seguridad jurídica resultante de los juicios que liquidan responsabilidades derivadas de daños de la construcción.

El primer objetivo del CTE no es otro que el establecimiento de unos parámetros de exigencia constructiva para que el edificio reúna las condiciones adecuadas de habitabilidad, seguridad y ahorro energético. Estos parámetros son objetivos, de naturaleza técnica y fruto de la experiencia e investigación científica. La plasmación de este *acquis* técnico en una norma reglamentaria de aplicación general tiene un efecto innovador en las relaciones jurídicas porque incorpora estándares de conducta normativos que deberían adoptar desde los fabricantes de materiales de construcción hasta los técnicos que intervienen en la edificación, sin olvidar a los usuarios, a los que –por primera vez– se les imponen obligaciones de conducta relativas al mantenimiento de los edificios (43).

En segundo lugar, a nadie se le escapa que la aplicación del CTE también permitirá aumentar la seguridad jurídica de las causas judiciales que tengan por objeto determinar el grado de cumplimiento de las prestaciones técnicas realizadas en el proceso constructivo en litigio. Ello es así porque la existencia de unos Documentos Básicos, que exigen el cumplimiento de unos parámetros objetivos en las distintas fases de la construcción, anticipa al deudor el estándar de la *lex artis* que el juzgador tendrá en cuenta a la hora de valorar el contenido de la prestación contractual o la imputación del daño extracontractual. Esta seguridad jurídica se pondrá de manifiesto no sólo en el plano negocial, sino también en aquellos juicios civiles en los que sea cuestionada la adecuación de la prestación. En el plano judicial, es evidente que la existencia de unos estándares técnicos reglamentarios ofrecerán a los jueces unos elementos y criterios objetivos a tener en cuenta a la hora de establecer el fallo.

Sin embargo, no cometamos el error de suponer que el CTE va a ser una patente de corso para todo y en cualquier caso. Y que los agentes de la edificación, que se ajusten a lo establecido en él, van a salirse de rositas en el caso que eventualmente acabe produciéndose el daño. Pues no es menos cierto que en ningún lugar del CTE se dice que el cumplimiento del CTE puede eximir de responsabilidad a quien haya

(43) Véase el art. 8.2 CTE.

actuado conforme a su dictado. Y tampoco se dice en ningún lugar que el cumplimiento del CTE por los agentes de la edificación puede ser considerado como una evidencia indeclinable de haber actuado conforme a derecho para, con ello, evitar la imputación de daños materiales derivados del proceso constructivo. Es evidente que al arquitecto que no cumpla con el CTE se le podrá imputar responsabilidad civil por no haber incorporado a su prestación (la redacción del proyecto técnico y la dirección de la obra) las exigencias previstas en el CTE, pero no lo es menos que el cumplimiento de la legalidad reglamentaria no es una prueba de la diligencia y que si de los hechos se deduce una actuación llevada a cabo por el arquitecto de forma negligente éste acabe respondiendo de los daños causados.

A pesar de ello, no hay duda de que el CTE contribuirá decisivamente a delimitar la responsabilidad del arquitecto a los supuestos en los cuales se le pueda imputar efectivamente una actuación negligente y, a su vez, a diluir la preconcepción de la excelencia técnica que se le presume y que, por obra de la jurisprudencia, hoy por hoy, le acaba haciendo responder de cualquier vicisitud relacionada con el resultado o buen fin de la obra. El CTE no elimina la *lex artis* a golpe de decreto. Es cierto que, en muchos casos, la *lex artis* podrá coincidir con el CTE, pero eso no tiene porqué ser necesariamente siempre así. En este último caso, los actos que deban ser enjuiciados podrán valorarse conforme a la *lex artis* y con independencia de las disposiciones del CTE. Así las cosas, el arquitecto deberá seguir respondiendo por los daños en la medida en que éstos le sean directamente imputables. Si bien, por el contrario, no le correspondería hacerlo en el supuesto en el que, durante el proceso de redacción, dirección y desarrollo del proceso constructivo, hubiera seguido escrupulosamente las disposiciones técnicas, legal o reglamentariamente exigibles, y que –según el estado de los conocimientos científicos y tecnológicos disponibles en el momento en el que se construye– tampoco tuviere conocimiento de otros desarrollos técnicos más adecuados para evitar la producción del daño que eventualmente se acabó produciendo. La prueba de la negligencia como determinante causal del daño será siempre exigible. Como se ha hecho hasta ahora, la determinación de los criterios de imputación de un daño corresponderá hacerla a los tribunales, pero, en adelante, éstos se hallarán sujetos, en cierta medida, a unas prescripciones técnicas que les permitirán resolver las incertidumbres acerca de las posibles causas de los daños con mayor fiabilidad y ello también permitirá a los tribunales realizar un juicio de imputación que, sin duda, ofrecerá una mayor seguridad jurídica que la que teníamos antes de la entrada en vigor del CTE.

A modo de conclusión, podemos afirmar que la entrada en vigor del CTE es, en general, positiva para las relaciones de derecho privado, tanto desde el ámbito de las relaciones contractuales como de las extracontractuales: En el ámbito del contrato de arrendamiento de obra, celebrado entre comitente y arquitecto, las disposiciones del CTE conformarán el contenido de la prestación, ya sea porque las partes lo habrán estipulado expresamente o porque el arquitecto de suyo lo habrá tenido en cuenta al elaborar el proyecto técnico. En la práctica, además, se darán otras circunstancias que compelerán obviamente al arquitecto a ajustarse al CTE: por un lado, la obtención del visado colegial correspondiente y, por otro, la obtención de la licencia municipal de obras. Tanto las oficinas de visados de los colegios profesionales como los servicios técnicos de los ayuntamientos cuando se lo propongan –como desde ahora no puede ser de otro modo– cumplirán una función de filtro de la calidad de la edificación indiscutible. El éxito o el fracaso de la aplicación del CTE depende en buena medida del grado de exigencia que ambos establezcan. De la falta de aplicación del CTE, contrariamente, se derivarán consecuencias que –como se ha apuntado– serán exigibles ante los tribunales de justicia y pueden resultar en supuestos incuestionables de responsabilidad civil o, en su caso, de responsabilidad patrimonial de la Administración.

III. Criterios de prevalencia: conclusiones y aplicación práctica

1. Criterios de prevalencia: conclusiones

Los criterios de ordenación urbanística derivan de las leyes de urbanismo y son independientes del CTE.

Las competencias sobre el urbanismo corresponden a las CCAA.

Las directrices de la ordenación urbanística derivan de las leyes de urbanismo y son independientes del CTE.

La regulación de la edificación depende de las directrices de ordenación urbanística y también del CTE.

En consecuencia, en tanto en cuanto afecte a la forma y características de la edificación la ordenación urbanística está sometida al CTE.

Salvo excepciones, que las hay, las necesidades de habitabilidad, seguridad, eficiencia energética y confort son comunes a todos los ciudadanos, y por tanto no parece razonable establecer diferencias en la aplicación de los criterios que en ese sentido prevé el CTE.

Las prescripciones técnicas que establece el CTE son de aplicación en todos los casos.

Los planes urbanísticos, que se redacten de nuevo, no deben interferir ni dificultar su cumplimiento.

Debe ser plenamente compatible que los planes y sus normas urbanísticas se abstengan de reglamentar ordenanzas que contravengan el cumplimiento del CTE o incluso que lo dificulten, ya que no hay, en principio, razones objetivas que justifiquen una reglamentación ordenancista del planeamiento más allá de la pura ordenación urbanística, debiendo dejar para el CTE el establecimiento de las condiciones que deben reunir los edificios.

Sólo cuando, de forma justificada, deban superarse las exigencias técnicas del CTE, o cuando, también de forma justificada, existieran motivos, para eximir en algunos aspectos de su cumplimiento, deberán los planes establecer las condiciones para ello de forma explicita. La protección de los patrimonios arquitectónicos, de conjuntos paisajísticos de especial interés, y otros similares pueden justificar este último caso.

Los planes urbanísticos deberían huir de reglamentar condiciones de la edificación, que ya están reguladas por el CTE, al menos que se dé alguno de los dos casos anteriormente citados.

Mientras los planes urbanísticos no estén adaptados al CTE, e impidan o dificulten su correcta aplicación, deberán aplicarse con criterios de prevalencia de la protección de los derechos del ciudadano. Debe tenerse en cuenta que si bien los planes urbanísticos derivan de la legislación urbanística y esta es de plena competencia autonómica, esta competencia no abarca todos los aspectos que en ocasiones los planes regulan, excediendo de la mera ordenación urbanística, y en cuanto exceden de ese ámbito no son prevalentes, si no están amparados por una legislación que permita la regulación de la edificación.

Entendemos, que no procede, por tanto, conceder prevalencia a las ordenanzas de los planes urbanísticos sobre el CTE en los aspectos de pura regulación de la edificación; sin que ello signifique, en modo alguno, menoscabo de su absoluta aplicabilidad en las directrices de la ordenación urbanística.

En su gran mayoría, la legislación autonómica en materia urbanística, permite en el trámite de licencia, una cierta discrecionalidad, justificada, en la aplicación de los parámetros no básicos de la ordenación urbanística. La administración local, en los casos en que exista manifiesta contradicción entre sus propias ordenanzas de la edificación y el CTE, deberá adaptar aquéllas a éste, incluso en el trámite de licencia, siempre que ello no contravenga la ordenación urbanística de forma substancial.

Deberá en todo caso, atenderse, también, y de manera inexcusable a la legislación que en materia de vivienda y habitabilidad fuera de aplicación.

2. *Criterios de prevalencia: varios supuestos de su aplicación práctica*

Para concluir, veamos algunos ejemplos prácticos de la aplicación de los criterios de prevalencia a situaciones que fácilmente podrían plantearse en el ejercicio de nuestra actividad profesional cotidiana.

Ejemplo 1:

Las ordenanzas municipales de edificación contenidas en el PGOU fijan para un solar, una altura reguladora de 11 m. correspondiente a PB + 3 PP.

El proyecto, de forma justificada, establece que el grueso mínimo de los forjados debe ser en total de 40 cms, para cumplir los requisitos de seguridad y los de aislamiento acústico.

La legislación autonómica que regula la habitabilidad, establece que la altura libre mínima de las viviendas es de 2,50 m.

Un sencillo cálculo (2,50 + 0,40) × 4 plantas, da una altura mínima imprescindible de la edificación de 11,60 m. Y así se establece en el proyecto, superando en 40 cms la altura total permitida.

La licencia puede, y debe, contemplar el exceso de altura del proyecto como una necesidad, que no vulnera los parámetros básicos de la ordenación urbanística, y aunque se produzca un incremento de la altura de cornisa del 5,4%, resulta procedente. Necesidad que viene dada por:

- El cumplimiento de la legislación en materia de vivienda (altura libre 2,50 m).

- La prevalencia de los derechos del usuario a la seguridad y al confort.

- Sin que ello signifique alteración substancial de la ordenación urbanística.

La futura revisión del Plan o su nueva redacción deberá contemplar necesariamente que las alturas reguladoras máximas establecidas no impidan o dificulten la aplicación del CTE.

Ejemplo 2:

En una zona de casco antiguo, con una tipología de solares o fincas edificadas de una anchura media de 5 m. el PGOU establece que los patios de ventilación sean de 3 m. × 3 m.

La aplicación estricta del CTE, obligaría a que el diámetro mínimo de esos patios fuera de 4 m.

El proyecto y la licencia, justificadamente, podrían en este caso, hacer prevalecer el criterio del PGOU, ya que la ordenación urbanística establecida permite el desarrollo de la edificación en esa zona y la aplicación estricta del CTE la imposibilitaría.

La futura revisión del Plan o su nueva redacción, deberá contemplar necesariamente la excepción del cumplimiento del CTE, en ese aspecto, en esa zona.

Ejemplo 3:

En una zona de casco antiguo, en un núcleo histórico-artístico, el PGOU establece de forma obligatoria e inexcusable la construcción de cubiertas de teja con una inclinación del 30 % en planos inclinados con directriz en la alineación de fachada. Y no permite ni cubiertas planas, ni el acceso al exterior de las mismas.

El cumplimiento del CTE y los criterios de eficiencia energética, requiere la colocación de paneles solares y el acceso a los mismos para su mantenimiento en las debidas condiciones de seguridad.

El proyecto justifica la no colocación de esos paneles por la incompatibilidad con la normativa urbanística.

La licencia deberá contemplar la excepción del cumplimiento de ese aspecto del CTE, de forma justificada, por la protección del paisaje urbano del conjunto histórico artístico.

La futura revisión del Plan o su nueva redacción, deberá contemplar necesariamente la excepción del cumplimiento del CTE en ese aspecto en esa zona.

LEY DE ORDENACIÓN DE LA EDIFICACIÓN Y CÓDIGO TÉCNICO

José Antonio Seijas Quintana
Magistrado Sala 1.ª del
Tribunal Supremo

LEY DE ORDENACIÓN DE LA EDIFICACIÓN Y CÓDIGO TÉCNICO

SUMARIO: I. PRINCIPIOS. II. CONSTRUCCIONES. III. REQUISITOS BÁSICOS DE LA EDIFICACIÓN. IV. PROCESO CONSTRUCTIVO. AGENTES.

I. PRINCIPIOS

La Ley de Ordenación de la Edificación, 38/1999, de 5 de noviembre (en lo sucesivo LOE), que entró en vigor seis meses después de su publicación en el BOE, se aplica a las obras de nueva construcción y a las obras en los edificios ya existentes, para cuyos proyectos se hubiera solicitado la correspondiente licencia de edificación.

El Código Técnico (en lo sucesivo CT), aprobado mediante Real Decreto 314/2006, de 17 de marzo, para desarrollo y aplicación de la LOE, entró en vigor al día siguiente de su publicación en el Boletín Oficial de Estado (BOE 28 de marzo), para proyectos con licencia solicitada antes del día 29 de marzo, salvo caducidad de la licencia, con un régimen transitorio especial que ha ido permitiendo, de un lado, la aplicación de la normativa previa y que ha sido objeto de derogación en el citado Real Decreto y, de otro, la aplicación de las nuevas exigencias básicas, con dos periodos de seis y doce meses, ya cumplidos en actualidad (30 de marzo de 2007).

Uno y otro texto comparten un mismo objetivo: a) "*regular en sus aspectos esenciales el proceso de la edificación, estableciendo las obligaciones y responsabilidades de los agentes que intervienen en dicho proceso, así como las garantías necesarias para el adecuado desarrollo del mismo, con el fin de asegurar la calidad mediante el cumplimiento de los requisitos básicos de los edificios y la adecuada protección de los intereses de los usuarios*" –art. 1 LOE–. b) Establecer "*el marco normativo por el que se regulan las exigencias básicas de calidad que deben cumplir los edificios, incluidas sus instalaciones, para satisfacer los requisitos básicos de seguridad y habitabilidad, en desarrollo de lo previsto en la disposición adicional segunda de la Ley 38/1999, de 5 de noviembre, de Ordenación de la Edificación*" –art. 1 CT–.

Para ello, el CT, se estructura en dos partes –art. 3–: la primera contiene las disposiciones y condiciones generales de aplicación y las exigencias básicas que deben cumplir los edificios. La segunda está formada por los denominados Documentos Básicos para el cumplimiento de las exigencias básicas. Estos documentos, basados en el conocimiento consolidado de las distintas técnicas constructivas, se actualizarán en función de los avances técnicos y las demandas sociales y se aprobarán reglamentariamente, constituyendo verdaderos instrumentos jurídicos para regular los requisitos básicos de calidad de los edificios y sus instalaciones así como la responsabilidad de los agentes que intervienen en este complejo proceso.

En breve síntesis, tienen como principios fundamentales, los siguientes:

1. Definen técnicamente el concepto jurídico de la edificación y los criterios esenciales que han de presidir la actividad constructiva, introduciendo elementos novedosos sobre materiales y técnicas de construcción para lograr edificios más seguros y eficientes.

2. Delimitan el ámbito de la Ley precisando aquellas obras, tanto de nueva construcción como de rehabilitación o de actuación sobre edificios existentes, a las que debe aplicarse, dotando a la construcción de un régimen sustantivo propio, pero incompleto por lo que hace a su ámbito de aplicación en cuanto no incluye todas las obras posibles.

3. Regulan de una forma completa el concepto de proyecto, en cuanto resulta obligatorio para el desarrollo de las obras incluidas en la Ley, con especial referencia a la memoria con los anejos que sean necesarios (descriptiva y constructiva, y justificación de que se cumple el CT, así como los demás reglamentos y disposiciones); planos para la definición en detalle de las obras; pliego de condiciones; mediciones desarrolladas por partidas y agrupadas en capítulos, conteniendo todas las descripciones técnicas necesarias para su especificación y valoración, y presupuesto.

4. Regula las estructuras de madera y da un nuevo tratamiento a las obras de rehabilitación.

5. Definen de una forma clara y sistemática a los Agentes que intervienen en la construcción.

6. Regulan el acto de recepción de obra, de evidente importancia para dar comienzo a los plazos de responsabilidad y de prescripción establecidos en la Ley, y que tantos problemas originó en la práctica.

7. Establecen una responsabilidad civil personal e individualizada de los diferentes agentes, exclusivamente por daños materiales, lo que, sin duda, favorecerá su eficacia, sin perjuicio de mantener la responsabilidad solidaria de todos ellos cuando no pueda individualizarse la causa de los daños o no quede debidamente probada la concurrencia de culpas sin que pudiera precisarse el grado de intervención de cada uno en el daño producido.

8. Excluyen la responsabilidad de todos ellos si se acredita que los daños fueron ocasionados por caso fortuito, fuerza mayor, acto de tercero o por el propio perjudicado por el daño, con la responsabilidad solidaria del promotor ante los adquirentes ("en todo caso") desde el momento inicial por vicios o defectos de la construcción.

9. Recortan sustancialmente los plazos de responsabilidad y se mantiene un doble sistema de acciones, contractual y legal, con legitimación para el ejercicio de ésta última tanto de los propietarios, como de los terceros adquirentes de los edificios o parte de los mismos, caso de división.

10. Establecen la garantía de la garantía para los futuros usuarios de los edificios, sustentada en el aseguramiento del edificio bajo la forma de seguros de daños materiales o seguros de caución a cargo del constructor o del promotor, según los casos.

11. Refuerzan los aspectos sustanciales relativos a la seguridad y habitabilidad.

II. Construcciones

La LOE contempla prácticamente toda la actividad edificadora, salvo la concerniente al derribo de edificios, es decir, todo el proceso de construcción y de ampliación, modificación, reparación, reforma y rehabilitación, así como su uso y mantenimiento –art. 2–.

El art. 2 del CT, poco añade a lo que dispone la LOE, al señalar que será de aplicación, en los términos establecidos en esta, y con las limitaciones que en el mismo se determinan, a las edificaciones públicas y privadas cuyos proyectos precisen disponer de la correspondiente licencia o autorización legalmente exigible.

La LOE no define lo que es un edificio, puesto que el art. 2 se limita a describir lo que denomina proceso de la edificación, que se concreta en un edificio de carácter permanente, público o privado, para el que es necesario proyecto –art. 4– a partir del uso principal a que va a ser destinado, con un sentido indudablemente amplio ("*todas las demás edificaciones cuyos usos no estén expresamente relacionados en los grupos anteriores*"), y expresa diferenciación, hasta ahora inexistente, entre obras mayores y menores.

Si lo hace el Anejo III del CT a efectos meramente terminológicos como "*construcción fija con materiales resistentes, para habitación humana o para albergar otros usos*".

De esa forma, uno y otro Texto concretan de forma absolutamente precisa su ámbito de aplicación por remisión a las obras de nueva construcción, exceptuando aquellas construcciones de sencillez técnica y de escasa entidad constructiva, que no tengan carácter residencial o público, ya sea de forma eventual o permanente, que se desarrollen en una sola planta y no afecten a la seguridad de las personas.

Algunos han visto en esta omisión la oportunidad de aplicar a estas obras el art. 1.591 del Código Civil. A mi juicio ello no es posible, no sólo porque se estaría dando una versión distinta de lo que se considera edificio, sino porque no parece de sentido lógico jurídico que se confieran más garantías y un mayor plazo de prescripción a estas obras que a las demás de mayor entidad contempladas en la Ley.

Con mayor detalle, el CT se refiere a las obras de rehabilitación, considerando como tales (art. 2.4) aquéllas que tengan por objeto actuaciones tendentes a lograr alguno de los siguientes resultados:

a) la adecuación estructural, considerando como tal las obras que proporcionen al edificio condiciones de seguridad constructiva, de forma que quede garantizada su estabilidad y resistencia mecánica;

b) la adecuación funcional, entendiendo como tal la realización de las obras que proporcionen al edificio mejores condiciones respecto de los requisitos básicos a los que se refiere este CTE. Se consideran, en todo caso, obras para la adecuación funcional de los edificios, las actuaciones que tengan por finalidad la supresión de barreras y la promoción de la accesibilidad, de conformidad con la normativa vigente; o

c) la remodelación de un edificio con viviendas que tenga por objeto modificar la superficie destinada a vivienda o modificar el número de éstas, o la remodelación de un edificio sin viviendas que tenga por finalidad crearlas.

La rehabilitación se considera integral cuando tiene por objeto actuaciones tendentes a todos los fines descritos, siendo obligación del proyectista indicar en la memoria del proyecto en cuál o cuáles de los supuestos citados se pueden inscribir las obras proyectadas y si éstas incluyen o no actuaciones en la estructura preexistente; entendiéndose, en caso negativo, que las obras no implican el riesgo de daño citado en el art. 17.1.a) de la LOE.

La Ley ofrece un primer dato que será necesario tener en cuenta a la hora de establecer la responsabilidad de los agentes que intervienen en la construcción. Tiene que ver no sólo con la entidad de la obra, sino con que se encuentre construida. Hablamos de obra construida y de obra en construcción.

Dice la Sentencia del Tribunal Supremo de 11 de octubre 2006 que "en el caso de existencia de defectos constructivos constitutivos de ruina –sea física, potencial o funcional–, la doctrina jurisprudencial admite la compatibilidad de las acciones (SS 30 de septiembre de 1986, 27 de enero de 1999, 30 de junio 2005) para obtener la satisfacción del interés lesionado, de tal modo que el perjudicado legitimado puede optar por la acción que considere más conveniente a sus intereses, pues en ningún precepto legal se exige plantear una de ellas con carácter preferente a otra. Pero para que esta compatibilidad tenga lugar, se hace necesario que las acciones partan de un mismo hecho, que lo es en este caso la obra construida y recibida en los términos que establece el art. 1.591 del CC, y ahora la Ley de Ordenación de la Edificación, a partir del cual el perjudicado puede optar por una y otra en función de lo que reclame, con legitimación también distinta en uno y en otro caso. Obra construida y recibida y obra en construcción es, por consiguiente, lo que diferencia el régimen jurídico de aplicación. Por ello, no se trata de que las dos acciones (arts. 1.101 y 1.591) sean compatibles y acumulables en su ejercicio, sino de que estamos ante una obra en construcción paralizada por la promotora en razón a las deficiencias observadas para la que se habilitan las acciones apoyadas en el cumplimiento defectuoso del contrato que posibilitó la construcción entre los distintos Agentes y la promotora".

La construcción, se dice ahora en el Anejo III, es el conjunto de las actividades para la realización física de la obra, y la distinción entre lo que se construye y lo que se materializa en un edificio de las características señaladas en el art. 2 de la Ley, habilita acciones distintas.

En la obra en construcción, son estas: de un lado, las que resultan del contrato de arrendamiento de servicio o de obra suscrito entre las partes para la ejecución de la obra, cuya desatención autoriza a la propiedad a ejercitar las acciones correspondientes, sin esperar a alcanzar el interés que persigue con la realización final de la obra, es decir, sin esperar a que concluya el edificio con la esperanza de que al final se le garantice un resultado distinto. De otro, las extracontractuales sujetas al criterio de imputación establecido en los arts. 1.902 y 1.903 del Código Civil, que tienen su aplicación más concreta en los daños causados a colindantes como consecuencia de la excavación o derribo de un edificio para construir otro, y que resulta concurrente a partir de la existencia de un daño, de una acción u omisión culposa y de una relación de causalidad entre el daño y la culpa, cumplidamente justificada.

Supone, entre otras cosas lo siguiente:

1.°) Que no se pueda identificar al promotor con el constructor, a los efectos de la responsabilidad del art. 17 de la LOE, ya que tal equiparación tiene por finalidad la ampliación de la garantía de los adquirentes de los pisos o locales, función de garantía que no se da frente a quienes no ostentan ese carácter de compradores de los pisos o locales construidos.

2.°) Que la propietaria o promotora de la edificación, no tenga en principio ninguna intervención en la dirección y ejecución de los trabajos, salvo que alguna se hubiera reservado.

Es el art. 17 de la LOE en el que se instrumentan las acciones propias de la Ley, diferenciadas de las que resultan del contrato, a partir de una suerte de daños escalonados de mayor a menor entidad. Fuera quedan aquellos defectos que no tienen dicho carácter o que suponen una evidente inobservancia de la relación de contrato existente entre las partes, supuesto en el que el perjudicado tiene a su disposición las acciones derivadas de un cumplimiento defectuoso o incorrecto de las obligaciones del promotor, que se haya observado después de la entrega y aceptación de la obra, comprendido dentro de la regulación general de las obligaciones y contratos, determinada en los arts. 1.091, 1.098, 1.101, 1.266 y 1.258 del Código Civil, y no del régimen legal del art. 17, al ser consecuencia de un incumplimiento contractual.

III. Requisitos básicos de la edificación

Por requisitos básicos de la edificación se entiende los "*Objetivos derivados de la demanda social de calidad de los edificios y cuya consecución debe procurarse tanto en el proyecto como en la construcción, mantenimiento y conservación de los mismos*" (anejo III).

La Ley define estos requisitos de una forma absolutamente general tratando de garantizar la seguridad de las personas, el bienestar de la sociedad y la protección del medio ambiente –art. 3–. Con este objetivo concreta reiteradamente la Lex Artis y exige que los edificios se proyecten, se construyan, mantengan y conserven cumpliendo una serie de requisitos que garanticen la funcionalidad, la seguridad y la habitabilidad.

Con el tiempo ha sufrido alguna modificación menor, como la incorporación al art. 3.1.a.4 (Ley 24/2001, de 27 diciembre), de un nuevo requisito relativo a la funcionalidad, consistente en la facilitación "*para el acceso de los servicios postales, mediante la dotación de las instalaciones apropiadas para al entrega de los envíos postales, según lo dispuesto en su norma específica*".

En principio, el art. 3.1 de la LOE parece limitarse a formular una declaración de principios o de buenas intenciones para garantizar lo que constituye el fundamento básico de la Ley: "*la seguridad de las personas, el bienestar de la sociedad y la protección del medio ambiente*". Son requisitos relativos a la funcionalidad, a la seguridad y a la habitabilidad, y vienen referidos a la utilización de espacios, accesibilidad, telecomunicaciones, servicios postales, seguridad estructural, incendios, utilización, higiene, salud y protección del medio ambiente, ruido, aprovechamiento de energía y aislamiento térmico y otros aspectos funcionales de los elementos constructivos o de las instalaciones que permitan un uso satisfactorio del edificio.

Sin embargo, al referirse a las exigencias básicas, el art. 9 del CT, contempla exclusivamente los relativos a la seguridad y a la habitabilidad, dejando fuera los que conciernen a la funcionalidad y a los aspectos funcionales de los elementos constructivos, que se regirán por su normativa específica (art. 1.3 CT), y, curiosamente, ni la seguridad ni la habitabilidad merecen una aclaración terminológica similar a la que se ofrece para otros conceptos.

Está claro que su incumplimiento configura una violación de contrato, de la normativa sobre seguridad e higiene en el trabajo y de los servicios de telecomunicaciones. Lo que no está claro es si concreta una responsabilidad también exigible conforme a los criterios expresados en el art. 17 la LOE. Recordemos que este artículo establece la responsabilidad civil de los agentes que intervienen en el proceso de la edificación, entre otros supuestos, por los daños materiales ocasionados en el edificio dentro de los tres años "*por vicios o defectos de los elementos constructivos o de las instalaciones que ocasionen el incumplimiento de los requisitos de habitabilidad del apartado 1, letra c), del art. 3*", y en la letra c) están únicamente los requisitos relativos a la habitabilidad, no los relativos a la funcionalidad ni a la seguridad, salvo que se entienda que el apartado c.4), al referirse a "*otros aspectos funcionales de los elementos constructivos o de las instalaciones que permitan un uso satisfactorio del edificio*", incluye los anteriores.

Lo contrario supone que si ocurre un accidente bien porque no se cumplió la normativa de incendios, bien porque no se establecieron las necesarias medidas de seguridad para la correcta utilización del inmueble, la responsabilidad nunca podría exigirse a través de los criterios de imputación establecidos en la Ley puesto que se refiere exclusivamente a daños materiales. Por contra si se entiende que el daño se ocasiona por el simple incumplimiento de las normas sobre disposición y dimensiones de espacios, accesibilidad, seguridad de utilización, no genera más acciones que la indemnizatoria o reparadora derivada de cumplimiento de contrato, frente al vendedor, con base en los arts. 1.101 y 1.258 y CC, con plazo de quinde años de prescripción (art. 1.964 CC), haremos ineficaz la subrogación de los sucesivos compradores de los pisos y locales para hacer efectivo un derecho imperativo e irrenunciable, como es el que resulta de la Ley.

IV. PROCESO CONSTRUCTIVO. AGENTES

1. Dice el art. 5 del CT que "*serán responsables de la aplicación del CTE los agentes que participan en el proceso de la edificación, según lo establecido en el Capítulo III de la LOE*". Esta remisión que el art. 5 del CT hace a la LOE para establecer la responsabilidad de los agentes que intervienen en el proceso

de la construcción, supone que no hay más agentes responsables que los que la propia Ley refiere, es decir "*todas las personas, físicas o jurídicas, que intervienen en el proceso de la edificación*" –art. 8 LOE–.

Todos ellos deben mencionarse necesariamente en el Proyecto, lo que a la postre facilitará su identificación en orden al ejercicio de las acciones.

Ahora bien, esto que resulta obvio no lo es si se piensa que existen muchos más agentes que colaboran el proceso, uno de ellos es el geólogo, y este queda fuera. No se oculta que desde la entrada en vigor de la Ley de Ordenación de la Edificación se ha producido un incremento sustancial en la cantidad de los estudios geotécnicos reclamados para la construcción de nuevos edificios, motivado por la exigencia de los mismos por los Organismos de Control Técnico, impuestos a su vez por las compañías de seguro decenal de la edificación y, en definitiva, por la necesidad de una adecuada y rigurosa información geológica del subsuelo.

El Código Técnico exige el estudio geotécnico obligatorio en el Capítulo 3 Estudio Geotécnico del Documento Básico de Seguridad Estructural SE-C, señalando que "*La autoría del estudio geotécnico corresponderá al proyectista o otro técnico competente, en su caso al Director de Obra y contará con el preceptivo visado colegial*". Ello supone que los geólogos como técnicos competentes, de acuerdo con el art. 21 de los Estatutos del Colegio Oficial de Geólogos, aprobado mediante Real Decreto 1378/2001, de 7 de diciembre, pueden también junto con otros técnicos, realizar y firmar estudios geotécnicos de la edificación.

Pero, además, el hecho de que en el mismo capítulo (Apartado 3.2.2) se establezca que las prospecciones de los estudios geotécnicos "*se llevarán a cabo de acuerdo con el RD 1627/1997, de 24 de octubre, por el que se establecen disposiciones mínimas de seguridad y salud en las obras de construcción*", supone también que en la ejecución de estos trabajos, los geólogos podrán ocuparse, como responsables, de la Seguridad y Salud de las prospecciones, en virtud de encargo por el Promotor.

Es el arquitecto por tanto quien asume la responsabilidad por las deficiencias advertidas en el informe geológico, como responsable de su puesta en la obra. Así lo dice la Sentencia del Tribunal Supremo de 31 de enero de 2007, en un caso en el que no había evaluado la insuficiencia del estudio geotécnico en una excavación comprometida de varias plantas de sótano, por cuanto no cumplía la Norma Tecnológica correspondiente.

También queda fuera el subcontratista, cuya posición en la obra aparece absorbida por el constructor a quien el art. 11.2 e) LOE encarga la formalización de las subcontrataciones haciéndole responsable de lo que este haga (art. 17.6 párrafo segundo), a partir de un doble sistema de acciones: de un lado, la que surge de la relación negocial entre el subcontratista y el constructor; de otro, la que se produce como consecuencia del daño por infracción del principio general de no causar daño a otro, recogido en el art. 1.902 del Código Civil.

La exclusión de ambos me parece acertada, más en el caso del subcontratista que en el del geólogo. Quien sufre el daño no está obligado a investigar toda esa suerte de contrataciones y subcontrataciones que con exceso se implican en la construcción, aunque aparezcan identificados en el proyecto. Sabe que existen unos determinados agentes responsables frente a los que puede dirigir su reclamación y contra ellos actúa, sin perjuicio de las acciones de repetición.

2. La Ley reconoce legitimación a los propietarios y terceros adquirentes de los edificios o parte de los mismos, en el caso de que sean objeto de división, para instar las acciones propias de la misma, configurando una legitimación distinta de la que surge del contrato de compraventa, al autorizarse a cualquiera de los propietarios, incluso a los que no intervinieron en el contrato, a reclamar de estos profesionales la reparación de los daños que sufra el inmueble.

La legitimación pasiva se establece en función de las competencias que la Ley atribuye a cada uno en razón de las edificaciones de uso previstas en el art. 3 de la LOE, entendiendo por uso previsto, según el Anejo III, el "*uso específico para el que se proyecta y realiza un edificio y que se debe reflejar documentalmente. El uso previsto se caracteriza por las actividades que se han de desarrollar en el edificio y por el tipo de usuario*".

Es razón por la que no se habla de Arquitectos, Ingenieros, o Aparejadores, sino del Técnico competente por razón del Proyecto, de la Dirección de la Obra o de la Ejecución. La práctica dirá si es o no acertada la fórmula utilizada especialmente después de la publicación del CT en el que se clarifica convenientemente la competencia y la responsabilidad de cada uno de los agentes titulados que intervienen en el proceso de la edificación.

Todos ellos aparecen reseñados en la LOE y parcialmente en el Anejo III. Son estos:

- *Promotor*: Es el agente de la edificación que decide, impulsa, programa y financia las obras de edificación.

- *Proyectista*: Es el agente que redacta el proyecto por encargo del promotor y con sujeción a la normativa técnica y urbanística correspondiente.

- *Director de la ejecución de la obra*: Es el agente que, formando parte de la dirección facultativa, asume la función técnica de dirigir la ejecución material de la obra y de controlar cualitativa y cuantitativamente la construcción y la calidad de lo edificado.

- *Director de obra*: Es el agente que, formando parte de la dirección facultativa, dirige el desarrollo de la obra en los aspectos técnicos, estéticos, urbanísticos y medioambientales, de conformidad con el proyecto que la define, la licencia de edificación y demás autorizaciones preceptivas y las condiciones del contrato, con el objeto de asegurar su adecuación al fin propuesto.

• *Constructor*: Es el agente que asume, contractualmente ante el promotor, el compromiso de ejecutar con medios humanos y materiales, propios o ajenos, las obras o parte de las mismas con sujeción al proyecto y al contrato, siguiendo las instrucciones del director de obra y del director de la ejecución.

• *Suministradores de productos:* Son todas las personas físicas o jurídicas que proporcionan productos de construcción a las obras: fabricantes, almacenistas, importadores o vendedores de productos de construcción.

• *Las entidades y los laboratorios de control de calidad de la edificación:* 1. Son entidades de control de calidad de la edificación aquéllas capacitadas para prestar asistencia técnica en la verificación de la calidad del proyecto, de los materiales y de la ejecución de la obra y sus instalaciones de acuerdo con el proyecto y la normativa aplicable. 2. Son laboratorios de ensayos para el control de calidad de la edificación los capacitados para prestar asistencia técnica, mediante la realización de ensayos o pruebas de servicio de los materiales, sistemas o instalaciones de una obra de edificación.

3. Dice la Disposición Transitoria Cuarta del CT que "*Todas las obras a cuyos proyectos se les conceda licencia de edificación al amparo de las Disposiciones Transitorias anteriores deberán comenzar en el plazo máximo de tres meses contado desde la fecha de concesión de la misma. En caso contrario, los proyectos deberán adaptarse a las nuevas exigencias*".

El art. 5 del CT establece las condiciones técnicas y administrativas que se habrán de tener en cuenta para su adecuado cumplimiento por todos los agentes en cada una de las fases, como garantía de seguridad no sólo técnica, sino jurídica: proyección, ejecución, mantenimiento y conservación de la obra.

Para justificar que se cumplen las exigencias básicas señala dicho artículo que podrá optarse por: a) adoptar soluciones técnicas basadas en los DB, cuya aplicación en el proyecto, en la ejecución de la obra o en el mantenimiento y conservación del edificio, es suficiente para acreditar el cumplimiento de las exigencias básicas relacionadas con dichos DB; o b) soluciones alternativas, entendidas como aquéllas que se aparten total o parcialmente de los DB, de tal forma que el proyectista o el director de obra pueden, bajo su responsabilidad y previa conformidad del promotor, adoptar estas soluciones, siempre que justifiquen documentalmente que el edificio proyectado cumple las exigencias básicas del CT porque sus prestaciones son, al menos, equivalentes a los que se obtendrían por la aplicación de los DB.

Esta alternativa es, sin duda, más comprometida para el proyectista y el promotor puesto que, ocurrido el daño, pone a su cargo la prueba de que el edificio proyectado cumple las exigencias básicas del CTE.

El mismo artículo exige que los productos, equipos y materiales respondan a las exigencias del CT. Esta conformidad se produce mediante una evaluación técnica favorable de su idoneidad para el uso previsto, concedida, a la entrada en vigor del CT, por las entidades autorizadas para ello por las Administraciones Públicas competentes en aplicación de los criterios que el mismo establece.

Sobre esta basa, la obra comienza en virtud de los acuerdos previos del promotor y el dueño del suelo, y posteriormente con los Técnicos y con la constructora. El promotor, dice la Sentencia del Tribunal Supremo de 27 de septiembre de 2004, "tiene una eficaz y decisiva intervención en el proceso edificativo, intervención que es continuada y parte desde la adquisición del solar y cumplimiento de trámites administrativos y urbanísticos para la edificación hasta llegar a presentar en el mercado un producto que debe ser correcto...".

El Promotor está ligado a los adquirentes por los correspondientes contratos y como tal asume el deber de entregar las cosas en condiciones de utilidad, es decir, exentas de vicios constructivos que frustren su utilidad y uso (STS 16 de marzo 2006).

Son acuerdos para los que no se exige forma alguna para su validez, en virtud del principio espiritualista que rige nuestro sistema de contratación, conforme al art. 1.278 del Código Civil, según el cual "*serán obligatorios, cualquiera que sea la forma en que se hayan celebrado, siempre que concurran las condiciones esenciales para su validez*".

Fruto de esta relación es el proyecto. El art. 4 de la LOE lo define diciendo que es "*el conjunto de documentos mediante los cuales se definen y determinan las exigencias técnicas de las obras contempladas en el art. 2. El proyecto habrá de justificar técnicamente las soluciones propuestas de acuerdo con las especificaciones requeridas por la normativa técnica aplicable*".

En su confección, ideación y diseño el técnico actúa con plena libertad, salvo orden o encargo concreto. El Proyecto, dice el art. 6 del CT, definirá las obras proyectadas con el detalle adecuado a sus características, de modo que pueda comprobarse que las soluciones propuestas cumplen las exigencias básicas de este y demás normativa aplicable.

Cuando el proyecto se desarrolle o complete mediante proyectos parciales u otros documentos técnicos, dice también el Anejo I, en la memoria se hará referencia a éstos y a su contenido, y se integrarán en el proyecto por el proyectista, bajo su coordinación, como documentos diferenciados de tal forma que no se produzca duplicidad de los mismos, ni en los honorarios a percibir por los autores de los distintos trabajos.

Puede desarrollarse en dos etapas: a) el *proyecto básico*, que definirá las características generales de la obra y sus prestaciones mediante la adopción y justificación de soluciones concretas. Su contenido será suficiente para tramitar y obtener la licencia municipal de obras, las concesiones u otras autorizaciones administrativas que acrediten el cumplimento de las normas urbanísticas, pero insuficiente para iniciar la construcción del edificio, y b) el *proyecto de ejecución* sirve para dar comienzo a las obras y se entiende como tal aquel que desarrolla el proyecto básico y define la obra en su totalidad sin que pueda rebajar las prestaciones declaradas en el básico, ni alterar los usos y condiciones bajo las que, en su caso, se otorgó la licencia municipal de obras, las concesiones u otras autorizaciones administrativas, salvo en aspectos legalizables. Además, incluirá los proyectos parciales u otros documentos técnicos que, en su caso, deban desarrollarlo o completarlo, los cuales se integrarán en el proyecto como documentos diferenciados bajo la coordinación del proyectista, coordinación que viene exigida expresamente en el art. 4 de la LOE.

Establece asimismo, lo que llama "*control del proyecto*" el cual tiene por objeto verificar el cumplimiento de las exigencias básicas, el grado de definición, la calidad del mismo y todos los aspectos que puedan tener incidencia en la calidad final del edificio proyectado.

Ahora bien, nada se dice sobre cómo y de qué forma se lleva a cabo este control por lo que parece razonable que sea el propio proyectista quien proceda a su verificación y bajo su exclusiva responsabilidad, haciendo constar en el proyecto que cumple los requisitos y las exigencias básicas del CT. También deberán justificarse las prestaciones del edificio que mejoren los niveles exigidos en el CT y el cumplimiento de otros reglamentos obligatorios, así como de los requisitos básicos relativos a la funcionalidad de acuerdo con lo establecido en su normativa específica.

Las obras se llevarán a cabo con sujeción al proyecto y sus modificaciones autorizadas por el director de obra previa conformidad del promotor, según la legislación aplicable, las normas de la buena práctica constructiva y las instrucciones del director de obra y del director de la ejecución de la obra (art. 7 CT).

Cuando en el desarrollo de las obras intervengan diversos técnicos con proyectos parciales, lo harán bajo la coordinación del director de obra –art. 7.1.3–.

El constructor es, conforme al art. 11 de la LOE, el agente que asume, contractualmente ante el promotor, el compromiso de ejecutar con medios humanos y materiales, propios o ajenos, las obras o parte de las mismas con sujeción al proyecto y al contrato.

Mientras dura el proceso constructivo el director de obra y el director de la ejecución realizarán, según sus respectivas competencias, los controles siguientes:

a) control de recepción en obra de los productos, equipos y sistemas que se suministren a las obras de acuerdo con el art. 7.2;

b) control de ejecución de la obra de acuerdo con el art. 7.3; y.

c) control de la obra terminada de acuerdo con el art. 7.4.

También durante la construcción, el director de la ejecución está obligado a controlar la ejecución de cada unidad de obra verificando su replanteo, los materiales que se utilicen, la correcta ejecución y disposición de los elementos constructivos y de las instalaciones, así como las verificaciones y demás requisitos necesarios para comprobar su conformidad con lo indicado en el proyecto, la legislación aplicable, las normas de buena práctica constructiva y las instrucciones de la dirección facultativa.

En el control de ejecución de la obra se adoptarán los métodos y procedimientos que se contemplen en las evaluaciones técnicas de idoneidad para el uso previsto de productos, equipos y sistemas innovadores, previstas en el art. 5.2.5.

La Dirección constituye, por tanto, la fase del trabajo en la que se lleva a cabo la verificación del replanteo y la adecuación de la cimentación y de la estructura proyectada. Supone, además, la correcta realización del proyecto, su interpretación, modificación y adición, si cabe, a requerimiento del promotor o con su conformidad.

La Dirección de la ejecución integra entre otras funciones la de verificar la recepción en obra de los productos de construcción, comprobar los replanteos, los materiales y la correcta ejecución y disposición de los elementos constructivos (en los edificios de uso administrativo, sanitario, religioso, residencial, docente y cultural, así como en las restantes obras dirigidas por Arquitectos, el director de la ejecución habrá de tener el título de Arquitecto Técnico).

Elemento auxiliar de la Dirección de obra y de su ejecución es el Libro de Órdenes y Asistencias. Se trata de un libro obligatorio en toda obra de edificación, como señala el articuló 42 del Decreto 461/1971, de 11 de marzo, al que se remite el Anejo II del CT, por el que se dictaron normas sobre redacción de proyectos y la dirección de las obras, en el que el Director de la obra y el de Ejecución deberán dar las instrucciones precisas para la correcta interpretación del Proyecto y adecuado desarrollo de la obra (art. 12.3.c y 13.1.d LOE).

En este libro están obligados a dejar constancia de las instrucciones que hubieren impartido, tanto al constructor como a los demás técnicos intervinientes, que están sujetos a su estricto cumplimiento. Para que sea verdaderamente efectivo no basta con reflejar las irregularidades que aprecie, o las órdenes que hubieren impartido, sino que ha de comprobar su rectificación o subsanación a tenor de sus instrucciones, antes de emitir la certificación final aprobatoria de la obra, único medio de garantizar que los dueños o posteriores adquirentes no resulten sorprendidos o defraudados en sus derechos contractuales (STS 24 de julio 2006, y las que en ella se citan).

Es, además, un instrumento valioso de prueba cuya ausencia en el pleito actúa contra quien estaba obligado a aportarlo, conforme a las reglas que sobre facilidad probatoria establece el art. 217.6 de la Ley de Enjuiciamiento Civil.

Otros libros de la obra son los siguientes: a) el Libro de Incidencias en materia de seguridad y salud, según el Real Decreto 1627/1997, de 24 de octubre; b) el proyecto, sus anejos y modificaciones debidamente autorizados por el director de obra, y

c) la licencia de obras, la apertura del centro de trabajo y, en su caso, otras autorizaciones administrativas; y e) el certificado final de la obra de acuerdo con el Decreto 462/1971, de 11 de marzo, del Ministerio de la Vivienda.

Una vez finalizada la obra, la documentación del seguimiento será depositada por el director de la obra en el Colegio Profesional correspondiente o, en su caso, en la Administración Publica competente. Con esta medida se pretende no sólo asegurar su conservación, sino la posibilidad de que se puedan emitir certificaciones de su contenido a quienes acrediten un interés legítimo.

Además de estos documentos, el mismo Anejo incluye los que llama de control de la obra y el Certificado final de obra. El primero, lo cumplimentan el director de la ejecución y el constructor, y en el se incluyen los documentos de control de recepción de productos, de la ejecución y de la obra terminada e instrucciones de uso y mantenimiento (y las garantías correspondientes cuando proceda) y de calidad. El segundo, compromete, de un lado, al director de la ejecución, a quien corresponde certificar haber dirigido la ejecución material de las obras y controlado cuantitativa y cualitativamente la construcción y la calidad de lo edificado de acuerdo con el proyecto, la documentación técnica que lo desarrolla y las normas de la buena construcción. También al director de la obra como responsable de certificar que la edificación ha sido realizada bajo su dirección, de conformidad con el proyecto objeto de licencia y la documentación técnica que lo complementa, hallándose dispuesta para su adecuada utilización con arreglo a las instrucciones de uso y mantenimiento.

Al certificado final de obra se le unirán como anejos los siguientes documentos:

a) descripción de las modificaciones que, con la conformidad del promotor, se hubiesen introducido durante la obra, haciendo constar su compatibilidad con las condiciones de la licencia; y

b) relación de los controles realizados durante la ejecución de la obra y sus resultados.

Certificado final y recepción son dos fases distintas en el proceso constructivo, con significación jurídica asimismo diferente. Aquél se expide por el director de la obra y el de la ejecución y en él se verifica si se ha construido conforme a sus especificaciones comunicando los vicios o defectos que se aprecie. Sirve, además, como punto de partida de la llamada "*recepción tácita*", del art. 6.4, entendiendo como tal aquella que se produce transcurridos treinta días desde que se expide sin que el promotor ponga de manifiesto reservas o rechace motivadamente la entrega. Esta, definida en el art. 6 de la LOE, es "*el acto por el cual el constructor, una vez concluida ésta, hace entrega de la misma al promotor y es aceptada por éste*". Tiene carácter necesario, supone que la obra ha sido ejecutada correctamente, y se documenta en la forma que la citada disposición previene, con la incorporación del certificado final de obra y con la intervención al menos del promotor y el constructor.

Todos ellos se depositarán en el Colegio Profesional al que pertenezca el Director de la Obra y de la Ejecución, asegurando su conservación con el compromiso de emitir certificaciones de su contenido a quienes acrediten un interés legítimo.

4. En la ejecución de la obra, cada uno de los Agentes asume el cumplimiento de sus funciones y, en determinadas ocasiones, las ajenas, al establecer la Ley ciertos supuestos en los que responden por la actividad de otras personas. Es el caso del proyectista, respecto de los errores de cálculo, o de los estudios o dictámenes que encarga a otros. También del Director de la obra, por omisiones o deficiencias del proyecto, y del constructor, por el jefe de obras o por los subcontratistas. Sólo cuando aquella no puede ser concretada individualmente es cuando los Tribunales deberán extender la condena solidaria a todos ellos (art. 17.3 LOE).

La ley configura una solidaridad expresa, propia o impropia o especial, según se trate del promotor y de los demás agentes, puesto que ya existe en el primer caso cuando se formula la demanda y surge, en el segundo, con la sentencia (Art. 17.3 LOE), de la que es consecuencia, como dice la STS de 3 de noviembre de 1999, respondiendo a la idea de salvaguardar el interés social (STS 24 de septiembre de 2003) en cuanto constituye un medio de protección de los perjudicados (SSTS 15 de abril y 24 de septiembre de 2003).

Dice la Sentencia 15 de diciembre de 2006 "si la causa de la ruina está delimitada, o está delimitado el grado de influencia de cada una de las causas en la producción de la ruina, será posible determinar cuál es el sujeto responsable; pero si no es posible determinar la participación de cada uno de ellos en la causación del resultado, la jurisprudencia se inclina por aplicar el principio de solidaridad, siguiendo la tendencia a apreciar con mayor rigor la responsabilidad de los profesionales de la construcción y de conseguir la adecuada reparación a favor del perjudicado. Estos criterios se siguen en la actualidad en el art. 17 de la Ley de Ordenación de la Edificación, el cual establece, en el apartado 3, que "en todo caso el promotor responderá solidariamente con los demás agentes intervinientes ante los posibles adquirentes de los daños materiales en edificio ocasionados por vicio son defectos de construcción"".

La segunda parte del CT, señala el art. 3, está constituida por los Documentos Básicos cuya adecuada utilización garantiza el cumplimiento de las exigencias básicas. Estos documentos no tienen carácter excluyente, contienen procedimientos cuya utilización acredita el cumplimiento de aquellas exigencias básicas; reglas técnicas constructivas y ejemplos de soluciones que permiten determinar si el edificio cumple con los niveles de prestación establecidos. Además, se actualizarán en función de los avances técnicos y las demandas sociales y se aprobarán reglamentariamente.

Para alguno, su cumplimiento otorga garantía de seguridad técnica y jurídica a los agentes, y así es en cuanto no sólo agrupa toda la compleja normativa que hasta ahora venía regulando los aspectos técnicos de la edificación, sino que compromete a todos ellos con un resultado ajustada a las exigencias de seguridad y habitabilidad permitiendo una respuesta más segura a las demandas que se formulen en lo sucesivo, pues aunque se autorice al proyectista a optar, como vimos, por utilizar soluciones alternativas a las propuestas por los DB, obligación suya será la de acreditar que pusieron a disposición del adquirente o usuario cada uno de los requisitos establecidos en el art. 3 de la LOE, o lo que es igual, que cumple las exigencias básicas de la edificación, además de las reglamentaciones técnicas, y que en el edificio se alcanzan prestaciones similares a las que se hubieran obtenido con la aplicación de los documentos básicos, teniendo en cuenta que se trata de normas de obligado cumplimiento.

En la práctica puede suponer que quien proyecta, dirige o construye materialmente un inmueble está obligado a adecuar y a ejecutar las obras conforme estado de cosas existente al tiempo de la ejecución y en consecuencia a responsabilizarse de los vicios que pudieran arruinar la construcción, de acuerdo con lo dispuesto en el articulo 17 de la LOE, si finalmente no cumple las obligaciones que le son propias y no entrega el edificio contratado, más barato si se quiere, pero al cabo adecuado a las reglas y normas comunes de la buena construcción y en condiciones de superar las garantías previstas en la norma. Ahora bien, si la construcción se acomoda a los DB de obligado cumplimiento en el momento de la construcción, y a pesar de todo ocurre el daño, su responsabilidad puede quedar enervada si a través de los procedimientos creados al afecto se acredita que cumplimentó aquellas exigencias básicas, trasladando la responsabilidad bien a quienes no pusieron correctamente en obra dichas exigencias, bien a ámbitos distintos por una deficiente concreción y aprobación de los DB. En cualquier caso, serán los Tribunales quienes en el futuro clarifiquen esta interesante cuestión.

También es de interés la repercusión que la nueva normativa ofrece sobre los materiales. El art. 13 de la LOE impone al Director de la ejecución, entre otras funciones, la de "*verificar la recepción en obra de los productos de construcción, ordenando la realización de ensayos y pruebas precisas*". Estos materiales pueden incorporarse a la obra por el constructor, según su art. 11, de tal forma que se le responsabiliza, conforme al art. 17.6, de los daños causados en el edificio por las deficiencias de los productos de construcción adquiridos o aceptados por él, una vez más, sin perjuicio de la repetición a que hubiere lugar.

Ahora bien, el modelo constructivo anterior a la ley poco tiene que ver con un sistema moderno y más sofisticado de construcción basado en criterios de calidad y control previo de los materiales que se incorporan a la obra y que altera en cierta forma la responsabilidad de los agentes responsables de la selección y control de los materiales.

Dice el art. 5.2 del CT que los productos de construcción que se incorporen con carácter permanente a los edificios, en función de su uso previsto, llevarán el marcado CE, de conformidad con la Directiva 89/106/CEE, transpuesta por el Real Decreto 1630/1992 de 29 de diciembre, modificado por el Real Decreto 1329/1995 de 28 de julio, y disposiciones de desarrollo, u otras Directivas europeas que les sean de aplicación. El marcado CE, nos dice el Anejo III es el que "*deben llevar los productos de construcción para su libre circulación en el territorio de los Estados miembros de la Unión Europea y países parte del Espacio Económico Europeo...*".

Por su parte, el art. 7.2 CT, al hablar del "*Control de recepción en obra de productos, equipos y sistemas*", precisa que "*tiene por objeto comprobar que las características técnicas de los productos, equipos y sistemas suministrados satisfacen lo exigido en el proyecto*", comprendiendo este control: a) el de la documentación de los suministros, realizado de acuerdo con el art. 7.2.1; b) el de los distintivos de calidad o evaluaciones técnicas de idoneidad, según el art. 7.2.2; y c) el de ensayos, conforme al art. 7.2.3.

En estos casos aparecen comprometidos otros agentes, como son los suministradores de productos y las entidades y laboratorios de control de calidad, ausentes normalmente del juicio quizá por la dificultad que tiene el perjudicado para identificar adecuadamente su función y competencias y, en definitiva, su vinculación con el daño.

Su inclusión entre los agentes responsables, aclara a mi juicio una de las cuestiones más controvertidas hasta la fecha. Me refiero a la utilización en la obra de materiales prefabricados, homologados o autorizados administrativamente, determinantes de deficiencias en la edificación. En unos casos, especialmente en obras de cierta entidad, porque los ensayos o pruebas de servicio de materiales pueden encargarse a dichas entidades, con lo que cualquier problema que pudiera surgir por un defectuoso material sometido a su control, sólo a estas entidades se podrá responsabilizar, teniendo en cuenta el carácter personal e individualizado de la responsabilidad de cada uno.

Misión, por tanto, de los directores de la ejecución será la de controlar la calidad de la construcción a través de la inspección de los materiales que les entregan los suministradores a través del constructor y de exigir las comprobaciones, análisis necesarios y documentos de idoneidad precisos para su aceptación, como es el del control de calidad, trasladando a estos otros agentes la responsabilidad derivada de un deficiente producto entregado con los distintivos correspondientes.

5. El 16 LOE obliga a los *propietarios y los usuarios a conservar en buen estado la edificación mediante un adecuado uso y mantenimiento. También a recibir, conservar y transmitir la documentación de la obra ejecutada y los seguros y garantías con que ésta cuente, así como a utilizar adecuadamente los edificios o de parte de los mismos de conformidad con las instrucciones de uso y mantenimiento, contenidas en la documentación de la obra ejecutada.*

Mantener, dice el Anejo III, es el "*conjunto de actividades destinadas a conservar el edificio o las partes que lo componen para que, con una fiabilidad adecuada, cumplan con las exi-*

gencias establecidas", mientras que mantenimiento previsto es aquel que, para cada edificio, "*consiste en el cumplimiento de las Instrucciones de uso y mantenimiento contenidas en el Libro del Edificio*".

Su incumplimiento impide que la responsabilidad por daños pueda ser exigible a los agentes que intervengan en el proceso de la edificación, conforme señala el art. 17.8 LOE.

Este compromiso del usuario con la obra terminada y entregada se concreta en el art. 8.2 del CT. Obligación suya es utilizar el edificio y sus instalaciones "*de conformidad con las instrucciones de uso, absteniéndose de hacer un uso incompatible con el previsto*", conservarlo en buen estado, mantenerlo mediante un plan previamente establecido por un técnico competente, realizar las inspecciones reglamentariamente establecidas y conservar su correspondiente documentación incorporando a la misma "*todas las intervenciones, ya sean de reparación, reforma o rehabilitación realizadas sobre el mismo, consignándolas en el Libro del Edificio*".

Algunos DB contienen datos concretos con el fin de facilitar el mantenimiento, señalando el art. 8 del CTE que el Libro se "*completará con lo que se establezca, en su caso, en los DB para el cumplimiento de las exigencias básicas del CTE*".

Obligación suya es asimismo poner en conocimiento de los responsables del mantenimiento cualquier anomalía que se observe en el funcionamiento del edificio, de tal forma que producido el daño existe un deber de colaboración por parte del dueño de la obra que le obliga a dar cuenta inmediata de la misma a quienes tienen la obligación de responder. Su incumplimiento permitiría, según los casos, sostener la responsabilidad del dueño de la obra impuesta por el principio de la buena fe, y por la propia naturaleza del contrato (art. 1.258 CC), de facilitar la liberación de constructores y técnicos poniendo diligentemente en su conocimiento esos vicios conocidos a fin de permitirles hacer las oportunas comprobaciones, y proceder a su reparación si fuera procedente, evitando el daño o su agravación.

Este Libro documenta la obra ejecutada, conforme al art. 7 de la LOE (el art. 8 del CT se refiere a este Libro en términos similares, concretando aun más si cabe su contenido), en el que se dispone que "*una vez finalizada la obra, el proyecto, con la incorporación, en su caso, de las modificaciones debidamente aprobadas, será facilitado al promotor por el director de la obra para la formalización de los correspondientes trámites administrativos*", con la indicación de que "*a dicha documentación se adjuntará, al menos, el acta de recepción, la relación identificativa de los agentes que han intervenido durante el proceso de edificación, así como la relativa a las instrucciones de uso y mantenimiento del edificio y sus instalaciones, de conformidad con la normativa que sea de aplicación*", con la precisión de que "*toda la documentación a que hacen referencia los apartados anteriores, que constituirá el Libro del Edificio, será entregada a los usuarios finales del edificio*".

La LOE, dice la STS de 18 de marzo de 2002, ha creado la figura jurídica del Libro del Edificio, que operará como documentación registrada de la historia constructiva, y la determinación de su alcance jurídico, que no es fijada en el texto legal, corresponderá a los Tribunales cuando surjan contiendas sobre su naturaleza jurídica, calificación, vinculación y efectividad para las partes interesadas, especialmente respecto a los adquirentes finales del edificio, a los que se les entregará obligatoriamente un ejemplar de dicho Libro en un momento coincidente con el de la transmisión del inmueble.

CONCLUSIONES

CONCLUSIONES

Primera: El objetivo último del Código Técnico de la Edificación como instrumento para satisfacer la exigencia de una mayor calidad de la edificación es compartido por los partícipes en las presentes Jornadas, tanto en su condición de agentes que intervienen directamente en el proceso edificatorio, como en su condición de operadores jurídicos que han de velar por la tutela de los derechos de los ciudadanos.

Segunda: En todo caso los Documentos Básicos otorgan garantía de seguridad técnica y jurídica a los agentes que intervienen en el proceso de la construcción. Su cumplimiento, estricto y probado, debe propiciar la definitiva revisión de los tradicionales criterios de imputación aplicados por los Juzgados y Tribunales, consolidando el principio de individualización de responsabilidades de los agentes con arreglo a la naturaleza de su intervención consagrado en la LOE.

Tercera: Sin embargo, el período transitorio del Código Técnico de la Edificación se ha mostrado insuficiente, habida cuenta del alcance y naturaleza de las modificaciones que comporta.

La puesta en aplicación de los Documentos Básicos confirma la existencia de errores y contradicciones entre ellos que impiden una lectura transversal de la norma, llegando en algunos casos a imposibilitar su cumplimiento. Por ello, consideramos urgente que se proceda a una revisión que permita resolver las indeterrninaciones existentes, corregir los errores y salvar carencias como las de medidas alternativas adecuadas para los procesos de rehabilitación de edificios. Ello, dando lugar incluso a la suspensión de vigencia de aquellos documentos que así lo requieran.

En particular es imprescindible que la aprobación del Db del ruido quede en suspenso en tanto no incluya el catálogo de soluciones constructivas que haga viable su cumplimiento, y posponiendo su entrada en vigor para permitir que se disponga de una herramienta informática de aplicación.

Cuarta: La intervención de las empresas de construcción en el proceso constructivo es determinante, tanto en lo que se refiere a la seguridad como a la calidad del producto acabado, por lo que debe exigirse a dichas empresas la cualificación y capacitación suficiente de manera objetiva.

Quinta: Aún cuando los aspectos relacionados con la seguridad y salud no constituyen objeto específico de las funciones propias del Arquitecto como director de la obra, la prevención eficaz de los siniestros es, sin embargo, objeto de preocupación prioritaria y compartida por los participantes en las jornadas.

Es el constructor, en cuanto empleador, quien debe asegurar con todas las garantías necesarias, las condiciones de trabajo que, objetivamente, permitan dicha prevención eficaz tendente a minimizar los riesgos en aplicación de la normativa vigente en el sector.

Cuando los procedimientos judiciales en vía penal se dilaten de manera excesiva, debe considerarse la aplicación de la atenuante de dilación indebida, de construcción jurisprudencial, para evitar a los agentes imputados la "pena de banquillo".

Sexta: Los Arquitectos Peritos Forenses de España se manifiestan especialmente preocupados ante los graves sucesos de corrupción urbanística que vienen produciéndose cada vez con mayor frecuencia, y consideran que las irregularidades detectadas deben ser objeto de una severa corrección.

En este contexto, se ha de advertir que las transformaciones del régimen urbanístico del suelo deben efectuarse desde criterios de crecimiento urbano racional, eficiente y sostenible, y no atendiendo, como viene sucediendo en muchos casos, a otros intereses no compatibles con el interés público que debe presidir en todo caso las directrices de la ordenación del territorio.

Séptima: Las normas urbanísticas del planeamiento ha establecido, tradicionalmente y de forma continua y reiterada, criterios sobre la edificación que no les son propios, regulando ordenanzas y normas que no corresponden de manera objetiva al urbanismo.

A partir de la entrada en vigor del Código Técnico de la Edificación cabe considerar como anejos al ámbito técnico competencial del urbanismo estas materias, que sólo y únicamente deberán regularse desde las normas técnicas de la edificación a las que habrán de adaptarse las normas urbanísticas y ordenanzas correspondientes. Mientras dicha adaptación no se produzca, el Código Técnico de la Edificación ha de ser prevalente, en cuanto a las condiciones técnicas de la edificación.

Inversamente, cuando las directrices urbanísticas así lo justifiquen las determinaciones básicas de la ordenación serán prevalentes al Código Técnico de la Edificación, que no será de aplicación en cuanto no resulte compatible con aquéllas.